教育部批准
中国当代文学研究会主办

叶圣陶杯
全国中学生新作文大赛

第二十一届获奖佳作精选

王世龙　蒋成峰 / 主编

天津出版传媒集团
百花文艺出版社

图书在版编目（CIP）数据

叶圣陶杯全国中学生新作文大赛第二十一届获奖佳作精选 / 王世龙，蒋成峰主编. -- 天津 : 百花文艺出版社，2025. 8. -- ISBN 978-7-5306-9201-1

Ⅰ. H194.5

中国国家版本馆 CIP 数据核字第 2025TM8575 号

叶圣陶杯全国中学生新作文大赛
第二十一届获奖佳作精选

YESHENGTAOBEI QUANGUO ZHONGXUESHENG XIN ZUOWEN DASAI
DI-ERSHIYI JIE HUOJIANG JIAZUO JINGXUAN

王世龙　蒋成峰　主编

出 版 人：薛印胜　　**选题策划：**朱佳瀛
责任编辑：张晓芬　　**美术编辑：**郭亚红
版式设计：蔡露滋　　**封面设计：**末末美书
出版发行：百花文艺出版社
地址：天津市和平区西康路 35 号　**邮编：**300051
电话传真：+86-22-23332651（发行部）
+86-22-23332656（总编室）
+86-22-23332478（邮购部）
网址：http://www.baihuawenyi.com
印刷：河北赛文印刷有限公司
开本：710 毫米×1000 毫米　1/16
字数：407 千字
印张：22.25
版次：2025 年 8 月第 1 版
印次：2025 年 8 月第 1 次印刷
定价：56.00元

如有印装质量问题，请与河北赛文印刷有限公司联系调换
地址：河北省涿州市刁窝镇泗平庄平安路 8 号
电话：(0312)3695682
邮编：072750

目录

省赛佳作

决赛佳作

省赛佳作

我在大理石中看见天使，
于是我不停地雕刻，
直至使他自由。

——米开朗琪罗

高一高二组、高三组

□命题

本届的题材范围是“艺术”。

□点拨

1.这里所说的“艺术”,包括美术、音乐、舞蹈、雕塑、戏剧、电影等。

2.参赛者应该对所要写作的艺术形式有比较深入的了解,具体的写作内容可以包括:艺术创作的规律、艺术家的故事、艺术作品的欣赏、艺术学习的经历等。

3.提倡从自己的日常经验出发进行写作,体现中学生的学习、生活状况和思想认识水平。

4.参赛作品可以用“艺术”这一题材表现不同的主题思想,如:爱国、责任、理想等。

留　白

□ 黑龙江省密山市第一中学　卢奕辰

红尘纷扰，琐事庸碌。丹青落处，尽是人生，无声胜有声。

——题记

似有阵阵疾风挟寒意拂面而来，手中所持画卷被风卷起，茫然若梦。迷离之际，已然是另一番天地……

波澜不惊的江水泛起层层涟漪，涌向堤岸，一孤舟浮于浩渺江面，一钓翁独坐其上，俯身垂纶，蓑衣与斗笠置于船尾。寒风乍起，萧萧瑟瑟，我不禁裹紧了身上的氅衣。四顾，忽觉江与天皆向无边延伸，融为一体，失了颜色。万籁俱寂，既无飞鸟，亦无草木，更无人家。身处这空旷萧疏中，心中陡然生出一股凄寒寂寥之意，疑惑也随之升起：为何此处如此空阔，有些许不真实之感？遂驾一叶扁舟，于江心处与钓翁相会。

“老人家，叨扰了，”我拱手行礼，“敢问此地是何处，何故无他而唯江与舟？”

钓翁闻言，颔首道：“萧散简远，妙在笔墨之外。姑娘，此间真意，尚需汝细细体会。”说罢，骤然收竿，鱼儿似霁后之虹，在空中划过一道优美的弧线。眼前之景逐渐淡化、远去，目光清明，我惊觉自己坐于案前，手持南宋绘画大师马远《寒江独钓图》的摹本。

置身画外，再品此画。周遭皆是空白，中央寥寥几笔，仅一人、一舟、几点水纹——无甚特别之处，此画为何闻名遐迩？

我百思不解，钓翁“妙在笔墨之外”的话蓦地又在耳边响起。我将画放近谛视，竟然不再觉得大片空白毫无意义。沉浸其中，我看到了“孤舟蓑笠翁，独钓寒江雪”的诗意，看到了“不著一字，尽得风流”的气韵。倏然间，我悟出了此画名冠古今之故——留白。是啊，正是这笔墨之外的留白，以简胜繁，赋予艺术作品邈远而辽阔的美感，耐人寻味，引人深思。

放下画，我又将目光移向前些天完成的画作。原应留白之处，却被我用各种色彩填满，现在看来，毫无意境可言。我又铺开一张宣纸，提笔，蘸墨。笔毫在纸上飞舞，清幽淡雅，左下角用花青晕染出几枝芦苇，右上角用淡墨勾勒几只飞鸟，中间用细笔勾画出两个小得不能再小的人。细细端详，越发觉得留白处更见真意，多添一笔，也是赘余。留白的画作，虚实相生，气势磅礴；留白的艺术，主次分明，震撼人心。

我将毛笔搁于台上，又想起庄子所言的"虚室生白，吉祥止止"。留白，或许非但是作画的艺术，更是人生的艺术。如今，我们往往忽略"留白"，只是一味追寻人生之画的"满"，力倦神疲。大片斑驳迷离的色彩掩盖了原本的洁白无瑕，生活充斥着庸碌琐事。我们在满地的"六便士"中迷失了自我，在案牍劳形间失去了闲适，看似充实，实则空虚。既然如此，何不选择为人生留白？手捧摩诘诗，煮一壶清茶，静坐慢饮；漫步于山石清泉间，看阳光穿过罅隙，投下斑驳光影；闲居独坐，对一方残局，慢慢思考。摈弃繁华，卸下重负，竹杖芒鞋，吟啸徐行，少些浮躁喧嚣，多些宁静平和。疲于奔命之际，想想穿林打叶的纯粹；行至水穷之时，想想坐看云起的豁达。人生无圆满，留白思过往，执念乃负累，心安是归处。给人生些许留白，是智慧，亦是参禅。

收回思绪，望向窗外，林立的高楼隐没不见，取而代之的是无数洁白的雪山。在夕阳下，纯净的雪将灿烂的银光洒向远方。这光完全像雪自己发出的，仿佛照亮世界的从来就不是太阳，而是雪峰——目光所及之处，皆是无尽的白色。

这一抹白，便是艺术应有的色彩，也是人生应有的色彩。花开半时吐偏妍，酒至微醺情正酣。若无闲事挂心头，便是人间好时节。懂得留白，方可体会人生真谛。留白至此，与君共勉。

指导教师：韩梦圆

本文获省级一等奖

点　评

《留白》一文，篇幅不长，意蕴颇丰。简言之，文中有三层推进：第一层是由百思不解到倏然悟出的推进，钓翁"妙在笔墨之外"的话，让作者感悟到以简胜繁的艺术美感；第二层是由读画有悟到作画有得的推进，将留白用于自己的画作，便获得了虚实相生、主次分明的效果；第三层是由作画艺术到人生艺术的推进，阐述了“懂得留白，方可体会人生真谛”的道理。

（钟湘麟 特级教师）

世界边缘的村上春树

□ 江苏省大港中学　赵锦超

侧窗里的天空灰蒙蒙的。大巴车冷静地沿着道路行驶，仿佛此方道路与彼方天空是全然不同的两个世界。我坐在缓慢蠕动的铁箱子里，游走在世界的边缘。

世界与世界之间冷漠得不像话。

“你好，我坐在后排有些晕车，坐在你边上可好？”

说话的是个中年男子。

我连忙拾掇起散落在座位上的随身小包、外套，以及吃了半个的鸡蛋灌饼。

“纸质书？这玩意儿现在属实难得一见啊。”他看见我捧在手上的书。我刚好回过头来，看见他一脸追忆的表情。

“《海边的卡夫卡》。”

他似乎又想到了什么，仔细打量了我一阵。

“年纪轻轻独自外出，你不会是被这本书鼓动离家出走了吧？”

“自然不是，只是出去看看。”

“那就好。”

我想要反驳这个似乎对少年有刻板偏见的家伙，却不知从何说起。

似乎是注意到了我的表情变化，他笑了笑，毫不客气地一屁股坐下来，说：“你也别不高兴，俗话说艺术源自生活，说不定村上春树是看见有少年离家出走才写了这本书。别太在意嘛。”

“我不是离家出走。”

“都说了别在意嘛。”

他转过头，认真地盯着我，补充道：“这只是个隐喻。整个世界都只是个隐喻，艺术不过是拆解一部分这个隐喻，给不同的人评头论足。”

“要求独自在外的少年给来路不明还自说自话的家伙让位置，也算隐喻？”

"当然。"

"你当你是村上春树?"

"怎么不可以呢?"

我不再接话,自顾自地往下看书。

他也没有再说什么,只是静静地坐在那里,看着窗外的风景。大巴车继续沿着道路行驶,仿佛这个世界的边缘依然在不断地向前延伸。

过了一会儿,他突然开口说道:"你知道吗?我一直觉得村上春树的书里有一种特别的力量,那是一种能让人心灵得到净化的力量。每当我疲惫不堪、无法面对现实的时候,我都会翻开他的书,让自己沉浸在那个奇妙的世界里。"

"这也算隐喻?"

"这当然是真心话。"

我决定好好端详这个家伙。他的脸上刻满了岁月的痕迹,皱纹如同一张张地图,记录着走过的风风雨雨。他的双眼深邃而坚定,透露着从容不迫的气质。

他的头发已经开始稀疏,几绺儿银丝在阳光下闪闪发光,仿佛在诉说着时间的无情。

他接着说:"我就是在某个时候才明白要做一个不动声色的大人了。不准情绪化,不准偷偷想念,不准回头看。绝望不是某块突然从天上掉下来的陨石,要一口气把你砸死,而是大坝上渐渐裂开的某一道口子,只要'咔嚓'一下子,就全出来了。某天早上,你发现枕边多了几根头发,洗漱时发现鱼尾纹更多地爬了上来,不再有犯错的权利,点头哈腰小心翼翼地生活,这些小小的绝望汇聚成洪流,不留情面地冲刷过来,被迫学会了成长。"

我默默合上了书,静静看着窗外。

过了一会儿,我终于开口:"我回去是参加某个很重要的人的葬礼。身边人全是那种悲伤的神情,好像他们非常理解我的悲伤。我就想自己回去。"

"死并非生的对立面……"他开口。

"而是作为生的一部分永存。"我接上。

"《挪威的森林》,我读过。我当然知道,这种时候某个人的逝去不是什么沉沦的理由。我也知道应当坚强面对,可还是免不了悲伤。我明明知道怎么做是对的,却常常在冲动下做出完全相反的事来。很多事情就像厕所墙壁上某块掉落的瓷砖,不补上外人也不会看出来。"

"哈哈,你简直是个标准的少年嘛,村上春树笔下的那种少年。"他的眼神突然带上一点儿温柔，“书本也好，别的什么艺术作品也罢，它们能做的，都是把作者自己的某段过往极端化，再托付给后人。死是永恒的，生是脆弱的，但生命的伟大就在于这份脆弱对于永恒的挑战，然后读懂每个人拼尽力气才活出来的平凡，这就是艺术的意义。可懂？”

“懂。”

“从今往后，就做世界上最坚强的少年吧！”

“好。”

指导教师：胡小球

本文获省级一等奖

点 评

本文语言含蓄内敛却又不失穿透力，直抵内心深处，温柔又充满了力量。人的一生，或早或晚，或时常或偶尔，总有一些路，不得不一个人走。这时，我们就需要依靠文字或其他什么来给自己力量。所以，当“我”内心无比孤独又充满痛苦时，村上春树拯救了此时“我”这个世界的边缘人。从这篇文章中，我们感受到了读书的魅力，也学会了在阴霾天如何去寻找暖阳。

（尤立增 特级教师）

大 鹏

□ 安徽省阜南实验中学　张欣宇

学校里新来了一位书法老师，听说他的字千金难求。我想看看他的字能否达到“千金难求”的高度，于是在新学期报名社团时选择了书法。上课的第一天，他送我们每人一张纸，上面写着“大鹏一跃随风起，扶摇直上九万里”，说这是他最喜欢的一句话。

那节课，他没有讲任何与书法有关的内容，而是和我们谈起了大鹏。用他的话来说：“大鹏鸟在捕捉猎物时，静得可怕，而当它展翅高飞时，却有一种‘扶摇直上九万里’的气势。”

往后，他开始正式向我们教授书法课程，从简单的笔画教起。一点一横从他的笔下写出来，即使没有相连成字，在我看来也是一种残缺的美。他却很随意地画掉了它们，这令我感到十分惋惜。然而那些笔画刚被他“消灭”，马上又从我的笔下“重生”。如果说它们上一世是美丽的模特，今生便是蹩脚的舞者。

看到自己纸上的惨状，我一脸苦恼——越是爱书法，就越是恨书法。如此，书法像个灵动的小姑娘，仿佛触手可及，却总难以捉摸。

忽然，我感到一阵温暖，一只大手抓住了我的右手。“静下心来，顿笔，运笔，收！”他教我“舞者整容术”，“其实这一笔一画并没有那么难，静下心，将注意力集中在笔尖，要想流畅地写出一手好字，要先从静开始。”我默默地记住了他教给我的第一个秘诀。

我开始慢慢体会书法之道，每天随身带着那张“大鹏扶摇”，为了让“舞者”们可以成功转行做“模特”而下了许多功夫。于是，我常常领着我的“舞队”去书法老师那里请求指导。不知怎的，我对书法的热爱近乎狂热。

赫尔曼·黑塞曾在《荒原狼》一书中，将自己比作一匹荒原狼，而书就是肉。他总是将书中的内容撕碎，不断咀嚼，吃进肚子，每次总要吃到饱才会心满意足。如果我也是一匹荒原狼，那么书法便是肉，我将其精髓撕扯下来，入口慢慢咀嚼，嚼着嚼着，便吃出了味道。

不久，老师便给了我一次展示自己的机会。我领着我的“舞队”迈着自信的步伐走上讲台，大手一挥，留下一句“仰天大笑出门去，我辈岂是蓬蒿人”，引得大家一阵喝彩。

课后，老师单独找到我，说：“这次你写得非常棒，但有一点不足就是没有写出这句话的狂劲儿。”后来我反复琢磨他说的“狂”字，百思不得其解：不是教育我写字要“静”吗？这个“狂”又从何谈起呢？

实在不知从何下手，我便去学习他人作品。书圣王羲之可谓无人不知，无人不晓。我开始学习他的天下第一行书《兰亭集序》。他的字是真正的“舞者”，姿态美妙，富有神韵，如此飘逸，却又不失其文质；看起来得意忘形，却具有独特美感，正如孙过庭所评价的“不激不厉而风规自远”。

这时，我仿佛被什么击中了，伸手掏出随身携带的那张“大鹏扶摇”，忽然明白了这句话的含义。他第一节课就说过大鹏看起来静，但振翅高飞时却有“扶摇直上九万里”的气势。字“静”不就代表着方正规整吗？振翅高飞就是所谓的“狂”吧！书法的真正价值或许并不在于书法本身，而在于书法之外的文人气象和文化格局，令人赞叹的往往是书法作品所彰显的天人合一、物我两忘的文人情怀和精神气度！我很激动，要将想法转化为实践。一遍遍地写，一次次地体会，每次都有新的收获，每次都能体会到书法的美感。

王国维曾评价《红楼梦》为“哲学的也，宇宙的也，文学的也”。我认为书法意识亦是如此，它是哲学的也，世界的也，文学的也。书法，静中有狂，是中华民族独有的艺术瑰宝，是人类文明史上一颗璀璨的明珠。我慢慢地懂得，一个人的丰富阅历、学术修养、缜密深刻的思维、激情四射的情绪、天马行空的性格、海纳百川的情怀，这些或许才是写好书法作品的天然条件。

又是一节书法课，老师再一次拿起笔，又一次，大手一挥，留下了那句话：“大鹏一跃随风起，扶摇直上九万里。”

指导教师：温俊俊

本文获省级一等奖

点　评

《大鹏》一文以质朴见长，作者感情真挚，娓娓道来，叙述了自己学习书法的经历以及对书法艺术的领悟进阶过程。作者对书法由热爱到痴迷再到驾驭，是书写水平的提升；由其文人气象和文化格局到蕴含在其中的深刻哲理，是对艺术之美的深层参悟。文章中拟人、比喻等修辞手法的运用，使得艺术更现其美；将书法比作舞者、模特，使得读者对其美妙的姿态和神韵极尽想象，心驰神往。

（劣雅丽 特级教师）

太阳花

□ 浙江省瑞安中学　陈臻颖

夏，大芬村的花开了几天，没有要歇的迹象。

我推开前门，这所坐落在大芬村西部的小屋，此刻正沐浴着太阳热烈纯粹的光芒。为了赴表姐的婚礼，我猫进这里，试图寻找现实土壤里的理想艺术。

我拖着脚挪向画室，阿花叔不出意外地在工作。他不再年轻，黑色的眼眸中透露出沉寂与不甘，身着一件批发的灰色吸汗棉背心，身体因久坐显得有些僵硬。

我曾问他："叔，你模仿这些画多久了？"

"二十多年了。初中没读完，跑外边干了几年，回来就琢磨这个了。"他吐了一口烟。

"这画有什么不一样吗？"我指着一幅凡·高的《自画像》。

"我们几个人轮着画，眼睛、鼻子都分开画。"

"生意应该不错吧？"

"凡·高应该也不会想到，他还能让我们吃上饭。"

站在画室门口，我看着他，突然意识到，他这二十几年的生活像一艘纸船，看似稳稳当当，驶过平静的河流，然而，纸船到底不是木舟，不可能渡过河流而毫发无损。他作为掌舵人愣愣地盯着水中因融化而漂浮的纸片，讷讷苦笑。

可笑的是什么？凡·高说："我梦想着绘画，我画着我的梦想。"

但凡·高的梦想不是阿花叔的，阿花叔说他在过去很长一段时间里甚至都不知道凡·高是谁，选择临摹凡·高的作品纯粹是图销量高、来钱多——毕竟他缺钱。因此，阿花叔不需要自由、青春、自然、色彩、艺术和理想。后来他竟然开始迷恋凡·高笔下的向日葵，荒郊的阳光忽然有一天确确实实照在了他的身上。二十年间，他画了两万幅《向日葵》。大芬村也有一地的向日葵，在夏季开得旺盛。金黄的花瓣呼啦啦地伸展，恣肆嚣张的绿色花茎野蛮地掠夺光照，向阳而生似乎是它们桀骜向上的保护色。于是在这里，它又被称为太阳花，是闷暗逼仄的画室里常明的亮色。阿花叔固执地守卫着他的亮色，像在荒郊凝视绝望的日落。

我走进阿花叔的凡·高画廊——太阳的花野。长条形的房间里挂满了油画，从外到里拉着数十条细绳，一幅画一个夹，密密匝匝。

我蹲在他身旁，看着画板靠在画架上，画纸贴在画板上，纸上的画笔起起落落。我们有一搭没一搭地聊天。阿花叔说他昨天晚上做了一个怪异的梦。他的眼睛里慢慢盛满了光，接着是绵长的回忆——

太阳很大，阳光很浓，我很高兴，然后就在地上打滚，大地有点儿硬。后来大地没有了太阳，我不知道为什么自己突然爬起来，一直疯了一样往前跑。突然，我听到奇怪的声音，我就回头看，一个男的很高，穿着深蓝色牛仔衣，戴一顶浅咖色牛仔帽，手里握着一大束向日葵，对着空地就是用力一插，再捏着茎秆狠狠往下碾。我盯着他，看到他的身后是一片很大的向日葵花野，花都很高大，明媚，一点儿也不娇嫩，我整个眼睛里都是。那个男人朝我走近，手里握着的向日葵像剑一样，我没有反应过来，剑一下就刺穿了我的身体，我听到了衣服撕裂的声音。我很害怕，明明是太阳一样的花，扎在心口却让我浑身发冷。

阿花叔说那个巨大的男人就是凡·高。我问他是怎么知道的。他故作深沉，眼角带着笑，然后狡黠地回我，因为他只有一只耳朵，有一边是空的。这场梦后，他去了荷兰，那里有凡·高的真迹。吞云吐雾中，他的脸庞渐渐模糊，我窥探到他隐藏的悲哀——

我见到了跟我合作多年的荷兰画商，发现我的画被放在凡·高美术馆附近卖纪念品的小店里，几百幅名字一样的画被堆成一摞，随便人家挑拣。我原来以为这些画会在更正式的画廊里出现。我站在街头，抹了把脸，站在我临摹的《向日葵》旁边，抽了一根烟。

后来我去了凡·高美术馆，凡·高的画作被仔细地封存在墙上，还有一条红色的警戒线。画作我模仿了上万次，闭着眼睛都能想象出内容，但我的自信在悄悄对比色彩、光影、笔触的时候，一点点消失了。

我的心都凉了。我再次走出门，半蹲在地上，一动不动，直到天空没收阳光，世界变成淡紫色。我看见不远处有个流浪汉拿着颜料，对着我街边的画，很认真地在水泥路上临摹。我感觉灰暗的世界里好像种出了鲜艳的太阳花。你知道吗?我看见了自己的滑稽与真诚。

怀着肃穆与崇敬,我前往凡·高的墓碑,为他点上了来自中国的三支烟。

回到这里,我朝着田里的太阳花拿起画笔,笔尖有凡·高的味道,也有大芬村土壤的清香。我突然觉得他的生活并不是我的艺术,我的生活才是。

暮色渐沉,太阳花携带着刺破云霞的昏黄一晃而过。阿花叔没有看向凡·高插在他胸口的向日葵,而是捕捉到略显陌生的太阳花,在一张白净的纸上细细刻画出它最温柔的姿态。

他好不容易才拥有理想,找到那朵属于自己的太阳花,试图让自己的创作脱离别人铺设的轨道。我看见他了,他在大胆挑战自己的命运,冲破偶像的束缚,穿越困顿的深谷,旁若无人地歌唱。

指导教师:林慧镜

本文获省级一等奖

点　评

文章有着独特的视角和深刻的内涵,通过回忆主人公阿花叔的临摹生涯和内心变化,探讨了艺术模仿与独立创作、商业逐利与理想之间的矛盾。作文的叙事技巧有小说笔法,情节构建富有层次,引发读者对于艺术真谛的思考。语言表现力强,如“纸船到底不是木舟”等比喻,形象地传达了主人公对自身处境的认识。不过,作文在主题表达上可以更加明朗,部分情节和意象内涵也可以更有控制,避免给读者带来阅读上的反复考验。

(包学菊 高校教师)

只一眼，便千年

□ 安徽省芜湖市第十二中学　陈沁

宽敞的展厅内光影交织，四壁环绕的巨幅屏幕上一幕幕绚丽多姿的场景如画卷般铺陈开来。观众的目光随着场景的切换而穿梭、流转，仿佛身临其境地踏上了一段独特的文化苦旅。这场名为“遇见敦煌·光影艺术展”的巡展，视觉效果震撼，唤醒了我在敦煌莫高窟与历史相遇的深刻记忆。

“万里敦煌道，三春雪未晴。送君走马去，遥似踏花行。”吟诵着明代诗人王偁的《赋得边城雪送行人胡敬使灵武》，我的耳畔似乎又响起驼铃悠悠、清风如乐之声。二十世纪初，一支骆驼队伍驮着二十九个箱子匆匆赶路，箱中装有上万件敦煌莫高窟的珍贵文物——经卷文书、绘画等瑰宝。各国探险家闻风而动，对其展开了疯狂掠夺。

直到你与敦煌的邂逅，敦煌才绽放出新的希望。在塞纳河畔的旧书摊前，偶然翻得的一本《敦煌图录》让你第一次意识到故乡的石窟艺术与西方艺术同样生动有力。你被震撼到了，决心去敦煌实现理想。当时的你还不知道，你将重铸敦煌壁画的辉煌，而敦煌也将成就一个全新的你，你的名字——常书鸿——将被全世界记住！

黄沙漫漫，经过一个多月的长途跋涉，你终于与日思夜想的敦煌见了面，但迎接你的，却是垮塌的塑像。失望之余，你更加坚定了自己要留下来的决心，立下必要守护敦煌的誓言。

一张小凳、一盏油灯、一支笔，构成了所有。临摹窟顶壁画时，你不得不将头和身子弯成近乎九十度直角，时间一长，就会头昏脑涨，甚至恶心呕吐。当初被兰登·华尔纳和霍勒斯·杰恩用化学溶剂轻而易举剥下的壁画，如今却要画匠们付出几倍甚至几十倍的努力去修复。为了解读画中内容，你在画壁前反复琢磨，与经文一一对照。

日升日落，斧凿声声。敦煌壁画在你的呵护下，重焕光彩，塑像不再呆滞，眉眼含笑，衣褶轻盈如流动的乐章。你是常书鸿，你复活了古中国！

就这样，我怀着对你的敬仰和对敦煌艺术的向往来到莫高窟，饱览了其鼎盛时代的杰作。

“胡旋女，胡旋女。心应弦，手应鼓。弦鼓一声双袖举，回雪飘飖转蓬舞。”眼前偌大的胡旋舞图中，舞女仿佛被注入了灵魂，像雪花在空中旋舞，纵横腾踏，但双足始终不离毯面，鼓乐喧阗。一幅盛世长安图，就这样呈现在了我的眼前。“人间物类无可比，奔车轮缓旋风迟”，那个风靡大唐的胡旋舞，定格在了莫高窟第220窟的北壁之上。

“素手把芙蓉，虚步蹑太清。霓裳曳广带，飘拂升天行。”画中的飞仙反弹琵琶，一曲千年，带我感悟沧海桑田。她们穿梭于各类壁画中，呈现出不同的风格，用飘飘袅袅的身姿，展现着敦煌的韵味。

“玉门关外驼铃声，天山雪色共依依。”九色鹿引领我走出莫高窟，随即化为一缕银烟消散。眼前是一片茫茫沙漠，磬钹声、诵经声、旌旗飘荡声、民众笑语声、山风流水声、马蹄驼铃声，一齐涌入耳中。我仿佛看到了莫高窟内参加巡礼的民众，一群又一群，簇拥着身穿袈裟的僧侣；拿着工具的画工、雕塑家们屏息凝神，一笔一笔地还原壁画……历史的长河，在岁月中奔涌。

学者陈寅恪说过：“敦煌者，吾国学术之伤心史也。”曾经有着“伤心史”身份的敦煌不是偶然的，而今我国敦煌艺术的研究与发展迅速崛起，亦非偶然。中国先后涌现出一大批敦煌艺术守护者，从罗振玉、王国维，到季羡林、樊锦诗，他们把自己的青春年华都奉献给了敦煌的艺术事业。岁月因青春慨然以赴而更加静好，世间因少年挺身向前而更加瑰丽。他们用坚定的理想信念构筑青春之梦，在祖国最需要的地方奉献青春力量，成为走在时代前列的先锋，为我们树立了良好的榜样。

九层佛塔下，风铃轻响，人潮拥挤。莫高窟提醒中华儿女勿忘屈辱，坚定文化自信，不要忘记那些在艰苦环境下创造艺术辉煌的历代画工与雕塑家。它向全世界人民展示如今中华文化的辉煌与强大！

一支骆驼队隔着屏幕缓缓走来，斑斓的灯光打到我的脸上，将我从回忆中唤醒。我深吸一口气，看着这支骆驼队，内心感到无比自豪与欣慰——中国被掠夺的那个时代已成为过去，这徐徐走来的骆驼队，又何尝不是中华优秀传统文化艺术崛起的象征呢？

当今时代，我辈青年幸逢盛世，既要铭记历史，传承文化，从老一辈中汲取力量，成为有志气、骨气、底气的新青年，又需勇于创新，在文化艺术发展中，将诸如“光影艺术展”等艺术表现形式与传统艺术相结合，赋予传统文化艺术新的活力，继续讲述古老神秘的故事。

我的耳边，仿佛又响起了石窟的呢喃声、风铃的低语声，那是历史的回响，也是未来的呼唤。

指导教师：石飞虹

本文获省级一等奖

点 评

敦煌是美的沉淀，撑起了一片艺术的天空。它历经浩劫，却在岁月中重生。这篇文章富含美感：语言美、情境美、情感美，用种种美展现了敦煌的前世今生，只一眼，便千年，韵味无穷。

（劣雅丽 特级教师）

话说古建筑中的天人合一

□ 山东省滨州市沾化区第一中学　邵鹏越

遥看中华上下五千年，其艺术形式丰富多样，不仅有精致的工艺品，更有集绘画、雕刻、空间布局之精妙于一体的中国古建筑。走近古建筑，不必看尽一砖一瓦，只需用心体味其中几处别具美感的设计和它们散发出的天人合一的精神即可，譬如窗子、柱子和苑中的园林景观。今日就来细数中国古建筑的“洞天”。

窗之形

我国早期古建筑里窗户规格较小，根据“窗”的字形，“窗”字下带“囱”，因此最早的窗户用来通风换气和采光。随着技艺的精进，窗的设计逐渐与自然融为一体。

最具代表性的就是漏窗。透过窗子可以看到对面的景色，窗框内的纹样使得窗内的景色若隐若现。远观之，漏窗本身也是一种景色，随光阴流转而变幻。若漏窗是“半实半虚”，那空窗就属于“虚”。空窗让不同空间相互渗透，同时增加景深，营造出幽深的意境。空窗还具有框景的作用，映出芭蕉、修竹、山石等景致。窗是景，景为窗，此乃一幅小画。再说地坪窗，又名“勾栏槛窗”，多临水而设，常设六扇。开窗后，坐在栏杆上，俯观，可欣赏水中“皆若空游无所依”；仰看，有江山如画，“云雾密难开”。清风徐来，碧水青山中，人是景中物。门户是一道屏障，而窗就起到了沟通内外、实现天人合一的作用。古窗框出一格浪漫。

柱之姿

柱是承托建筑上部重量的杆体，俗称“柱子”。木柱下垫的石礅叫“柱础”，用来承载和传递上层负荷，同时防止地下湿气对木柱的侵蚀。在盛行佛教的南北朝时期出现了莲花形的柱础，名为“莲瓣柱”，整栋房子像是盛开在莲花上；明清时期，因南方湿热多雨，为适应环境，柱础多为较高的鼓状石礅，被称为“鼓蹬”。

柱旁的雨链更让整座建筑提升了一个档次。雨链用于引流雨水，保护建筑。悬挂的链状风铃将雨水引流至水缸作为生活用水，同时风铃的存在还减缓了雨水的流速。当雨滴落下，侧耳细听，屋中人可以享受“无数铃声遥过碛”的静谧，让风霜雨雪浸到建筑中来。

园林之韵

中国古典园林讲究“虽由人作，宛自天开”，其建造涉及建筑艺术与景色的完美融合。湖南岳阳楼、成都望江公园崇丽阁等，都是在园林建筑中体现“天人合一”思想的典范。颐和园的园林就贯彻“道法自然”的思想，把江南水景复刻在北方的土地上。北方园林多采用歇山顶建筑，当建筑相互扩展时还采用大量勾连搭手法；南方园林中多使用硬山，若建筑单独出现则使用歇山。

先说园林中的重要摆件——亭。园林中的亭子相对楼阁较小，因此在与自然景观搭配时更灵活，在选址时也更多样，例如在水畔、山顶上均可建亭。江南地区山水丛出，因此视野有限，空间有限，亭的安排就显得尤为重要。在咫尺园林中，采用借景、框景等手法，亭子与周围景色交错开来，可获得多层次的画面，小中见大。

再谈到阁楼。在以大型山水为框架的现代园林中，阁楼的高大、突出，就与环境相得益彰。在造型华丽、数量众多的阁楼上登高远眺，就是景观和观景的结合。

时光流转，千年已过。翻开现代建筑诗篇，其中也不乏提倡“天人合一”主题思想的佳作。北京鸟巢体育馆与树林结合，朴素而温馨；立川富山幼儿园，环形建筑绕大树盘旋而上，在玻璃和金属栏的围合下显得更通透，建筑与大树形成了一个有机体；丹麦的伯恩茨哈佛托儿所将建筑嵌入山体，绿色屋顶的巨大和山川的宏大完美融合，落地玻璃窗向南敞开，既可采光，又可欣赏窗外风光。

董仲舒在《春秋繁露·为人者天》中提到“人生有喜怒哀乐之答，春秋冬夏之类也”。张维屏也说过“造物无言却有情，每于寒尽觉春生”。古往今来，人们一直在追求老子“天地与我并生而万物与我为一”的境界，这种思想也在我国古建筑中体现得淋漓尽致。今人接过这把火炬，必将用心血让这精神之炬永世燃烧。

指导教师：丰兆壮

本文获省级一等奖

点 评

本文作者在“艺术”这个话题下选取了建筑来写，写中国建筑“天人合一”的理念，视角独特。建筑之美首先体现在一砖一瓦，但本文却透过建筑的外观美去参悟其散发出的“天人合一”的精神。文章写到了窗之形、柱之姿、园林之韵，作者绘其形，传其韵，紧扣主题，由传统到现代，由中国到世界，阐述生动，详略得当中凸显重点，表现了建筑艺术之美。恰当的引用也为文章增色不少。

（劳雅丽 特级教师）

银杏

□ 浙江省宁波科学中学　曹超

又是温暖的午后，葱绿的银杏安静地站着，新修的草坪似雕塑般整齐。耳边偶然的鸟鸣打破单调的蝉唱，汽车的轰鸣是极少的重音，干净如画布的天点缀着丝带般的云。

随着一阵清脆的下课铃声，对面的教学楼逐渐聒噪。余师傅不再看教学楼，转而望向下面的操场。六七个学生走出教学楼，提着大包小包，穿过操场，进了余师傅所在的楼里。余师傅关上窗，回到位子抖腿。“余老师好！”几名学生零零散散地打完招呼，走到座位上，从包里拿出了颜料、画笔、颜料盒、水彩纸……

这是余师傅来学校的第二个星期。农民画是本学期新开的兴趣班，教室还是图书楼临时腾出来的，学生到这里要穿过一段堆满杂物的走廊。学生不多，面前便是全部了。作为农民画大师，余师傅没想到徒弟只是六七个学生。总比没有好，他想着。

“好了，安静！东西都带齐了吧，那上课了。”

余师傅顿了顿，从包里拿出了学生们上节课的画。

“这是上次大家画的作品，都还不错啊，特别是小曹同学的。”余师傅说着，拿着小曹的画展示了一圈。这些学生里，他最喜欢小曹——认真，画得也好。

“那么这节课我们画的主题呢，是年夜饭……”

说罢，学生们抄起画笔，调好颜料，对着画布就开始创作。必不可少的圆桌、各色的菜肴，以及谈笑的家人，衬上黑色的背景、皎洁的明月……余师傅看着学生们专注地调色，挥舞着画笔，心中涌起一股“可算有人学了”的自豪感。一个学生在人物上犯了难，余师傅接过画笔，简单的几根线条，就让朴素的农民形象跃然纸上。学生们的脑袋都凑了过来，不住地赞叹。

“啊！”小曹的叫喊声，把大家的注意力吸引了过去，“我都画好了，可是……”

余师傅看了看，发现黑色的背景被黄颜料画了一道。思索片刻后，余师傅顺着那道黄色又补了几笔，一只鱿鱼逐渐出现在漆黑的夜幕，似精灵跳跃，画也明快、活泼了起来。大家掌声如雷。

后来，在余师傅的指导下，小曹的一幅作品被评了奖。余师傅更加看重小曹，甚至有了把他培养成自己接班人的想法。

但很快，秋至大地，银杏叶枯黄飘落，露出了光秃的树干，灌木丛和草坪上杂草丛生，蝉鸣衰弱，飞鸟无踪，云层暗淡而沉重。

余师傅背着包，走出了学校。他凝望着枯槁的银杏，回想刚刚校长翻着成绩单对他说："农民画给不了学生成功和未来，即使学生再喜欢，学校和家长也不会拿孩子的前途去换这无用的爱好。现在人们只关注成绩，而学校也需要升学率。"一开始，余师傅就知道这兴趣班只是学校为了应付上级而开设的，不会长久，但没想到这么快。

到家后，余师傅抽了一根又一根烟，画笔一下没动。他时时想起最后一节课上小曹眼里的苦涩、不舍。他觉得自己像一棵银杏，在学校的时候绿叶簇拥，如今只剩下枝干。"真的没有人喜欢吗？""就算是艺考，大家也都去学油画、素描了，谁还来学你这农民画呢？""可是……"余师傅掐灭了烟，拿起了画笔，"这东西不能失传哪。农民艺术家对生活的热爱，都凝聚在这农民画上了，老一辈留下来的东西可不能就这么没了呀！""就凭你，能做什么？""谁说只有我了？一定还有很多乐意传承的人……""小曹早就不学画了，文化课已经够他忙喽。""那也不行，我必定能让它活着，不至于成为枯死的银杏。"余师傅不再想，把注意力移到纸上，一笔一笔落下……

天气转暖，候鸟归途，云层淡去，光秃的银杏又发出了新叶。

一天，文化局的人找到了余师傅，说市里要办一个关于传统艺术的画展，他可以送几幅画过去。那天，余师傅没睡午觉，没出门，晚上也睡得晚了。几天后，余师傅抱着几幅画跑到了画展。展会上，余师傅遇到了几个农民画画家。大家握手，拥抱。余师傅看着展会上的画，心中升起一阵温暖。

然而，画展开了一个多星期，来的人却寥寥无几。偶尔有几个路人，也都是好奇地进来，鄙夷地出去。整天坐那儿的余师傅开始心灰意冷。"真的没人喜欢吗？"余师傅又问了一遍自己。

回家后，余师傅倾注了所有心血，连夜画了一幅墙一般大的画，送到了画展。

"再试试吧。"

画展结束后，余师傅没有把画拿回来。过了很久，政府有人找到了他：“余师傅，你的画在国际会议上展出了！就是很大的那幅。政府把你留下的那幅画带到了省里，作为我市的传统艺术展出了。国际来宾都很喜欢，还有人想买呢。上面也说要重视起来……”余师傅躺在床上，一夜没合眼。

后来，学校又开设了农民画兴趣班。余师傅穿过干净的走廊，打开门。“余老师好！”满屋的学生喊出整齐洪亮的声音。余师傅控制住颤抖的手，把包放到讲桌上，抬头就看见第一排的小曹，眼里尽是期待。余师傅强忍泪水，转向窗外。暖阳下，银杏郁郁葱葱。

指导教师：肖天翼

本文获省级一等奖

点　评

文章通过余师傅与农民画的故事，展现了一个艺术家对传统文化深沉的爱与坚持，表达了作者感受到的文化传承的重要和紧迫。作文中的情感流转自然而真挚，从余师傅对学生们的指导，到他面对学校和现实压力时的无奈，再到最后的转机与弘扬，作者巧妙地将个人情感与艺术命运相交织，让读者随农民画的境遇而不断思考。作文的语言优美，意象生动，如“银杏郁郁葱葱”不仅描绘了自然界的生机，也隐喻了传统艺术的新生和希望。文章结构紧凑，情节推进合理，把余师傅的个人经历放在传统与现代、艺术与生活、坚持与放弃等主题中，达到了较好的艺术效果。

（包学菊　高校教师）

风的回音

□ 辽宁省葫芦岛市第一高级中学　李一昂

肖邦的音乐，像风。

这风浪漫、忧伤、不甚猛烈，却深入听者的内心——吹过心房的间隙，融入流淌的血液，涌向周身的细胞，激起共鸣的回音。

曾经的我大抵年少不识愁滋味，觉得莫扎特的童真、海顿的纯洁就是世界。听了几首肖邦的玛祖卡后，就理所当然地为这位音乐家贴上了“忧郁”的标签，甚至觉得那些不合乎乐理的重复旋律，颇有无病呻吟的意味。乐曲中各种手法的交织，使每一个音符浸着叹息的悲情——回旋音不时出现，奇怪且独特的减七和弦、落差感十足的装饰半音下行……如此这般，优雅暗含颓丧，雄壮变得悲怆，快乐也成了强颜欢笑的模样；又恨不能将全身痛楚化为力量，凝聚成一个包含深意的乐音，轻诉在钢琴上。这岂不矛盾？我不懂。

直到那一次。在病痛折磨和学业不顺的双重打击下，我真切地体会到从未有过的空虚，拖着沉重的躯体漫无目的地彷徨。天阴着，刺痛双眼，像肺结核病人的脸庞。胡乱塞入一张唱片，头痛袭来，我双眼紧闭，天旋地转地瘫在床上。

旋律从心底刮起羊角之风，将眼前滞留的蓝色泡沫吹散，浮浮沉沉。每个音符都在诉说着命运的不公、病痛的疾苦，还有剪不断理还乱的离愁别绪。曲风一转，忽而变成了明亮些的大调，只是光明来得太短暂，曲调渐渐低沉，更加怆然，更加哀伤。当最后的幻想如同天堂之路在眼前展现又消散，一滴悬挂在眼角的泪，与前一滴交汇，划过我的脸颊。

打动我的原来是肖邦的夜曲。我几乎瞬间转变了对于肖邦的看法。生活求学的艰难、对人生真谛的感悟，被这位诗人用最朴素的音符叙述出来。看似心灵田地里开满野花，谁知其中竟藏着“花丛中的大炮”，不时轰响！

我逐渐爱上了肖邦和他的作品，翻开音乐的画册，一幅幅优美的油画映入眼帘：圆舞曲里，青年男女在宫殿别墅里跳着优雅的华尔兹；练习曲中，伤感的旋律被复杂的技巧精巧地包装；叙事曲里，起伏的歌唱将凄美的故事娓娓道来……甚至我也成了画中人，徜徉于田野上，沐浴在暖风中，感同身受地品味着那个时代的剪影。

唯有两首钢琴协奏曲，我迟迟没有聆听。数百页乐谱的恢鸿篇章，凸显着它在肖邦作品里的地位。我在等，等一个机会，迎接这历史性的时刻。

那天深夜，伏案鏖战的我疲惫不堪，扭了扭酸胀的肩膀，揉了揉充血的双眼，视线停留在窗外的夜色上。一弯初秋的月亮低垂在西南的夜空，月光清寒如冷酒；城市退去了白日的繁华，街巷静谧似空山；树木在夜风的吹拂下，用沙沙声默默诉说着秋意。良辰美景，无音乐相伴，岂不为人生憾事？

倏然，我的身体像被电流击穿，我感觉到了内心的呼声！它指引着我，自然地拿起肖邦钢琴协奏曲的光盘，无意识地播放，戴上耳机，走进阳台。

提琴的音色好似旋风，将我的灵魂刮起，刮回了十九世纪的波兰，刮到了一位离乡游子的马车上。他面色惨白，愁眉紧锁，手拿纸笔，正借着月色创作乐曲，忧伤的回忆慢慢涌来。曾经，他过着平凡而幸福的乡村生活，少年时就来到音乐学院深造，出乎其类拔乎其萃的他收获了事业，也收获了爱情。可是平静的生活被沙皇的远征军打破，祖国为了保护这位音乐天才，连夜安排马车将他送往巴黎。临行前，他甚至没能和亲友告别，只得匆匆离去。路上，华沙起义失败的消息如龙卷风一般传遍了欧洲，想到个人的命运、国家的未来，他愤而提笔，写下了怒火和悲痛，抒发着无奈与凄凉……旋律起起伏伏，恰似他痛苦纠结的内心，浮浮沉沉。

我与这位音乐诗人深深地共情了。我听到了鼓声里的隆隆炮火，听到了双簧管的阵阵哭泣，听到了长笛的思念，还听到了钢琴的挣扎。但，经历了思想的争斗和灵魂的跌宕，音乐家终于疾风似的冲破了心中的乌云，他要用自己的音乐与敌人战斗，为家人和祖国抗争！

乐曲在激昂中奏响了终止音。月已落山，回音未止，一阵凉风乍起，将我击穿，将脸颊的眼泪吹干。我真正理解了肖邦，同情着肖邦，仰望着肖邦。那些婉转的、优雅的、悲切的音符，哪一个不记述着历史？那些悠扬的、柔美的、低沉的旋律，哪一段不饱含着深情？

那夜，一驾马车冒着西风在波德平原上夜驰，我的耳畔响起了风的回音。

指导教师：程宝英

本文获省级一等奖

点 评

无论是对理解音乐，还是认识世界，这都是一篇富有启迪意义的文章。文章脉络清晰，从不懂到被打动，再到深深共情；从落泪到泪干；从夜曲到诸多曲目，再到两首钢琴协奏曲，叙述井然有序。作者运用多种描写手法，让无形的音乐有形可感，让肖邦的故事立体生动，其中包括联想、想象、通感、比喻等。不得不承认的是，古典音乐对不少同学而言只是“高雅”的代名词，仅止于了解莫扎特、贝多芬、肖邦这些名字和他们广为流传的生平逸事。而作者在聆听音乐的过程中打开心扉，走进了肖邦的精神世界，感受到他音乐织体的丰厚繁复与晶莹剔透，同时，也用音乐温暖了自己和世界。

（劣雅丽 特级教师）

芭蕉深处吊脚楼

☐ 湖北省恩施土家族苗族自治州清江外国语学校　李欣怡

群山连绵，恩施的清江河畔，芭蕉树如影随形，而芭蕉之畔，吊脚楼必赫然在目，相依相偎。

我随爷爷翻山越岭，穿越稻田，直至清江之滨，那片芭蕉掩映的秘境。芭蕉叶绿意盎然，闪烁着油亮的光泽。紧邻芭蕉丛，一排吊脚楼静静地伫立。我低头，裤腿上沾满了泥土；抬头，眼前是历经沧桑的建筑，心中不禁泛起一丝失落。“细品其构造，你会发现蕴含的艺术之美。”爷爷目光炯炯，凝视着这片建筑，滔滔不绝地讲述它的艺术价值，“吊脚楼，是真正的艺术！”记忆中，爷爷的画笔不知何时已化作吊脚楼的永恒印记。

我却不以为然，认为这不过是普通的建筑。

“看那房梁，历经风雨，怎是你的画所能完全捕捉的？它是有生命的。”爷爷指着我的画作中的房梁说。那一刻，我注意到爷爷袖口、指甲里的泥土，不禁好奇：为何他对吊脚楼如此痴迷？后来，我也沉迷其中，甚至在一次大赛中因介绍吊脚楼而获奖。但领奖时，我却感到一阵羞愧——自己对民族文化的了解竟如此浅薄，不过是浮光掠影。而那些深夜的灯火、成堆的稿纸、一沓沓的照片，是爷爷一生的坚守。四季更迭，他走遍山区，年复一年。

于是，我再次踏入那片芭蕉丛，静下心来，驻足于吊脚楼前，细细品味这充满民族特色的乡土建筑。

的确，这是艺术！

粗犷与细腻并存的木头作为主柱，稳稳地支撑着整个建筑。镂空的栏杆栩栩如生，雕花的窗户精美绝伦。门窗花格上，生动的动物图腾诉说着土家族的浪漫情怀，独特的几何图案展现着土家族的智慧，龙飞凤舞的古老纹样续写着土家族的神秘传说。那一条条、一排排的“美人靠”，如弯月般向外隆起；飞檐翘角，如龙跃凤舞，傲立顶端。这一带的吊脚楼依山傍水，与芭蕉丛相映成趣。建筑错落有致，不拘一格，高低起伏，流畅自然。它们巧妙地利用“土木之工”，与崎岖山坡完美融合，尽管屹立于高耸的山腰，却无凌空而建的飘荡感。清江河畔，芭蕉丛旁，吊脚楼开合随意，分割自然，完美融入自然美景之中，展现出流动之美。它们如诗如画，令我陶醉其中。

我走近吊脚楼，轻轻触摸木梁，闭上眼，感受着前人的余温。它从历史的风云中走来，等待多年，只为与懂它的人相遇。它是连接古今的桥梁，是前人眺望新世界的窗口，是寄托着生活美满的愿望的信物。透过它，我仿佛看到了一个质朴、团结、不贪婪的桃源世界。最朴素的建筑，也能展现出最极致的艺术！我心中涌起前所未有的震撼与惊奇，忘情地凝视着眼前的建筑。

从此，我坚定了扛起民族使命的决心，接过了爷爷手中传承民族艺术的重任，因为我们永远不能丢失民族的魂魄！

站在明净的天空下，眺望这片世代耕耘的田野，一幢幢吊脚楼傲然屹立于沃土之上。微风轻拂山冈，艺术的种子悄然埋下。我欲拍下这美好一幕发给爷爷，却恍然发现，爷爷已经与吊脚楼的艺术融为一体，永存不朽。不远处，清江河畔，芭蕉树郁郁葱葱，簇拥在吊脚楼旁。吊脚楼，这独特的民族建筑、独特的艺术神韵，是土家人的骄傲。

指导教师：金鹏飞

本文获省级一等奖

点　评

本文以恩施的芭蕉与吊脚楼为背景，细腻地描绘了作者与爷爷探寻民族艺术之美的过程。文章情感真挚，语言优美，通过前后对吊脚楼认知的转变，展现了民族文化的深厚底蕴和艺术价值。作者对吊脚楼的细节描写生动传神，不仅展现了其建筑之美，更深入挖掘了背后的文化内涵和民族精神。文章结构紧凑，层次分明，从初识吊脚楼的失落，到细品其艺术之美，再到最终肩负起民族使命，情感逐步升华，主题鲜明突出。整篇文章如诗如画，令人陶醉，是对吊脚楼的赞美，更是对民族文化的深情呼唤，值得称赞。

（桑哲　高校教授）

父亲的赞歌

□ 山东省昌邑市第一中学　姜政宏

瞬间也可以成为永恒。艺术的瞬间不仅记录了个人的当下，还铭记了一个国家、一个民族的发展历程，更浓缩成时代的剪影，画到画布上、刻到石头中，成为永远流传的经典。

我们不知道他是谁，但当他被罗中立画到纸上后，他从此被铭记，以父亲的名义，以艺术的价值。

记得在小学美术课本上第一次见到《父亲》这幅画时，我久久不能平静。从他沧桑的脸上，我看到了时代的影子。该怎么描述这幅画呢？不同的人有不同的见解。我的第一反应是脏，就像小餐馆桌子上沉积的油垢，饱含着时间的印记。

巨大的画布上，父亲的脸跃然纸上，没有留白，没有参照，他的脸占据了画布最大片的面积。他黝黑的脸布满了纵横交错的皱纹，就像黄土高原上历经无数次风雨冲刷而形成的千沟万壑。他的胡子凌乱花白，连同斑白的眉毛，染上了时光的风霜。泛黄的头巾、泛黄的瓷碗，和他整个人一样，满是岁月留下的痕迹。弯曲的手指、粗大变形的关节、带有缺口的指甲、塞着泥土的指缝……每一处的细节，都在控诉着命运对他的不公，都饱含着他面朝黄土背朝天的辛苦。

整幅画采用了泛黄的基调，既有土地的厚重，又有岁月的斑驳。罗中立的每一个细节都在诉说着画中人的不易。回望历史，我们的祖辈都像画中的父亲一样，辛勤地劳动，与土地为伍，与太阳相伴，春种秋收，仅以温饱为足。生活这么辛苦，他们怨恨吗？或许怨过，但他们更加勤劳，兢兢业业，希望能有个好收成。画中父亲深邃的眼，就像一口古井，包容了生活的艰辛，透露着悲悯与不屈。他勇于直面苦难，踏踏实实，奋力生活。繁重的劳动压弯了他的脊背，却压不垮他顽强的精神。

《父亲》是一幅典型的写实主义油画，被看作伤痕美术的代表。画中的父亲，是时代的缩影，是千千万万劳动人民共同的面孔。黝黑的脸、干裂的手、深深的皱纹，是我们祖辈真实的写照。在历史的进程中，他们没有留下名字，没有惊天动地的故事，他们只是历史中的普通人，拼尽全力，只为过好自己的一生。他们是历史中的路人甲，也是美好生活的奠基者。他们穷尽一生，追求光明的未来。在贫穷落后中坚持，在艰难困苦中奋斗，他们不仅为了自己，更为了我们。

我们不歌颂苦难，但我们歌颂苦难中不屈的灵魂。《父亲》描绘的不是大人物，不是大英雄，而是平凡的普通人。他的名字被历史淡忘，他的身躯归于尘土，但是他的精神闪耀在历史的长河。他不是一个人，而是一群人，是中华民族勤劳、坚强、努力和抗争的代表。他们身上散发着中华民族的光辉。

《父亲》是底层劳动人民的缩影，是时代的见证。从这幅画中，我们可以感受到当时劳动人民的艰辛与不易。时代变迁，历史的洪流引领着我们前行。没有一直苦难的人们，没有一直落后的国家。只要坚持，只要努力，就一定能够迎来灿烂的明天。曾经我国也一穷二白，缺衣少食，但在党的正确领导下，在全体中华儿女的共同努力下，我们用双手创造了物质财富，用知识武装了精神世界。扫除文盲，定点扶贫，我们一步步摆脱贫穷与落后，摆脱愚昧与无知，创造属于中华民族的美好未来。未来，我们带着时代的印记继续向前，追寻那个伟大的目标……

我们现在的生活，是无数先烈奋斗的目标，是无数祖辈拼搏的结果。一代人有一代人的使命，我们虽没有经历苦难，却应时刻铭记祖辈经历的苦难。时代的苦难曾压在祖辈的肩头，如今也应落在我们的心头。征途漫漫，唯有以奋斗为桨，以拼搏作帆，砥砺前行，方能抵达成功的彼岸。我们应该学习祖辈的抗争精神，顽强拼搏，自强不息，在时代的洪流中脚踏实地，向下扎根，向上生长，直面前进道路上的每一个困难，勇敢地克服它，战胜它，创造属于自己的精彩人生，创造中华民族的美好明天。

自立才能更好地屹立于世界民族之林，这是祖辈对我们的谆谆教诲。中华民族实现伟大复兴的步伐坚定向前，属于中华儿女的伟大中国梦也必将实现。

一代人有一代人的艺术，而艺术也成为时代的忠实记录者。如果现在罗中立再创作一幅《父亲》，画面中一定会是幸福微笑的父亲，没有苦难的阴影，只有温暖的光亮，只有闪烁着希望与幸福目光的面庞。

指导教师：邢海波

本文获省级一等奖

点 评

文章以一幅时代名画为焦点，通过作者细致的描摹、合理的联想，贯通了艺术和现实、历史和未来，也使状物与抒情的写法交相辉映，逐渐将个体感受与民族记忆融为一体，展现了文章立意的思想深度。画像写实不是易事，作者还要由此出发去关联艺术、民生，在时间维度中往返穿梭，那么读者接受这种画像带来的发散思维，是需要依循合理的逻辑层次的。因此，作品在后半部分的立意生发上还是要强化层层推进或是以小见大的顺序。

（高校教师 包学菊）

锦 袍

□ 江苏省南京市秦淮中学 杨佳茵

诗歌是痛苦与希望缠绵悱恻的结晶，是深埋在乌托邦最深处的秘密。

——题记

“在他飘逸而华丽的锦袍下，撕开了看，分明伤痕累累。”

李白出生于商贾之家，无缘科举，只能行卷。

初见高适时，他意气风发。于黄鹤楼葬友，他抚琴悲歌，泪洒尘土，足以见待友之深厚，情真之意切。拜谒县令时，对方因其商人身份拒绝接见，他气极当街挥剑，大骂“有眼无珠”，转而又邀好友纵酒。这般狂放不羁，恰合他本性。

艺术心理学中的“补偿效应”在李白身上体现得淋漓尽致。无论是“眼前有景道不得，崔颢题诗在上头”后掷笔走人，还是再次登楼时怒斥小二“难道长就算好诗吗”，他自负才气过人，却屡屡碰壁：自称陇西李氏后人，在扬州城挥金如土，夜夜流连酒肆；被高适那句“大丈夫理应报效国家”问住后，他大笑里带着迷茫与张狂。李白并非不渴望功名，恰恰相反，他太渴望了——可他得不到，痛苦萦绕在心头，沉淀，酿作苦酒一壶，滋养了艺术。

李白一生的痛苦与癫狂，在诗歌中目空一切，在现实中屡屡碰壁，正是极度自卑与自负的交织。晚年杜甫的一句“不见李生久，佯狂真可哀”，高度概括了李白在粉饰下无力的面孔。

电影《长安三万里》中的高潮，是众诗人同游幻境，李白大吟《将进酒》。他与玉皇大帝碰杯时，那清脆的响声，让我记起北岛一语：“如今我们深夜饮酒，杯子碰到一起，都是梦破碎的声音。”和着纸笔掷地的沉闷一响，这声音，李白早已听过无数次。

“我就是用酒来修炼的。”

李白的颓废、狂傲、不甘都融在酒里，和一去不复返的黄河一道，扶摇直上九万里。

他血液里深藏的自卑与自负、现实中的成功与挫败，还有痛唾世俗却又无法脱离的痛苦，一正一反，恨不得将他撕成两瓣，于是在极度的撕扯中，这颗太白金星迸发出了盖过日月的光辉。

平平仄仄的条框，装不下太白心中的万千豪气。

可大鹏终有飞不动的一天。

李白太天真，太理想主义，以为怀揣着一腔热血，总能施展出自己的虎拳鹤唳。他投奔永王，险些因谋逆罪被杀头，幸遇大赦而返。在万仞巍峨的楚山前，他撑着一叶小舟，驶过浩浩江水，大喊“轻舟已过万重山”。李白还在憧憬着未来，可谁都知道，不会再有机会了。

“大鹏飞兮震八裔，中天摧兮力不济。”李白绝笔。

谪仙人终究还是回天上去了。

在这趟旅程中，作者痛彻心扉，观者酣畅淋漓。

无人在意的，是那撞在石头上碎了一地的赤心。

李白这人，是历史浩渺长河中的沧海一粟，却在诗歌这门艺术上留下了浓墨重彩、永不蒙尘的一笔。

人生至此，方成艺术。

诗歌无罪，热爱万岁。

敬自由。

敬每一个深夜里冰块撞击杯盏的声音。

指导教师：臧磊

本文获省级一等奖

点　评

李白像是万花筒里的彩色碎片，转动不同的角度，就会呈现不同的图案。本文选取了李白放浪形骸的个性、飞扬跋扈的才情、仕途困顿的痛苦这三个碎片，塑造了一位为了实现理想可以至死是少年的孤勇者形象。文章最打动人的就是李白在极度撕扯的人生中，依然坚持对理想不死不休的执着，它让我们明白，哪怕失败，这份执着也可以让他永远神采飞扬。所以，我们每一个人都要敬自由，更敬深夜杯盏相碰那梦碎的声音。

（劣雅丽　特级教师）

逢 春

□ 四川外国语大学附属外国语学校　胡云乔

老严伫立于三川之畔，眼前碧波荡漾，心底涌动着湿润的绿意。沥鼻峡的轮廓在他脑海中反复勾勒，温润淡雅的峡石间，仿佛融尽了整个春天的温柔。

合川，合川，这座小城雨意绵绵，山间古树层叠，舒展着湿润而深邃的苍绿。雨水沿着流线型叶缘含蓄地悬垂，厚重如生命的沉淀，似时光无法淡去的墨色，还袅袅地停留着千年的诗意与远古不散的云岚。石铺的小径上，潮意濡湿不散，质朴而坚定地嵌在泥泞中，万千足迹踏过，它引领着它们向高处的山峦攀登。那里，钓鱼城古迹零星，只有斑驳的古城墙默默诉说着岁月的流逝与江水的东逝。山顶一块传说中神人静坐垂钓的巨石，沐浴着千年的风雨。一切都安然横亘在静谧中，偶有鸟鸣声，清脆如佩环相击，回响在山间。此地虽无黄鹤楼，却有别样的空灵与悠远。

在这绿意交织的远风中，老严守着这座朴拙的小城，守着他挚爱的峡石，度过了大半生的时光。在人生的长河中，老严和他的峡砚一样默默无闻。偶有游人兴起，跃跃欲试地在峡石上刻画，老严便成为他们眼中神气的存在。然而，这些游人多是初次，也是最后一次接触峡砚。老严用糙手堆砌的峡砚，只作为贺礼在亲朋好友间流转，接受几声客套的称赞后，便归于沉寂。每当看到自己的峡石在门外汉手中面目全非，老严只能默默转身，游人只能看见他斑白的发丝，如枝干上簌簌的余雪，微微颤动。没有游人，这些深藏于沥鼻峡的“千里马”，将更加落寞。然而，这竟是它们被世界看见的为数不多的途径。老严轻轻地舒了口气，水雾在料峭的春风中颤巍巍地散开，渐渐变得透明。

老严的生活在日复一日中循环往复，他常常整日整夜地沉浸在工作室里，闲暇时便在钓鱼城覆满青苔的步道上徘徊。在嘉陵江边的河滩上，老严发现了一块特别的石头。它的颜色比一般的峡石更加浓郁，时光在它身上留下了无法掩饰的墨色。淡淡的纹路在莹润的石面上游走，仿佛是江水的印迹。这块石头与日夜奔腾的嘉陵江水一起，在老严心中漾起了生命的涟漪。他带着它回了家，仿佛也带回了江水的奔腾与喧哗。

那块峡石静静躺在木质的工作桌上，老严迟迟没有拿起刻刀。对他而言，雕刻每一方峡砚，都是一次生命的赋予。他迟迟没有找到合适的词语来形容这块石头在滔滔江水中明亮柔和的生命力。细雨无情地下了几夜，小城的绿意又深了几分。

老严再次踏上这条走过无数次的步道。古树上残留的雨珠成串跌落在他的白发间，再汇成涓涓细流从颊边滑落，仿佛河流沉睡一冬的生命在初春的感召下苏醒。老严望向远处江水激荡的沥鼻峡，三江的汇集哺育了这里的世代生灵。合川，合川，三条意气风发的江流在这里柔和地交融，化作满城的绿意，虽只是万千江河中的寥寥几笔，却福泽了一方湿润的绿土和一城敬爱它的民众。这座三江环绕的平凡小城，也曾在危难的岁月中迸发出惊人的力量。老严想起千百年前这方绿意盎然之地，蒙哥汗的铁军曾在此折戟沉沙。他们大多平凡，在籍籍无名的岁月中蹉跎，但再卑微的微尘也能折射出生命的光辉，再枯寂的枝头也将迎来春天的驻足。老严干裂的嘴唇翕动着，他想，沥鼻峡深处江水与峡石谱写的生命之歌理应在历史的回音壁上轰轰烈烈地回响，哪怕它们卑微、平凡；生命的意义也凝结在一场春暖花开的倾听中和一场义无反顾的高歌中，哪怕只是一瞬。

满窗绿意如玉，映照着窗内老严平凡的身影。峡石在一刀一笔的打磨中，刻画出春的脚步。遒劲的枝干跃然于峡石之上，深浅不一地映射着老严如炬的目光。一瓣一瓣的花儿在石上生根绽放，在这座小城中舒展。平凡的生命未曾孤寂，此刻只有老严与峡砚相伴。峡砚的最右端，是老严朴实、笨拙却又坚定有力的楷体——枯木逢春。老严的这块峡砚被送去参加比赛。他再次站在钓鱼城古老的步道上，曾经的点滴岁月随江水淌过。大半辈子的拙守仿佛只是弹指一挥，他仿佛看到那块曾在嘉陵江中激荡、在沥鼻峡中呼号的峡砚在浓墨的滋润下泛出更加动人的光彩——他的骄傲将被更多人看见。老严眼角刀刻般的皱纹此时细细地收拢，形成一个生动的弧度。江流奔涌不息，跃动着春的欢欣。“春天啊……”老严喃喃自语，深邃的眼神久久停留在奔涌的三江上。隆隆的水声中，老严看到他的峡砚上“枯木逢春”四个字明亮轻盈地绽开朵朵墨色的春花，而他老严的春天便是这座小城里经年不变的潮湿绿意，深深烙印在他的眼底。

砚香留得东风在，料峭的清寒中，吹过了谁久盼的春天？

指导教师：皮旭玖

本文获省级一等奖

点 评

这段文字以细腻的笔触描绘了一幅充满诗意的画卷,将读者带入了一个古朴而宁静的世界。老严的形象跃然纸上,他伫立于三川之畔,守护着这座朴拙的小城和挚爱的峡石,度过了大半生的时光。作者通过生动的描写,展现了老严对峡砚的深厚情感和对生活的独特感悟。文字中充满了对自然的敬畏和对生命的赞美,让读者感受到了岁月的流转和生命的律动。平凡的老严在峡砚的雕刻中找到了生命的意义,用糙手上的老茧堆砌出了一个个充满生命力的作品。整篇文字意境深远,语言优美,让读者在品味中感受到了生活的真谛和艺术的魅力。

（桑哲 高校教授）

艺术是心灵的镜子

□ 浙江省温州慧中公学高级中学　叶施琪

何为艺术？若从字形本身出发，根据《说文解字》的解释，“艺”的字形是由“艸”作为构成部分，表示人手持草作为装饰，说明人类通过创作和技艺来装饰和丰富生活。“术”的字形是由“木”作为构成部分，表示人手持木杖来制定法度、规则。当技艺高到一定程度时，艺术便诞生了。在我看来，艺术是人类表达的工具。

我以为，绘画是我触摸艺术的通道。

从幼儿园起，我便被送去学画画。依稀记得有一次老师让我们画出自己想象中的魔法城堡，我笨拙地拿着画笔一点点勾勒出心爱的城堡。当老师走到我边上时，我立马将刚现雏形的城堡举到她身前，期盼着得到她的一句夸赞。“哇，宝贝你画得好漂亮呀。”她对着另一个小朋友说。我的目光落到那张画上，一幅与范画一模一样的画面。悬在半空的手缓缓落下，我默默拿起另一张纸。

原来，画画就是要照着老师的样子画啊。

上小学后，换了家机构学习，可无论在哪儿，我都是照葫芦画瓢。学版画的那段时间，虽然一路从大师一班升到三班，可增长的似乎只是我的临摹能力。每节课我都在打稿、刻画、上色、印刷，循环往复。范画是我唯一的参照对象。

在临摹的世界里，夸赞如潮水般袭来，我被困在茧房中，蚕丝一点点包裹着我那可怜的刚冒尖的创作萌芽。

还记得我第一次参加艺术节比赛时，老师提前选了一张画，告诉我们一定要“背”下来。那时的我似懂非懂，画也能背吗？不是现场创作吗？现在背这张画有什么用呢？我不解，但还是每天下午一次又一次地临摹那张画，机械地、枯燥地、不加任何思考地。进考场前，老师特意叮嘱我们一定要根据试题随机应变。当拿到考题“冬日里的暖阳”时，我觉得题目与准备的画面一点儿都不相符，于是重新构思了一幅。完稿后,我胸有成竹地走出考场:这次,一定行!

比赛结果出来,我傻眼了。三等奖!怎么会呢?我明明只是按照心中的想法画的,怎么会这么差呢?反观其他将“背”下来的画复刻在赛场上的人,一、二等奖,比比皆是。

原来,艺术节就是这样的套路啊!

后来,我凭着“背”画与一次次东拼西凑的画面斩获了各种奖项,甚至拿到了省艺术节比赛的设计二等奖。

证书摊满了一地,我靠在墙边,怔怔地盯着它们出神。落日的余晖洒在一张张纸上,这些年一次又一次临摹的身影倒映其中。这些证书到底有什么意义呢?愣神间,“艺术节”“设计比赛”几个字眼闯入了我的脑海,转而变成一把把利刃刺痛着我的心。真是讽刺啊!原来照搬别人的想法,不断临摹别人的画作,从别人的画中东拼西凑出我所谓的“原创作品”也能被称为设计和艺术。余晖由刺眼的光亮逐渐转为昏黄,一如我对绘画渐渐消散的热爱。

达·芬奇将内心思绪藏在蒙娜丽莎内敛又神秘的微笑中,凡·高把对自然的敬畏藏在《星月夜》里闪烁的星星和旋转的风景中,戈雅用《1808 年 5 月 3 日》描绘了对战争和暴力的强烈谴责。他们在苦难的岁月里创造了不朽的艺术。艺术,明明是表达与救赎的工具。

将视线拉回现在。在多少人眼里,艺术已沦为了拿奖的工具,甚至是考上大学的工具。无数的艺考生坐在狭小的教室里,颜料盒刺鼻的气味与洗水桶的腐臭味充斥其中。在这里,只有机械地临摹、考试、临摹、考试……对于艺术,他们似乎只剩下机械式地抬臂与无数张画了又画的速写。

有人说,艺术是心灵的镜子。确实啊,当艺术是表达的工具时,镜子中出现的便是一个个生动的思想。给艺术上了枷锁,留下的就只是一个个带着锁链拖沓的游魂。

艺术不应被这样呈现,也不该被这样僵化、束缚。

爱德华曾说:“艺术是生活的一种表达方式,是超越语言和文化的沟通桥梁。”因为它能从琐碎的小事中提炼光芒,让我们与浮华喧嚣的世界交手,与多舛的命运和解,最终与同频的灵魂共鸣,学会理解和认同。

几粒星子坠入深海,随之跃出一轮骄阳,上千载转瞬即逝,沧海桑田。

所有的种子都值得等待,我在等一颗种子,一颗能让艺术洗去尘土、让艺术能真真正正表达心灵的种子。

我期待着那一天，期待着镜子中照映出的是一种纯粹的艺术，无关功名，也没有搬运他人想法的情节，留下的，只是与自己心灵相通的艺术。

指导教师：孙智博

本文获省级一等奖

点　评

这是一篇充满哲思和感悟的获奖作文，它不仅展现了作者对艺术的深刻理解，也表达了作者对艺术教育和个人成长的独到见解。文章带有一定的情感深度，作者对艺术的热爱和对现实挫折的真切感受，通过文字传达得淋漓尽致，触动人心。同时，文章对艺术的思考不局限于表面现象或情感抒发，而是深入艺术与心灵的关系，对艺术的商业化和艺术教育的功利化提出了个人的省思和批判。文章结构合理，层次分明，从个人经历到对艺术的深层思考，再到对未来的展望，逐步展开，引人入胜。但结尾几个段落如何深化主题，有力"点睛"而不流于空泛，还需要作者下功夫。

（包学菊　高校教师）

惊梦游园

□ 河南省洛阳市孟津区第一高级中学　杨竣涵

“不到园林，怎知春色如许……”方觉夏翻身熟练地关掉闹钟，又欲堕入梦乡。然而，恍惚间，她忆起今日是昆曲大师兰咏芳的告别舞台。她猛地坐起身，简单整理后，匆匆出门。

“还好，还好，戏还有三分钟开始。”方觉夏深吸一口气，心中却生疑惑，“奇怪，为何如此冷清，莫非走错了地方？”环顾四周，她再次确认手机定位：“永芳园，没错，就是这里啊……”

“原来姹紫嫣红开遍，似这般都付与断井颓垣。良辰美景奈何天，赏心乐事谁家院？”思索之际，园内传来了哀婉缠绵的戏声。方觉夏推开永芳园半掩的门，大步流星地踏入。只见一位佳人，右戴红白鬓花，左簪水蓝偏凤，身着白底百蝶刺绣对襟褙子，下着雪兰镶边蝴蝶百褶裙，头戴同色同纹刺绣观音兜，脚踏玫红绣花鞋。她水袖轻扬，唱腔婉转，凤眸含笑，眼角微挑，步履轻盈。空旷的园中，唯她一人在台上徘徊，低吟浅唱。瓦楼深墙，春意渐逝，佳人风姿绰约，更添一抹哀婉。

“朝飞暮卷，云霞翠轩，雨丝风片，烟波画船……”方觉夏看得痴了。儿时，她只能通过电视屏幕一窥兰咏芳那窈窕典雅的身姿，一颦一笑皆显风雅。如今，大师近在眼前，她只想再近些，看得更真切些，于是，她悄悄走到戏台前。

兰咏芳似乎注意到了这位唯一的听众，眼中闪过一丝惊讶，但随即化为温柔。她没想到，来者竟会是个年轻的小姑娘。

“锦屏人忒看的这韶光贱！”一曲未终，兰咏芳便停下动作。方觉夏不明所以，只是用尽全身力气鼓掌。兰咏芳见她这副憨态可掬的模样，忍不住掩面轻笑。

“咳咳……姑娘芳名？”兰咏芳缓缓开口，全然没有了扮演杜丽娘时的哀伤，眉目间满是慈爱与温和。方觉夏愣了片刻，才赶忙答道：“晚辈姓方，名觉夏。”

“方觉夏，方觉夏……连雨不知春去，一晴方觉夏深。好名字，好名字。”

听到赞许，方觉夏微微一笑。

“今日春香不在，方姑娘可愿与我将这出《游园》唱完？”

方觉夏从兰咏芳的眼中看到了隐隐的期许。

“这……我虽然看过您这出戏数百遍，但毕竟没有受过专业系统的训练，”方觉夏羞愧地低下头，“怕是要让您失望了。”

“无妨，试试无妨。”兰咏芳说着，一挥水袖，做出“请”的手势。方觉夏受到鼓舞，从戏台旁侧跃步而上。恰在此时，园外传来嘈杂的话语声。

“快点儿，戏都开始了！”

“这可是兰大师最后一次彩扮，别给耽误了。”

“爹，这戏好看吗？”

…………

方觉夏心中暗叫不妙，若有了观众，演砸了可就不只是丢自己的面子了。她心中的退堂鼓越敲越响。然而，一只纤细的手搭在了她的手臂上，方觉夏感受到了这纤细手掌上传来的坚定力量。抬眼望去，只见兰咏芳的凤眸依旧温暖地注视着她，轻轻点头。方觉夏明白，这眼神中还包含着鼓励与安慰。

“唱就唱，又不是没练过。人嘛，总要勇敢迈出这一步，破了这个第一次。方觉夏，你可要争点儿气，不仅为了你自己，也为了兰大师，不能把这戏给演砸了！”想到这里，她抬起一只手，覆在那双纤细却充满力量的手上。两人相视一笑，手掌间传递的，似乎不只是激励，还有传承与延续。

“各位看官，您且听好！”方觉夏学着每场戏前的提示喊道。

随后，悠扬的配乐响起，只听二人唱道：

“小姐，这是青山。小姐，这是杜鹃。”

“遍青山啼红了杜鹃。”

“小姐，这是荼蘼架。”

“那荼蘼外烟丝醉软。”

“小姐，是花都开，唯有牡丹花还早。”

“那牡丹虽好，他春归怎占的先！”

“小姐随我来。”

“闲凝眄。”

“小姐，莺燕叫得好听。”

“兀生生燕语明如剪，听呖呖燕声溜的圆。”

二人戏声或悲切动人，或婉转缠绵。一曲终了，台下掌声雷动。此时，方觉夏才发现台下座无虚席。

“再来一个！再来一个……”台下众人呼喊着。方觉夏心中有些窃喜，自己唱得似乎还不错。她邀功请赏般地看向兰咏芳，兰咏芳只是点头，眸中多了几分赞许。

“要再来一个吗？”方觉夏无声地问着，兰咏芳能看出她的小得意。

“那就接着唱。”她笑着答道。方觉夏并未察觉到兰咏芳语气中的淡淡忧伤。

得到肯定的答复，方觉夏喜上眉梢，张嘴便唱起《山桃红》：“则为你如花美眷，似水流年……”她咿咿呀呀地唱着，托扇转手，颇有模样。兰咏芳见她如此，退到一旁，侧身倾听。她感觉自己的身体开始变得轻盈，周围的光影开始扭曲。

“好景艳阳天，万紫千红开遍……”方觉夏又唱起了《画眉序》。转身时，她瞥见了兰咏芳的身影，只见她周身流光萦绕，身姿却变得模糊，渐渐看不清了。她想上前探寻，但戏正唱着，怎能说停就停？于是，她只得紧皱着眉头，继续唱下去。

“困春心，游赏倦……”唱着唱着，方觉夏忽然感到头上一沉，身子一坠，低头一看，却见兰咏芳的戏服和佩饰尽数到了自己身上。再回头望去，哪里还有兰咏芳的身影！

戏服上身的那一刻，方觉夏似乎明白了什么。她身上承担的，已不止这沉甸甸的戏服了。她知道，还有比这更重的东西需要挑起。想到这里，方觉夏唱得更加投入了。从《山桃红》唱到《画眉序》，再从《江儿水》唱到尾声：“软咍咍刚扶到画阑偏，报堂上夫人稳便……少不得楼上花枝也则是照独眠……”

她唱到天黑，唱到听众皆散去，园内灯火亮起。她在永芳园内转了一圈又一圈，看芍药初绽，踏过青桥石板。淅淅沥沥的雨落了下来，她正感时伤事，忽然，几道惊雷落下，方觉夏一颤，一个趔趄，仰面向后跌去……

“不好！”方觉夏惊叫坐起，心中仍有余悸。她抬手摸脸颊，泪还未干。环顾四周，自己的房间再熟悉不过。

“原来只是一场惊梦……”她喃喃自语，瞥了眼闹钟——03:28。她辗转反侧，久久无眠。

“不到园林，怎知春色如许……”闹铃声再次响起，这次方觉夏没有赖床。她翻身关掉闹钟，拿起手机准备记录昨夜所梦，却忽然看到一条消息推送：痛悼！昆曲大师兰咏芳，于今日凌晨三时二十八分，因肺癌医治无效逝世，享年五十八岁。

推送的头条黑压压地如布满弹孔的墙壁一般，堵住了方觉夏的眼睛。她艰难地读着这些令人心碎的文字，有些字仿佛突然不认识了。虽然昨晚园中所见让她预感到了些什么，但方觉夏还是不禁泪流满面，独自哀悼。

窗外的雨似乎比昨晚永芳园的雨更猛些，树被这雨打得发出难听的簌簌声，有雨砸进泥土的动静。窗子未关紧，几阵凉风透进来，吹起桌角略显潮湿的纸笺。纸笺翻飞几下，便飘摇坠地。方觉夏赶忙下床去捡拾，只见那纸笺上流动着她前几日的思绪：

月上柳梢眉，流年镌刻阑干泪。
几度寒声碎，惊鸿一瞥残眸未。
独饮醉，又是一年梧桐坠。
忘断若水，牡丹亭下又是谁？
一生缤纷零落能几回？

将纸笺放回原位，方觉夏瞥见一旁安静竖立的相框，里面裱的是兰咏芳第一次登台的剧照，唱的就是那段《游园惊梦》。方觉夏拿起相框，手指轻轻地摩挲着那秀美的面容，从顶花抚到水衣，再从水袖抚到彩鞋……

她多希望午夜梦回，再见大师展露明净笑颜，再听那句“兀生生燕语明如剪，听呖呖燕声溜的圆……”

指导教师：韩灵菲

本文获省级一等奖

点　评

这篇文章以细腻的情感和丰富的想象力，构建了一场跨越现实与梦境的昆曲之旅。作者巧妙地运用昆曲的戏词与情节，将主人公方觉夏对昆曲大师兰咏芳的敬仰、对戏曲艺术的热爱，以及对生命无常的感慨融为一体，显示出作者深厚的文学功底和对昆曲艺术的深刻理解。文章通过梦境与现实的交织，不仅展现了方觉夏与兰咏芳之间奇妙的艺术传承，还深刻揭示了时间的无情与艺术的永恒，蕴含着深刻的哲理。这是一篇情感真挚、意境深远、富有艺术感染力的佳作，从方觉夏的梦中惊醒，到再次入梦，再到最终的现实冲击，每一步都扣人心弦，让读者仿佛也跟随主人公经历了一场心灵的洗礼。

（桑哲　高校教授）

蝶 灭

□ 浙江省瓯海中学　潘一禾

距演出开始还有些时候，除一把登台用的扇子不见踪影外，一切都已就绪。天实在热，我坐不住，便借这个由头儿溜了出来。恰好过了大伙儿忙碌的时间，日光刺穿走廊尽头的玻璃，正酝酿着冲破窗棂、驱散黑影的势头，撺掇着从鞋面上腾腾升起的热气。只有一个与我年纪相仿的立式电风扇，耷拉着脸，丧气地嗡嗡叫唤。于是我也对着它叫。

叫唤了两声，我就不叫了。这两声吸走了我儿时那般玩耍的兴致，我有点儿后怕，担心有旁观者指责这一行为不规矩。我推开道具室的门，在乱糟糟的柜子深处翻出了几把备用的旧扇，其中一把扇面上绘着两只花蝶。当我沿着扇柄轻抚宣纸，扇面上的蝶仿佛微微颤动，与我产生了共鸣。我伸展着双臂向右侧跳跃，想伸展得像天一样宽，但无奈被塞满箱箱罐罐的架子包围，在层层卷裹的巨幕前，我又像虫子一样小。屋子里的这些道具，虽然分类有序，但显得拥挤、堆砌、重复且可替代；颇有大厦欲倾之势，却又稳固地据守在昏暗的灯光下，催生出一成不变、冷酷无情的规矩感。这一份带着沉闷的、鲜有人气的灰调，如同人为编织的一套蛹房，不愿让他人窥探，将我压得要透不过气了。或许，从此我将习惯、顺从。不过，此刻的我仍愿改变。我拽开窗帘，刹那间，泛黄的天花板被均匀刷上了一层明亮的光，与阴影界限分明。我尝试了一个旋转的动作，运动鞋重重地踏在地板上发出笨重的回音，好像从门外很远很远的地方传来。

一个在舞蹈领域成绩斐然的女人，儿时便显露出傲人的天赋。她的腰肢更加柔软，她的步伐更加轻盈。在《戏蝶》曲目的考级现场，置身于一群八九岁同龄姑娘之中，她身材苗条且高挑，舞姿自然灵动，宛若一只新生的蝴蝶。相比之下，她身后的小个子姑娘手脚动作显得笨拙，更像是暗淡无光的毛虫。音乐声落，她顿脚而立。她的美丽拂卷了简陋的教室，掩盖了身后失误同学的踉跄，因为没有人能把注意力施舍给其他舞者。“你的蝴蝶活起来了！”老师匆匆越过那个黯然神伤的女孩儿，“蝴蝶”则俏皮地以一个欲要高飞的动作回应了他们。

蝴蝶，蝴蝶。向所有人展示自己的才华和美丽吧，将整个春天的梦裹进蛹乡，然后蜕变，振翅，成为一缕逃逸的阳光。我早已不记得当时的动作，但我听从了自己的胳膊和腿脚。我向往那只灵动的蝴蝶。带动舞之律、舞之形、舞之美、舞之乐来吧，快重新搅起心中的一捧热情。我跃跃然绷紧脚背，聆听体内叫嚣的心跳，数着越来越近的脚步——我好像难以辨别孰轻孰重了。我激动地甩出左腿，但我高估了自己——人怎会奢望在岁月的嘀响中自发成为能者——我因重心不稳跌倒在一侧的桌子旁。我的心冷静了下来，周围只剩下脚步声。

脚步声？怎么会有这意外的声响？此刻我完全分辨得了，哪怕慌乱与尴尬扰乱了我的感官，我也能看到门被慌忙地关紧，也能想象到那个女孩儿——那个躲在门外偷看的女孩儿——在为我滑稽的表演而暗笑。她看到我笨重的四肢，像粗糙的木偶被摆弄着进行怪异的扭动。而我什么也没看到，她的体形、她的样貌甚至她的衣着，都在匆匆一瞥后消散在了门后。她平淡普通，没有特点。

外面已经悄无声息，我重新打开房门。我再次成为那个普通的厚厚的蛹。

走廊上刷新出来往的人影，也许在争吵，落入我的耳边是嗡嗡的虫鸣声。

我听见一个女人在叫：“上回考级你也没过，这条路能混出模样的有几个！”

我握紧扇子赶往演员休息室，试图逃离那句魔咒，但它从身后与脑海中同时响起，如同千丝万缕的藤蔓扼住了我探出的脖颈。我的喉咙里涌出一股酸劲儿。

妈妈说：“专心读书才是我们普通人家最规矩的路。”

我的尸体被困在自己的蛹里，而蝶变只是儿时为自己编织的一场关于春天的梦。夏天到来，炙烤的只有曾经试图羽化的悲剧。

“哎，那个妹妹，你找到扇子了吗？”女主演叫住了我。这位前途光明的新星，正向我挥手示意，有点儿像十年前她示意老师的那样。

我把扇子给她，觉得她端详了我两秒。她问道：“你学过跳舞吗？”

脚踝被她的注视刺痛了，与刚才跌倒的伤痛叠加，它们又一次提醒了我当初考级失误的苦楚。

我说没有。

我的视线落在我的鞋面。我踩在窗棂投射下的阴影里，阳光无法抵达。

指导教师：胡杨林

本文获省级一等奖

点 评

作者以独特的视角和深刻的情感表达，展现了一个关于梦想与现实碰撞的故事。文章通过对舞蹈动作的细腻描绘和对内心活动的精准捕捉，塑造了一个渴望蝶变却又困于现实的主角形象。作者的语言富有诗意，擅长运用象征手法，表达了对自我束缚和渴望突破的感受。然而，文章在结构上稍显松散，部分情节转换较为突兀，若能在叙事中更加注重情节的连贯性，文章的表达将更为流畅。此外，结尾处的处理略显仓促，如果能更深入地挖掘主角的心理转换，或许能让故事逻辑和立意更突出。

（包学菊 高校教师）

记一次与艺术的相识

□ 山东省济南市莱芜第一中学　亓英硕

我又看见了那身白衬衫。

破旧，但一尘不染；在公园熙熙攘攘的人潮中，清爽，像贴近海面低飞的白鸥。

他把画板搬到了草地上，画卷上干干净净的，一如那老旧的纯白衬衫。盒子里装着各色颜料，有如晴天般澄明清澈的天蓝色、阳光般温暖热烈的柠檬黄、黄昏晚霞般的橘红色，以及火焰般炽热燃烧着的大红色。那曾被多次使用的画笔，在触碰皮肤的一瞬间，就仿佛与那双灵活的手融为一体，矫捷如灵蛇，轻巧地划开了面前那一层薄薄的空气。

他动了，仿佛打开了水闸，灵感迫不及待地倾泻而出，天蓝色、湖蓝色、柠檬黄……种种颜料在纯白的画布上渲染开，如同夏季玻璃似的明净天空。轻盈洁白的云像是被风卷着的细雪，自在地舒展在浅黄浅蓝的天空中，宛如午睡醒来的人伸着懒腰。人群亦动了，白色的身影静谧地端坐在草地上，如五色混杂的水中滴入了一滴纯白的颜料，外界的各种颜色争先恐后地聚集而来。跳交谊舞的老太太们关掉了刺耳的音响，拎着亮闪闪的扇子走来了；满脸泪痕的小孩子停下了哭喊，挂着两条长长的鼻涕走来了；依偎着的年轻男女不再贴着脸呢喃情诗，也牵着手朝这边走来了。

一滴天蓝色，从画笔的末端滴下，纯白的衬衫上出现了一小片蓝蓝的天；一笔柠檬黄，在白色上画出一道弧，像是云层里泄出的一束光。几种颜色，渐渐地在白衬衫上攻城略地；几十种声音，在空气中你来我往地过着招。四周热闹起来，整个公园的气流奔窜着、涌动着，围着画板和白衬衫形成风暴的旋涡。

白衬衫是旋涡的台风眼，任由外界狂风骤雨，台风眼内却无风无云，一派晴好。那灵感如同涓涓流淌的小溪一样流过画布，留下颜色。突然，他那有条不紊动作着的手臂顿住了，他那如灯如炬的眼神凝住了，他那如小溪涓涓流淌的灵感像是被巨石截断了。人群开始躁动。

时间一分一秒过去，舒展着伸懒腰的白云飘走了，穿舞裙的老太太扇着风走了，流着鼻涕的小孩子吵闹着奔向另一头的滑梯，牵着手的年轻男女也依偎着离开了，只留下一动不动的画师和始终静立在他背后的我。时间的指针又嘀嘀嗒嗒跑了几圈，他的手依旧拿着画笔，一动不动，但我注意到，在他挽起的袖口里，那蓬勃待发的肌肉呼吸一样有节律地伸缩，那青色的血管暴怒地抬起头来，强大而活跃的生命力在里面飞快地涌流着，那握着画笔的手用力到发白，手背暴出一根根青筋，仿佛蛰伏着的狮子随时准备一跃而起，势冲霄汉！

公园外，拥堵的汽车们龇牙咧嘴地向对面发出吼叫，震人耳膜；广场上，学走路的小不点儿栽了个跟头，哭声尖锐，如一根钢针笔直地刺破了玻璃似的天幕；年轻的男女还在诉说着没有尽头的海誓山盟。外界如此纷乱，白衬衫却好像与世隔绝，画板上的天地静谧至极，只能听见心跳声如战鼓一声声擂响。

在这一声声战鼓似的心跳里，我看见那只手臂动了！上方的巨石被搬开了，溪流裹着泥土和碎石的猛烈山洪怒吼着冲下山来！女娲补天的五色石碎了，从九天之上坠入大地，带着被气流摩擦出的熊熊烈火！身陷敌营的将军缓缓抽出沉睡在鞘中的名剑，苏醒的那一刻，剑身嗡鸣着发出远古的战意，反射的寒光照亮了将军目眦尽裂的脸！浅蓝、浅黄的底色上，正绽放出万丈霞光！火红的，耀眼的，蓬勃的，生机盎然的！慵懒舒展着的云，像是被勇士的火炬点燃了，熊熊燃烧着生命！澄澈的、玻璃似的天空，破裂了，震碎了，连天的红连成了一片旌旗！渐渐西沉的巨大红日照亮了前方几十、几百、几千、几万里远的大地——野草愤怒生长着的大地！

那与手、与心连着的笔，在画布上肆意地跳舞，无须绞尽脑汁、费尽心思，此刻能掌握笔的唯有心！蜂拥而来的灵感如巨浪一样要吞没万物，星海横流，月涌日奔！

缓缓地，缓缓地，海浪一样的灵感平息，橘红的霞光映射在画板上，那是一番新的天地，燃烧着热血与心绪的天地。

画师的手因激动而颤抖着，他缓缓地摸上这幅燃烧着的画，仿佛呵护着生命的结晶。那件白衬衫上颜料驳杂，染出了热闹的霞彩。在他身后，我惊叹着，仰慕着，倾倒于这幅我愿称之为“艺术”的作品。

指导教师：陈祥芬

本文获省级一等奖

点　评

作者用洋洋洒洒的笔墨和大写意的精神完成了一次出色的速写，将公园里那个时段的画师与人群、画作与风景、艺术与激情定格在了文中。文中对于绘画过程的描摹和艺术家精神的揭示，体现了作者很强的观察、刻画乃至想象功力，园中景色和其他人物的搭配也很好地化作了背景，烘托出主要人物的内在境界。即便是主要人物的独角戏，作者也能将形与神融入动作、外貌描写，甚至铺展出一些情节化、故事化特色，让这个人物不落俗套，直抵人心。

（高校教师 包学菊）

汝 瓷

□ 甘肃省兰州东方中学　陈怡静

日出之美，妙在其源自最深的暗，恰如作家辛夷坞所言。昔日，于故宫博物院陶瓷馆之内，我有幸初窥其奥义。暖黄的灯光轻抚青釉，瓶身流畅，花纹细腻，仿佛江南烟雨朦胧中，佳人回眸，一笑倾城，摄人心魂。

随着讲解员低语，汝瓷纹路间，风烟历史缓缓流淌。宋徽宗一梦，汝窑横空出世，成就五大名窑之首。梦中天青一抹，穿越千年云烟，令帝王难忘，遂集工匠，欲捕此色于瓷上。唯汝州匠人，以匠心独运，圆了帝王青瓷梦，留下天下独绝之色。

汝瓷，如碧海苍梧间振翅之翼，揽清风，邀明月，置身于山水画卷之中。青天云幕为其背景，皓月风花入其梦境。“月出皓兮”，唯汝瓷能定器之芒，锋芒于开片裂痕中迸发，划破云层，照亮千古。雨过天青云破处，此色永存。细碎开片，深浅交织，盛满一朝风月，绘就山河亮色。

汝瓷之成，匠心独运。泥坯细修，釉料轻涂，七十二道工序，道道精湛。无数工匠，摒弃喧嚣，让瓷之丁零脆响，响彻宋时，响彻世界。釉层经火洗礼，化腐朽为神奇，开片之声，如金石迸裂。

色青而淡，非粉青之色，乃似烟雨江城之幽蓝。

天青之色却如昙花一现，汝窑盛极而衰，随宋而亡。后世虽有仿制，终难复当年之韵。汝瓷历经颠沛流离，饱受战火摧残，遭掠夺者贪婪目光觊觎。然而民族之魂不灭，先辈伟人奔走呼号，能工巧匠重塑瑰宝，传统之美失而复得。中华民族，亦在跌倒中站起，成长为东方雄狮。

讲解员声落，我如梦初醒。博物馆的顶灯倾泻白光，瑰宝熠熠生辉。它们以雍容姿态，传递历史深远回响。

指导教师：雷虎宁

本文获省级一等奖

点　评

此参赛作文以汝瓷为引，巧妙融合了历史、文化与艺术之美，展现了深厚的文化底蕴和独特的审美视角。作者通过细腻的描述，将汝瓷的温润色泽、流畅瓶身与江南烟雨、佳人回眸等意象相结合，营造出一种朦胧而梦幻的意境。同时，文章深入挖掘了汝瓷背后的历史故事和文化内涵，从宋徽宗的梦到汝窑的横空出世，再到后世的颠沛流离与重生，展现了汝瓷的传奇历程。作者还巧妙地将汝瓷的“开片”瑕疵转化为独特的美学特征，赞颂了匠人的智慧与热忱。整篇文章语言优美，情感真挚，既是对汝瓷艺术的赞美，也是对中华民族历史文化的深刻思考。读来令人心潮澎湃，回味无穷。

（桑哲　高校教授）

痴 子

□ 浙江省乐清市虹桥中学分校　周一辰

她已然瘸了一条腿！

真是一件极度吸引人的、可悲极了的小小新闻！竞争对手们早就想看看她从神坛跌落之时落魄的模样；她昔日的追捧者们大都翻了脸，手里的鲜花不再送向她；曾经被她才华吸引来的姐妹们纷纷对此表示遗憾——

她瘸了，已经跳不了舞！

但她本人看上去似乎毫不在意，一如既往地喜欢安静，人潮退散对她来说似乎是好事。她一个人行走在校园里，周围的一切似乎与她无关。

一如往常的周末，老师询问大家，有没有人愿意去一所小学，为那里的孩子们表演一下舞蹈。

教室逐渐沸腾起来，所有人都属意于一个跳舞曾经远不及她的女孩儿，而那个女孩儿的目光也亮闪闪的，似乎很荣幸能够拥有这意料之外的机会。以往这样的机会都是属于她的，只是现在，以后，再之后，都不会是她的了。

那个闪耀的舞台永远不再属于她了。等到真正意识到这一点的时候，她才猛然有种怅然若失的感觉。

她剪掉了为舞蹈留了三年的长发，开始穿深色的衣服，希望自己可以隐身于人群中而不引起任何人的注意；不再抬头走路，生怕看到别人眼底流露出的怜悯和惋惜。

你后悔吗？为了从火灾中救下那个小女孩儿，你被房梁压断了一条腿，皮肤也被严重灼伤，从此告别了那个充满爱与梦想的舞台。

久违的独处时光。这一天是元旦，所有的姑娘都参加了安排的节目，在舞蹈室里进行最后的彩排。她一个人在外面。模糊的黑幕包裹着周围的建筑，就像舞台后熄灭的银幕，而在白色灯光照耀下呈现的乳白雾气，更像是还未拉开的幕布。

该说什么呢？又有什么能感叹的呢？人与人之间的悲欢并不相通，身后热闹的教室不会再有她的位置。她默默低下头，生怕别人看见她哭泣的模样。泪在眼眶里打转，却没有要落下来的意思。原来，哭都哭不出来。

这时，几个女孩儿拉着老师，欢声笑语地趴在走廊的栏杆上吹风，有一搭没一搭地聊着天。话语中的欢快刺激着她的耳膜，令她想要尖叫逃离，然而她的脚步沉重，怎么也挪不动分毫。她就在那儿如石像一样长在地上，毫不引人注目，人们压根儿没注意到还有一个她。

其中一个担任主角的女孩儿尝试着跳起了舞步。老师的眼睛瞬间一亮，她的思绪也随之被那姑娘的动作拉回了现实。很美。她的心脏狂跳着。那女孩儿本身就很漂亮，今天又特意做了造型，教学楼射下来的灯光就像绘画作品里的高光一般，把那姑娘衬托得无比美丽，像从名画里走出，比天鹅还美好。

等她反应过来时，教室和走廊早已空无一人，只剩下教室门口的石膏像和她被遗忘在那里——但也正好——她细细地回味起那姑娘的动作，甚至还能凭借着记忆跳出更优美的舞步。刹那间，就像一颗流星划过黑夜，她内心还未熄灭的热情在这一刻猛然爆发出耀眼的光芒。她心里在说：我要跳！

她小心翼翼地踮着那只跛了的脚，挪到刚刚那姑娘站的位置。夜色朦胧，洁净柔和的灯光洒落在教学楼的一侧。倾洒而下的路灯光芒，就像是舞台上那盏曾经时刻追随着她的光一般。

她一点儿一点儿地挪动着脚步，尝试起这一年多来不再碰过的舞步。

许久不跳舞了，她如同僵硬的木偶。没有老师的指导，也没有同伴陪在身边辅助纠正姿势和动作。

但是，这有什么关系呢？

划起，落下。熟悉的感觉渐渐涌上心头，哪怕早已不如当年那般熟练。眼前的一切再次模糊。她努力压抑着内心的渴望，忍受着他人异样的眼光，试图忘却那种舞蹈般飞翔的感觉，麻木自己，自暴自弃地沉入沉闷的泥潭中，以为这样就可以忘却舞蹈的感觉，然后驱走痛苦。但是，她没忘。

原来我还没忘。

不知时间淌过了多久，孤寂的楼层重新热闹起来。美术生打算把那些石膏像搬回教室，叫来的一大群人碰巧看见了她正痴傻地跳着舞。

“啊，那模样可真怪。”“她一个人跳个什么劲儿？”“瘸子一个，脾气古怪，长得又那么丑！”众人纷纷议论着，谁也不肯把目光从她身上挪开——明明讨论的焦点是她，话语间却透露出不屑、愠怒、嫌恶的情绪。然而，那目光分明交织着怜悯，甚至还有少量的敬佩之意！

起舞时，她的眼眸仿佛燃烧着火焰，火光摇曳中，透露出蔑视与傲气。真是一群凡夫俗子！

无名的怒火又随着她一停一顿的动作，飘散在腥甜的空气中。开始还在哄笑的人们后来也觉得没劲，于是纷纷转回脑袋，大吃大嚼起来，和身边人说着乱七八糟的闲话。

当注意力再回到她身上时，他们哄笑着，叫着。

“瘸子！”

“痴子！”

舞妖，舞痴。艺术在她眼中渐渐与自然融为一体，达到了一种极致的平衡。这就是“道可道，非常道”。跳舞时，她像是置身于不可逆转且悲壮的宿命之中，即便痛苦依旧，依然奋力抗争，在一片死寂的白里，挣扎出汹涌磅礴的生命力。

指导教师：倪谢萍

本文获省级一等奖

点　评

作者用剧本化思维、特写式手法写出了一个高尚灵魂的破碎感和卓越舞者的生命力。全文以不具名的“她”为主角，为之设定了遇变故、受白眼、再起舞到最终找回自我的历程，将一群无法与之对话的庸人与这道独立的身影时时反衬，使得人物立体，情节起伏。文章中作者对舞蹈和命运的理解深挚动人，不落俗套，具有相当的象征意义和共鸣价值，能给人带来关于生活、艺术的思考。

（包学菊　高校教师）

永 恒

□ 辽宁省辽阳市第一高级中学　赵涛楷

哥哥死在了我生日那天，我便用了他的名字。妈妈经常把我视作哥哥的化身，无尽的悲痛和思念就像燃烧的野火，侵蚀着我的心脏。

我无声哭泣。

我能读懂世间万物。高空飞行的雁是那样洁白，洁白得就像心中那一抹说不出的淡淡的忧愁，一直在生命的长河里冲击，有时因风而起，有时因风而落。鲜艳的花草开在我家门前，幻化成梦里的一丝丝青雨。艳阳纷飞，热浪滚烫的田野冲出一条巨龙，袅袅云烟中层层叠叠地迸发，春泥夹杂着花朵的影，被踩在人们脚下，试图挣扎开来，而我却能听到它们高声哭泣的声音，这让我无比心痛。

我想呈现我所看到的滚烫星河。

那天很热，我去了比利时南部的煤矿，暂时做了一名传教士。我看到恶毒的太阳发着刺眼的光，鞭策着矿工。他们的汗带着血，我将这些场面用画记录下来。悲鸣响彻了整个矿场。有的人皮肤裸露在外，烧伤的痕迹如毒藤蔓延，狰狞盘踞。我驻足于面目全非的矿井前，浑身像碎了一样。我顾不上自己蓬头垢面的模样，将衣服剪下，给受伤的人做绷带。我想帮助他们。然而，教会说我的做法过于极端。于是，我离开了。

世间万物如过眼云烟，我也不过是一粒尘埃，可为什么我的灵魂仍在刺痛？

之后，弟弟资助了我，给了我希望，让我重新执起画笔，成为一名画家。我看见无数画家的名作被铭记在时间的长河中，如同举世无双的幻梦。

春天，我暂时住在矿工家，将他们吃土豆的样子画了下来。昏暗的灯光下，他们虽满脸映着光芒，但脊梁早已被压弯。大概他们也像比利时的那些工人一样劳碌吧。我不敢再想，只是将他们的模样刻印在画作之中，不知道几百年后这幅画会被谁翻出，万一能成为名作呢？打那之后，我开始到处奔波，不断创作新的画作。尽管它们遭人唾弃，但是我的心依旧炽热。我把它们收藏起来，想让世人有朝一日看到我的画，产生惺惺相惜之感！

在普罗旺斯，我遇到了高更。他是第一个称赞我的画的人，这让我很开心。那时候，我偶尔和他外出写生，偶尔和他酒后畅谈。但是有一天，由于观念不合，他摔门离去，我的灵魂再一次孤独地奏起了交响乐。偶然间，我看到了窗台上的向日葵。它们有的枯萎，有的却向阳而生，像是在死之前极力挣扎，无比狂野。上千颗含苞待放的种子似乎期待着生的一刻。我拿着画笔在画板上疯狂地抖动手指，黄色与黄色叠加，光芒越来越强烈，《向日葵》这一系列由此而生。

我把我的梦画了出来。可不知怎的，我竟早已看不清我是什么样了。他们认为我疯了，让我住进了精神病院。

星辰是逝去诗人的灵魂，而我是世界的星辰。

我早看懂了死亡。我若抵达尽头，就能通往浩瀚的羽梦。我期待在离去之后，阳光下，虽然色彩凝固了百年，遭到氢、氧等化学物质侵蚀，在画作上漫开了一缕，但终有一个人生如风雨般萧瑟，又似落花般明媚的人，能在暗处与我的灵魂共鸣共舞，迸发出刺眼的光芒。他缓缓站在我的作品面前，抗争着命运的不公，赞叹着我这幅无人问津的画。他笑颜如花似玉，满目星河，笑容如秋风般热烈。他爱我的画，不顾色泽混杂，只喜它的独一无二。于是我画出了星、月、夜，以及大地对星辰的渴望。只不过这时，我还在精神病院里。

三个月后，出院，我来到了一片麦田旁。

我看到深蓝色的天空与盘旋的黑色乌鸦，仿佛在进行一场激烈的较量，流出一道道血痕。回想我的大半生，我画了数千幅画作，可仅有一幅卖上了价。有少数人夸赞我，夸赞我的画是桀骜不驯的现实主义殉道者的徽章。也有人说我的画作很孤独，即使我离去，它们也会成为无人问津的存在。我羡慕那些扬名立万的画家。我是残缺的。

于是我画了这幅《麦田上的鸦群》。世界依旧繁华，而我躺在麦田中永眠。

哥哥死在了我的生日那天。我便用了他的名字——文森特·凡·高。

指导教师：于利

本文获省级一等奖

点　评

想象是写作的翅膀，作者无疑具有这一难能可贵的潜质。作者以对凡·高的理解，重塑了一个心怀悲悯、同情劳苦大众的画家。天空与大地的距离、现实与理想的冲突，是生命的痛苦之源，也是艺术灵感的源泉。于是，一系列有悖于常人的画作产生了，哪怕现世无人问津，也将在艺术的长河中实现永恒。作者试图摆脱传统的束缚，以诗性的语言来表达，美中不足的是，语言稍显生涩和粗粝。

（曲宗厉 编辑）

隔 代

□ 浙江省温州市第五十一中学 许睿

老瓦房里，支上了两把竹椅。一个老些的和一个年轻些的，坐在里头。屋外传来竹叶被风吹起时发出的阵阵笙箫声，后山映在窗框里，竟似摆弄身姿的山水画。

今儿高兴啊。老头儿咂着酒，家人不让多喝，觉着他老了，总是担心这担心那的，但是拦不住他，拦不住孙子陪他在老家的喜悦。这个沉默的老头儿，胃里翻滚了一番，半醉半醒间，一些陈年往事竟从心底浮了上来，于是他打开了话匣，讲起那几十年前的往事。

老头儿叫老福，年轻的时候大家都叫他阿福。这个称呼，本是他父亲的。某一年，他从自己父亲的手里继承了后山竹林间的老瓦房，以及编竹的手艺，也继承了这个称呼——老福。

老福不知道竹林是哪年有的，亦不清楚父辈做了几代的竹编，但他清楚，老瓦房是自己多年记忆的载体。

俗话说"荒年饿不死手艺人"，更何况老福的父亲赶上了好时候。改革开放初期，国家大力支持发展个体经营户，他凭借那一手编竹的好手艺，赚钱给家里砌了新瓦房，换了新的家具。村里修的新路，当时也是他出了一大笔钱。附近镇子或村子里，大部分的竹编器具都出自他手，大到竹椅、竹桌、竹案等这些日常生活中的家具，小到老人手中的竹编扇、小孩儿玩弄的竹蜻蜓和竹节人。村里的小孩儿也最愿意同小阿福玩儿。小阿福的远大志向就是成为父亲这样的人，于是长大后就自然而然地继承这一门好手艺。

在时间的见证下，他完成了他的梦想，继承了这一些父辈留下的东西。阿福成了老福，也有了属于自己的小阿福。初为人父的那一天，他整整一夜没睡。

语顿，老福咂了一口老白干。他脸上的皱纹里洋溢着笑意，随着嘴角的微微抽动，回味着人生中最美好的一刻。回忆的美好已经胜过了口中的酒，令老福无比怀念。

然后，他继续讲述。

不知道从哪一年开始，老福突然发现这竹编生意是越来越难做了。镇上村里，不知怎的，家家户户都流行起了皮箱、皮椅、皮沙发；孩子手里拿捏的也尽是些新潮的玩具。还能瞧见的，只有村口老人手中摇着的竹编扇，但这不足以让老福养家糊口。因此，老福只好凭借更好的手艺、更低的价格，每天辗转更多的地方去寻找买卖。

可还是不行，日子一天比一天难过。还记得那一天，老福坐了整整一夜，抽了整整一夜的旱烟袋子。第二天，他同儿子艰难开口，让儿子辍学来学习这编竹的手艺。平日里乖巧听话的儿子却如同被点着引线的炸药，吼道："凭什么呀？退学，回村，天天围着竹子转，能有什么出息！""老子说什么就是什么，你是我生的娃子，老子叫你做什么，你就做什么！"出于身为父亲的尊严，老福一下子就爹毛了，"老子就是靠这竹子供你长这么大的，你说这没出息，你不想想你……"训话未了，儿子就拎书包出了门，这一走，就是五年。

老福后来才知道，当时儿子离高考仅差半年了，压力大，老师说他是能上重点的。那几年，儿子一直寄住在母亲那边的亲戚家。再后来，儿子考上了大学，找了工作，开始往家里寄钱。有时，儿子和他娘打电话，老福就坐在旁边编着竹，沉默地听着话筒里的漏音。一天午后，儿子第一次接到了老福的电话，电话那头说他娘就剩下几个月了。父子二人默契地谁也没提起那年的争吵，老福也没有说出这几年的思念和后悔，时间和亲人的突然离世让一切和解。母亲离世后，孩子强硬地要接父亲上城里一起生活，老福也就允下了。一个人的老屋，太空了。

城里的生活对乡下来的老福不太和善，竹子更是少见，家里精装修的什么欧式西式，他也不敢轻易碰。这里没人和他聊竹子，聊竹编手艺，聊过去，因此他多是沉默地晒着太阳，坐在从老家带出来的竹椅上嗒嗒吸着旱烟打发时间。这时，孙子已经出生好几年了，但老福是乡下人，带不来孩子，为了不添乱，他更加沉默了。有一天，老福开口了，叫儿子送自己回去。儿子和儿媳拦着、劝着，老福始终不吭一声，好半晌儿，才逼出一句"想家了"。儿子沉默片刻，还是将老福送了回去，那把竹椅却留在了阳台。

又闷下口酒润喉，酒下肚后，润湿的是苍老的眼眶。孙子好奇老福看见了什么，老福不语。老福看到的是一把小竹椅，这是老福为孙子做的。

后来孙子长大了，刚上完大学的他如同社会上每一个迷茫的青年，找不到方向，直到他在自家仓库发现了尘封十几年的竹椅。他问自己的父亲，父亲说是爷爷做的。他眼睛亮了亮，说他也要去找爷爷学做这个。他堵住耳朵回避父亲的啰唆，偷偷跑去找了老福。

于是老福的竹编手艺传承到了孙子的手里。孙子了解到政府在乡村振兴与共同富裕政策下提供的帮助，也认识到现代社会对中国传统民间艺术的重视与保护，因此，他开设了一个自媒体账号，全程记录了自己下乡学习竹编技艺的过程，然后将这些作品售卖给对此感兴趣的人。通过网络，老福才知道在中国的其他地方，也有和他一样的编竹人。

老福与孙子斟满了酒，一口饮下。两人看着窗外，看那竹子依旧在风中荡着，如同漾起的绿色波浪；老瓦房则好似一叶扁舟，载着老福一路漂荡到了此处。

这一刻，老福老泪纵横。两个隔代的人，被这片竹林编在了一起。

时间在横纵编织，几十年犹如沧海一粟，老福知道有一天自己会离开，但是这片竹林、这编竹的手艺，永远会在。

指导教师：何涵欣

本文获省级一等奖

点　评

文章以质朴的语言和细腻的情感，讲述了一个关于传统手艺与家族传承的故事。两条主线合理交织，叙事结构清晰，情节设置合理。作者以“竹编”作为老福与子孙之间的情感纽带，展现了这项艺术在现代社会中的传承与发展，以及老一辈与年轻一代之间的冲突、理解和沟通，完成了三代人跨越时代的对话。而通过孙子的视角，我们还看到了一个传统手艺在现代社会中焕发新生的可能，这为传统文化的传承提供了新的思路。

作者巧妙地运用了环境描写与人物心理刻画，将读者带入了一个充满情感色彩的故事世界，呈现了人物内心的挣扎与释然。作文在语言表达上还有提升的空间，部分句子稍显冗长，若能进一步精炼语言，将使文章更加流畅有力。

（包学菊　高校教师）

向着青绿那边

□ 内蒙古自治区呼和浩特市第三十八中学　银郎朗

偶有远行，行至北京故宫。檐角上遥远空灵的惊鸟铃，伴着晚风而至。酡红色的霞光覆盖了半边天，城墙高大巍峨，殿宇重重，红墙绿瓦，回廊曲折，这让我觉得，在这个神秘莫测的地方可以体味到现代城市所不具备的慢生活。

迈入第一个宫殿，阳光裹挟着澄澈与温馨，为那些古画镀上了金光。然而当我真正走近时，眼前的青绿惊艳了时光：茶色的清底、青色的山，薄薄的暮霭在山间流转。是谁，用春水做墨，雀翎做笔，绘出这绵亘的山势、幽静的深谷？飞瀑激流、舟楫亭桥、寺院楼台、野村渔市，此刻都变成了梦幻般的精灵。

这精灵是山之魂、水之魂、风之魂、月之魂，它们翩翩起舞，行走在史书上；它们是画面中鲜亮的色彩，绘出雄峰之美、明月之美、古松之美、卧石之美，更展现出刚毅之美、柔弱之美、古典之美、山河之美。

那一刻，世界寂静，大美无言。

我用颤抖的手指轻轻抚摸它，闭上眼，任由画中厚重的时间将我淹没，千万画面从我眼前闪过：我看见春秋战国英雄辈出，诸子百家虽处于动荡之世，思想却闪耀出前所未有的夺目火光；我看见秦朝的万世基业，车同轨，书同文，四海一统，八荒归心；我看见大唐盛世繁荣昌盛，举世瞩目，万国来朝，威名远播四海；我还看见大宋的科技水平一骑绝尘，遥遥领先。历史长河流淌着，只激起点点涟漪。

“唰唰唰”，一阵声音将我从神游中唤醒。我扭头，看见一个中年男子坐在脚手架的中层，身后的影子被拉得很长。那是故宫的“守门人”——这是他的自称。他虽然成为故宫博物院的第六任院长，却从未在乎过名利，只是穿着布鞋，日复一日地穿梭在故宫的每个角落。我看到他拿起了工具：温度计、湿度计、软垫、放大镜。往日里慈眉善目的老人此时却像战士般目光锐利，动作小心翼翼却又丝毫不拖泥带水，有条不紊，让观者心生膜拜。

在转身的刹那间，他看见了我，微微点头示意。我看见他蓝色的工作牌上赫然写着“工作时间：13年”的字样。我撞上他的眼眸，眸中有似海般的深邃，涌动着坚守与热爱。“美极了，不是吗？”他指着眼前的古画问道。我轻轻点头，从他慈祥的眸子里，我又看到了眷恋，看到了呵护，看到了与光阴赛跑的决心。

他就像故宫里的一阵清风，融入夜空，来去匆匆，与世无争；他又像故宫里的一棵古树，千年生长，千年不倒，枝干挺拔，精魂不散！他本可以选择城市的笙歌美酒，最终却在狭小一隅里与那些待修复的文物相伴相守。为了那些千百年前的书画，为了悠悠岁月中沉淀下的文物，他抛开喧嚣和繁华，跨越人海，来到这里，只为让它们重新成为故宫博物院里的风景。

岁月或许能带走他当年的容貌，却未带走他来此地的初心，未带走他热爱与守护文物的青云之志。他只有争取时间，才能赋予它们生命；他只有争取时间，才能让它们永不湮没在时代的潮流中；他只有争取时间，才能让它们成为历史的定格……

修复师们日复一日地辛苦工作，重现了文物的风采。他们不仅传承了祖辈的手艺，还保留了上一辈人留下的一种“味儿”。他们日复一日地感受着故宫里的慢与平凡，他们将“大历史，小工匠；择一事，终一生”的工匠精神演绎得平凡质朴而又气象万千，让无数国人看懂了文物修复这份枯燥工作背后的意义。也正是那些平凡又伟大的文物修复者秉持初心，以年复一年的坚守，才没有让洪流带走镌刻在华夏土地上的文明和信仰。他们品味美，他们呵护美，在他们前行的路上往往也能绘制出磅礴的美。

一砖一瓦一红颜，两朝三世六百年；千年一瞬，一眼千年。

指导教师：张建霞

本文获省级一等奖

点　评

这是作者的故宫行记，除了气势雄伟的古建筑，作者更为关注的是那些青绿的古画。这些古画，承载着中华民族壮丽的山河，承载着中华民族几千年的历史。接着，作者又把目光投向故宫的文物修复师。正是因为他们，这些文物才得以保存下来，中华民族的优秀文化才得以传承。作者选的这两个点比较巧妙。同时，作者注重辞藻的华丽与铺排，增强了文章的表现力。

（段玉芝 作家）

她说，她爱舞

□ 山东省济南外国语学校　祝欣妍

舞，是她的灵魂，是她的生命。每当音乐响起，她的身体就会不由自主地随着节奏舞动，仿佛整个世界都融入了她的舞蹈之中。她的舞蹈风格独特，既有古典的优雅，又有现代的活力。

轻扬其袖，清影流转，起落之间，月光如纱般倾泻。

她没有开灯，她说黑暗让人沉浸，超然物外，唯有自己。

她浑身大汗淋漓，却不肯停。

她默数着节拍，忐忑地等待那个时刻到来——最后一个八拍的点翻，是因脚伤怎么都无法跨越的沟壑。

绷起脚尖，架好双肘，足与足交错间踩着节拍点翻，她低声数着“一、二、三……”

“咚！”一声闷响，她倏然摔落。

又一次。舞室的地板冰凉，方才的热气已然消退了大半，取而代之的是直通心底的凉意。月光如水，静静照着她疲累的身躯、她的孤影、她的旧伤、她的不甘。

她曾是舞团的顶梁柱。十七八岁的年纪，精神头儿像初升的太阳，浑身有使不完的牛劲儿。她容貌姣好，偏又基本功最好，柔韧性最强，舞蹈情感最丰富；导师也对她偏爱有加，回回团体舞都让她领头，她也从来自信高傲，野心十足。她说她要成为舞蹈家，一辈子活在舞台上，活在鲜花和掌声中，享受人们的喜爱与赞美。她说，她爱舞。

她的舞蹈——蒙古舞赛马，独树一帜。她踏着强有力的步伐起舞，每一步都利落干脆，每一个动作都充满野性美与力量感。转身之间，长袍飞舞，她活像一朵草原上盛放的芍药，笑容明艳动人，眼神里尽是锐利与锋芒，似乎就是那个纵马驰骋、与男人争锋的骄横少女，她挥动着马鞭，朝着心之所向，一往无前。当粗犷的乐音停止，她向所有人鞠躬，赢得满堂彩。掌声如雷，她的眼睛明亮，和所有人一样，坚信自己的舞蹈生涯必定大放异彩。

但是，意外比明天先来了。春分的一场车祸，使她右脚骨折，此后习惯性崴伤，炎症并发，严重时甚至不能正常行走。她的梦与野心随着伤痛一次次复发，一点点沉寂，变作隐痛。雨夜，不见圆月，只见乌云。窗外雨声清脆，窗内阴沉黑暗。

手机里弹出短信。

导师："你先好好静养。"

她被屏幕的亮光刺痛双眼，眼睛渐渐地泛起潮湿的泪意。她的傲气近乎被磨灭！她的梦想就快不见！她找不到原来的自己！她甚至不敢再跳舞！但她不想放弃，她不甘心！

猛地，她从床上起身。脚上缠绕了多层绷带，紧到她感觉不到酸痛。她迅速收拾好自己，出门，前往舞团。

舞室没有人，静悄悄的。鞋在地板上发出咯吱的响声。她找到贴着自己名字的柜子，爱惜地摸了摸上边凸出的"舞"字。她换上练舞服，穿上舞鞋，走到舞室中央。她没有开灯，她说不忍看见自己狼狈的模样。她又跳起赛马，跳最引以为傲的点翻。

起范儿，旋转，摔倒。

再起，旋转，摔倒。

再起，旋转，摔倒。

自那次雨夜，她每晚都去舞室。深夜无人时，她一次次摔倒在地板上，一次次汗如雨下，一次次筋疲力尽，但她从来没有想过放弃。她说，她要拉自己一把。

又是春分，她如往常，再次踩着月光走入舞室中央。她没有开灯。她说，她不需要灯光，她心中的明亮会指引方向。

月光下，她翩然起舞，舒展身躯。她沉浸于舞中，隔绝一切。她不再默数节拍，每一步都烂熟于心。她等待着那个时刻——那个脚伤无法跨越的时刻。

起范儿，旋转，再旋转。

一舞终了，她站立在舞室中央，泪早已满了眼眶。她放声大哭，带着笑。在这一遍又一遍的失败与重来中，她慢慢发现，她不再追求鲜花与掌声，不再追求舞台聚光灯下的闪耀。原来没有这些也可以，原来她享受的是舞蹈，享受的是舞蹈中高傲自信的自己。

她的舞姿优美，她的眼神深邃。她爱舞，不仅仅是因为舞蹈能够让她感受到快乐和自由，更是因为舞蹈能够让她表达出自己的想法和情感。她的舞蹈不仅仅是一种艺术表现形式，更是一种精神追求。她通过舞蹈，向众人展示了自己的才华和魅力，向他人展现了自己对生活的热爱、对美好未来的向往以及对人性的深刻理解，也向自己证明了存在的价值和意义。

年底，她献上了谢幕收官之作——仍是赛马。她依旧如同芍药般明艳，但她的眼中没有了锐利与锋芒，有的是沉稳与坚定。她离开了舞台，开始创办自己的舞团。她的舞团日渐兴起，她却又退居幕后开始潜心创作，力求极致。她说，她爱舞。

指导教师：唐川

本文获省级一等奖

点　评

本文以深情的笔触和富有画面感的语言，讲述了一位舞者对艺术的热爱、追求和自我超越，这不仅是对一个舞者艺术生涯的描绘，更是为坚持与勇气奉上的颂歌。作者通过对主人公动作、情感、心理的细腻刻画，展现了舞者在面对身体伤痛和内心挣扎时的不屈不挠。情节设置富有戏剧感，在一幕幕场景中给予读者深刻的启示。作者还巧妙地运用了对比手法，将舞者昔日的辉煌与现实的挑战并置，凸显了主题。但是本文部分情感转折略显生硬，可以进一步优化，以增强故事的层次感和说服力。

（包学菊 高校教师）

细雨轻抚匠艺心

□ 山东省济南第一中学　张倩玮

一

你是一个和蔼的老者、一位伟大的传承人，却不是一个称职的家人、父亲。

自幼你便讲何为艺术，何为匠心，我承认你是爱我的，但不可否认的是，你更爱你的蛋雕。

购物袋里时不时装着零星的糖果、玩具，但其中一直存在的，只有鸡蛋。

你会忘记给你的儿子买玩具、牛奶、本子，但你绝不会忘记精心挑选色泽鲜艳、身形饱满的鸡蛋；你可以套着一件泛黄的汗衫数载，却可以不假思索地为你的蛋壳“儿子”们换一把昂贵的新刻刀。

一向温和的你初次发火，是因为年幼的儿子打碎了你刚完工的还微微泛着手掌余温的作品。那日，你大发雷霆的模样如同带着刺芒的尖刀扎在我的心口，让我痛得发闷。

我稚嫩的眼眸忍不住泛起了水波，它们顺着流出，滑过脸颊。

你的儿子记了三十余载——你打扫蛋壳残躯时眼底的痛惜与怜爱。

自那以后，我便对那堆蛋壳敬而远之，常年的不甘牵动着情绪。相比那堆蛋壳，你能否多爱我一些呢？

老皇历一页页撕完。逃离这个屋檐，逃离这个屋檐下数不尽的蛋壳，成了我终日的念想。

终于，念想实现了，破旧的屋檐下只留下你一人。

老屋漏雨严重，秋天的风又凉，你那不堪一击的膝盖总在阴雨天痛得直不起来。时间和距离总会消磨一切，岁月、健康、寿命，包括矛盾，对吗，父亲？

电话的那头，你苍老的声线牵着我的心魄，你接到电话的欣喜与慌张难以掩饰，让我心底控制不住地泛起苦涩。

你叹着气抱怨，窗外的雨下得很大，屋顶漏的水滴滴答答到了脚边，也不知道蛋壳会不会受潮。

你又在雕蛋！满心都是你的鸡蛋，却对你的膝盖满不在乎！

我同你不可避免地再次发生了争吵。你言辞坚定地说："我就是死，也得把这门艺术传下去！"简直不可理喻！

电话挂断后，我平息了怒火，纠结填平胸腔。

我放下过去的执着，拿走了年幼的不甘。

不就是蛋雕吗？可相比艺术，哪怕你能多爱自己一点儿呢？

二

窗外大雨瓢泼，公交车晃晃悠悠地前进。我靠着车窗，行进的颠簸震得我脑袋生疼。听着耳边朦朦胧胧的雨声，我脑海深处的回忆被悄然唤醒。

同样的场景，我就是这样遇见了我的师父——老季。

那日，他提着一个箱子，被淋得像个落汤鸡，走到我旁边的座位，犹豫道："小伙子，介意吗？"

我摇摇头，待他坐下后，递给他一包纸巾，转头看向窗外。外面的天空一片灰白，不见一点儿蓝，天顶的那抹黑压得越来越紧，又渐渐漫开，让人觉得压抑窒息。

他似是感受到了年轻人的善意，健谈起来："我儿子像你这么大的时候，整天跟我吵架。"随后顿了顿，接着说："是我的问题，不怨他。"

我被他的话勾起了兴趣，开始有一搭没一搭地与他交谈起来。

他谈得高兴了，开始向我展示箱子里琳琅满目的蛋壳。我惊得瞪大了眼睛："这是蛋？"

他惊喜于年轻人的反应，不管我愿不愿意听，滔滔不绝地介绍起来。

他说自己叫老季，是个蛋雕传承人，他这一辈子只为了一件事，就是将这门没落的艺术连带着那份坚毅的匠心传承下去。

时代在更替，科技取代了传统，连带着一些传统文化也渐渐不为人知。老季先前对未来前景的坚定，越发没有了底气。

他开始惧怕多年后人们再次提起蛋雕，只会长叹一声，然后惋惜道："多好的东西啊，可惜失传了！"

眼前的老季讲得痛心疾首，一个不切实际的想法闪现在我的脑海中。

“我可以试试吗？”

窗外水帘状的雨势小了许多。自此，我便有了师父。

师父总夸我有天赋，然而每每点评到我的不足时，他又欲言又止。

车到站了。我抖了抖放在车座旁的雨伞，撑开伞下了车。好巧不巧，雨不似先前那样急了。

来到师父老屋的院子，我看到他正靠在窗边的躺椅上出神。

我走上前，将雨伞放在一边，问他：“今天雕什么啊？”

“不。”师父摇了摇头，“你看我雕，回答问题。”

他拿起了工作台上的鸡蛋，握着刻刀，银白的刀头一下一下磨在蛋壳上。

师父问我：“怎么清蛋壳？”

我心中不解，但嘴上流利地回答：“先钻孔，不能太大，用大号的注射器往蛋壳里打气，把蛋液排出来，然后多清洗几遍晾干。”我停了一下，随后跟上一句：“放在干燥的地方，不然会臭。”

“不错，下一步是什么？”

“从哪儿开始刻？”

“雕刻角度？”

“留白要注意什么？”

…………

我嘴上对答如流，心中的不安与疑惑却越发沉重，我慢慢有些不知所措了。

这些都是师父平日要求我必须熟记于心的东西，也是我最早就吃透了的。

数载春秋下来，我按照师父的要求苦练技法，总体下来不错，但师父对我的评价总是不尽如人意。

我喜欢蛋雕，沉醉于作品完工带来的满足感与成就感，但总感觉少了些东西。

“最后一个问题，你爱蛋雕吗？”

“我……”我噎住了，心跳如鼓，莫名地紧张起来，似乎是要找到我心中缺失的那部分了。

外面的雨停了。四周少了雨的喧嚣，屋檐落下的水滴声清晰可辨。

师父回头看我，勾嘴笑了笑，眼尾岁月的痕迹堆在一起，伴着花白的头发，整个人柔和了许多。

二人沉默不语。我就这般静静地看着师父，耳边弥漫着刀尖与蛋壳的摩擦声，目光随着刀尖不停转动，渐渐入了神。

师父的目光锁定在蛋壳上，那眼神柔和，分明像是在看自己孕育的新生孩子。

我看着他与作品融为一体，自己虽然身处局外，但也觉得热血沸腾。

那是积淀了几十年风雨而留下的极致热爱。

那是他几十年传承岁月的见证。

那是他对这文化的眷恋与陶醉。

我曾无数次见师父雕蛋，但今天，我被深深地震撼了——被他对这艺术近乎完美到极致的感情所震撼了。

心跳如鼓，尾声的一锤落下，我醍醐灌顶。

我找到自己缺失的那部分了——将蛋雕融于生命永恒的匠心。

“我会爱的。”我对师父承诺，带着我们少年一代的坚定。

“一定会的。”

我会把对它的爱融入骨骼，用沸腾而滚烫的热血，将这门艺术传承下去。

窗外的阳光穿透云层，一缕缕地探进来，将我与师父笼罩在一起。

文化，精进不停。匠心，传承不息。艺术，生命不止。

我看看窗外天边雨后的初阳，对师父说：

“师父，雨停了，待会儿找些工具帮您把屋顶补一下吧。”

指导教师：崔海燕

本文获省级一等奖

点　评

文章通过两个独立而又相互交织的故事，深刻地探讨了艺术、文化传承以及亲情之间的复杂关系，展现了传统工艺在现代社会中的处境和价值。第一个故事以儿子的视角，讲述了他对父亲——一个蛋雕艺术家的复杂情感，通过展现儿子的内心感受，读者有了切入故事的不同视角，感受到相对角色心中的挣扎和无奈。第二个故事通过师徒偶遇后的一系列情节，展现了蛋雕传承人老季的精神特质，让“我”与老季的共同坚守和最终承诺构成了全文的主体，向读者展示了传统工艺的魅力和文化传承的重要性。但两个故事之间各自独立，在转换时构不成逻辑关联，加之人称使用的问题，容易给人带来疑惑。

（包学菊　高校教师）

风生水起处，寻歌坐月时

□ 北京师范大学贵阳附属中学　胡冰颍

一

篝火跳动，绚烂的光晕下是璀璨的艺术、和谐的艺术、大自然的艺术。

演出结束，一切又归于平静。

夜空寂静沉黑，火焰升空，"轰"的一声，每一片破碎的莹白流光在空中垂下，垂在我的心中，震颤不已。烟花的回声穿透躯壳，音波在震荡，和先前的余音交织在一起，又与心跳共鸣，捶打着胸膛。

侗族大歌深深触动了我。那是最后灿烂的鸣响。

一场烟火由无数个转瞬即逝叠加而成，但即便再叠加，也是短暂的。夜色再度恢复平静，那些恢宏仿佛从未发生。

二

有山便有水，有水便有寨，有寨便有楼，有楼便有歌，风生水起处，寻歌坐月时。

烟雨蒙蒙的五月，来到从江。不论是下榻处，还是车窗外，印象深刻的是水：河流蜿蜒，千折百回；溪水潺潺，浣衣声声；泉水明净，细沙见底。村里总有一条河，如链如带，翠绿清澈，缓缓而流，偶尔有雪白的浪花溅起。河水清，泛起涟漪，古老而有韵味，像一位唱歌的姑娘，歌声悠扬而动人，令人赏心悦目。

水傍山流淌，木楼则依山而建。四周青山环抱，溪水穿寨绕行。山中有水，水中有山，山水交融，山水相连，整个山寨显得格外安静和谐。

村寨的房屋全是黑褐色的吊脚楼，不知听过多少情歌，也不知承载过多少美丽与哀愁的故事。它们终日倾听着门前的潺潺流水，神秘的故事随着流水向前流淌。矗立云端的鼓楼萦绕着雾气和炊烟，雕梁画栋，巍峨壮观。

三

歌声飘出的地方，遥遥望去，层层叠叠，逶迤交错，对称翘角，雕花挂联，气势如虹，在青山绿水的映衬下美不胜收。桥上有桥廊和桥楼，内壁绘有各种图案，笔法简练，形象生动，走上花桥，自然沉入艺术之中。桥楼柱上有楹联，这些楹联给风雨桥增添了浓郁的文化气息。我看着，想着，桥上会承载多少年的歌声与足迹呢？

村民聚在风雨桥，此刻，桥头的石阶变成了临时舞台，村民们一排排站着。多声部的自然和声，沉着、柔和、悦耳。风雨桥上的歌声时而深切，时而婉转，回荡于寰宇之下。

人们几乎每天都在轻轻的歌声中醒来，又在轻轻的歌声中睡去。

歌声一起，吊脚楼的窗子一扇扇地被推开，很多人站在自己家的窗口聆听。这个场景从鼓楼这里望去，俨然成了村寨歌会的一幅辽阔布景。

看，脸上的皱纹也挡不住老人的欢笑。他们三三两两，或坐在风雨桥上摆龙门阵，或在村寨小道上悠然漫步，或在鼓楼下静坐，目光慈爱和善，泰然安详。

我小心翼翼地用目光拂过这里，看着时光中的老人，一种源自岁月厚重的亲切与慈悲感油然而生。这里没有喧嚣与浮华，只有美丽的杉树和小溪，只有恬淡的村民和歌声。无论历史如何演变，这里的一切都坚强地活着，享受着大自然的恩赐。

四

夜幕降临，山的影子散落在河里，沿河的树寂静、婆娑，是挥洒自如的泼墨。河水汩汩，空气濡湿，心绪随着黝黑的山脉连绵起伏。

人慢慢聚起来，欣赏侗族大歌，在高耸、气势恢宏的鼓楼下。灯光照亮了古老的鼓楼，五月的村庄并不炎热，雨后淡淡的薄雾萦绕着鼓楼，为它加冕。月亮初升，一切静谧美好。我和小伙伴们有些激动。

合唱团成员已经到齐，年龄跨度从三四岁到四十来岁，他们都穿上了盛装。中年妇女的服装比较内敛，以黑色为底，绣着精美的花纹；站在低一级台阶的姑娘们，则穿得华丽、精致，配上一整套银饰，叮当作响，光彩夺目；最前面的是小孩子，他们穿着可爱，脸上洋溢着纯真、质朴与美好的笑容。

没有指挥，没有伴奏，但所有演员却能将结构复杂、韵律繁复的多声部大歌唱得从容不迫、清脆响亮、和谐美妙，宛如天籁。我看见小孩子们不慌不忙，停顿自如，童音清透悦耳，表情可人，范儿十足。演员众多，却移动自如，变换协调；尽管演出阵容强大，但场面依然大而不乱，始终看不到指挥，也没有伴奏。

领唱的总是中年妇女，她们神情严肃，但歌声在身上仿佛打开了快乐的闸门。在无指挥、无伴奏的纯人声演唱中，我好似听到了雄壮的钟声、不绝的生命之歌，听到了村民的闲适生活、大自然的奇妙绝景……这侗族大歌仿佛也具有了水一样的特性：温婉细腻、和谐清亮。

听，高声部气势磅礴，声如雷鸣，扣人心弦，像那高耸的木楼，仰头望去，榫卯相连，层层叠叠，盘旋而上；低声部则延绵婉约，如潺潺溪流，如丝如缕，像绕村而行的河流，从风雨桥下越过；间隙和停顿，万籁俱寂，无声无息，能听到呼吸和心跳；急处又像台风上岸，訇然骤起，震撼心灵，旋律优美，气势恢宏，场面壮观。

我大受震撼，陶醉其中。

天籁般的声音将我带到那如诗如画的大自然里，自由的鸟儿在鸣叫，夏至未至的蝉儿在吱响；山在呼唤，谷在回荡，林涧流水潺潺作响，虫吟蛙唱响彻林间。女声和男声在不经意间自由转换，展现了大歌中多声部的奇妙组合；和声完美协调，歌调柔和委婉，旋律典雅优美。此曲只应天上有，人间难得几回闻。

夜色渐浓，一束灯光打到旁边的山头，那里演绎着浣纱阿妹与赶坡阿哥相遇、相识、相恋的故事，传来的歌声让我想起侗族传说中的肖女和闷龙。也许是歌声太悦耳，也许是故事太哀婉，我不禁唏嘘感叹。和许多古老的传说一样，肖女和闷龙的爱情故事以悲剧告终，但在歌声中，在民间自发举办的歌会里，他们的爱情永恒。只愿美丽的爱情如燕子般年年随春归来，寻得一处鼓楼的重檐，衔来肥沃的春泥把爱巢搭建，从此风雨不动，生活如歌。

五

我一首一首地听，当地的侗族村民轻声介绍。这是一门代代口耳相传的“课程”。中年教给青年，青年教给小孩。歌是一种载体，传递着人间的基本情感，传递着民族的坎坷历史。歌声成了世代的叮咛、村寨的共识、民族的默契。侗族长期以来没有文字，因此也没有那些需要日夜攻读的诗文，他们的诗文全都变成了歌唱。

这里的课本那么欢乐，这里的课程那么简明，这里的教室那么敞亮，这里的考试那么动人！这所永恒的学校，耳得之而为声，目遇之而成色，悠扬地随着歌声飘向远方。淳朴的生活打开了他们的歌喉，大自然的和谐激发了他们的舞步。生命原本就是载歌载舞的。

侗家人一整天只见满山的绿，歌声于是就在这满山的绿意中响起。无论何时，整个山河都在歌唱，如此自足，如此自得其乐。外界的喧嚣似乎与它无关，身处其中的人，千百年来就这么唱啊跳啊，期盼着心爱之人，祈祷着风调雨顺、年年丰收。踏歌而舞的“多耶”，必有回响的“呀罗耶，耶罗嗬”，和《诗经》、乐府诗一样，言简意深，歌美情浓。

在这里，在这时，我看着舞台上的演出才顿悟到，歌唱并不是饭后助兴，而是全部生活的起点与归结点，是全部历史和文化的凝练与传承。他们在唱，在唱他们的生活；他们在唱，在唱他们的村落；他们在唱，在唱山间清风、夜空明月；他们在唱，在唱他们的传说；他们在唱，在唱人生的起起落落……

穿流而过的水，温婉、细腻、纯净、清亮，与依山傍水、同大自然和谐共生的侗族人，共同构筑了生命之唱！

是流水深情、鼓楼高耸，是山的环抱、风雨桥的歌唱，是村民的质朴、世代的无尽宝藏……一切都那么和谐、美好。

此刻我终于明白从江侗族大歌感动世界、蜚声世界的缘由了，而此刻，它走进了我的心里，成为我私藏心底的天籁。

六

篝火晚会开始了，火焰燃亮了整个黑夜，温暖了每个有情人。我们拉起手，唱起歌，热情被点燃，歌声在空中回旋、飘扬。

我们在这片土地上、这片天空下，共同感受着永不褪色的艺术和永不凋零的生命。

一切又归于平静，所有的吊脚楼都融成黑乎乎的一色，不分彼此，只待晨光初现，大自然的声音响起，唤醒一切。

指导教师：陈芳芳

本文获省级一等奖

点　评

作者以散文诗的语言对侗族大歌的演出盛况展开了精彩的描摹，并将个人对民族文化的观察和思考融入其间，有声有画，入耳入眼，打动人心。文章场面铺陈颇具氛围，民俗风情浓郁鲜明，场面描写能与内在感受贯通，体现了作者不俗的审美感受力、想象力和表达力。歌者登场，可谓是全文重头戏，作者也在歌声的描摹上浓墨重彩，但声音描写本是难事，区分度不高的叠加式刻画和比喻有令读者信息“超载”的可能，作者应适当考虑简化。

（包学菊　高校教师）

风从四面八方来

□ 浙江省龙港中学　陈心怡

我从来没有数清过教室有几扇窗，也向来不知道是多少扇窗构成了这一面又一面环起我们的高墙，但如果有人把窗推开，当风乍然经过，纷扰中惹乱碎发、迷蒙视野——在我脑海中被清晰勾勒出的绝不仅仅是风的形状，我想我也会知道有一扇窗正为我开。

2018 年，六年前的夏天，我在教室临门的地方有一个位置，那里是风的路口。很长一段时间，我都没有意识到这样一件事：无论敞开又或微留着缝隙的是哪一扇陌生而又熟悉的窗，误入的空气——那时间里的流云——总会迅疾地穿过这个我以为的世界的中央。有时是一阵长风，我能够与之相拥好久。被无限拉长的时间里，每一秒都是新的，而紧拥它的永远是滞留在这个路口的我。因此我每一秒都在拥有，又每一秒都在失去，直到风平息。它平息了，我却久久不能平静。有时，我觉得占据的这一角，是人们口口相传的"条条大路通罗马"的那个罗马，条条大路都通往这世界舞台的中央，阵阵风都吹向我所在的这个地方。

因此，我一直很好奇，风是从哪个方向吹来的。我蜷缩起身体，试图躲避冷风的侵袭，尽管关上了对应方向的窗，仍有风从某处没闭紧的缝隙中钻入，穿透我的衣裳，刺穿我的胸膛。不知道它从哪个方向来，我索性关上了全部的窗。风停了。它的来路被我亲手封死，我一时间不知道脑海中最初勾勒出的幻象，究竟是窗的轮廓，还是被唤作风的精灵那绵延的倒影。

有时课后我一个人坐在教室里，门前的帘子落下又被掀起。我望着风来了又去，也不想和它游戏。屋子空荡荡的，阳光打在尘埃上，风舞动的时候，我好像看见了自己颤着的呼吸。我不知道是不是任何一种鲜活的事物都能被唤作生命，但余晖中的一切大抵算得上吧。我时常在想，我的生命是否也是这样一座如荒原般寂寥空阔，却又紧紧封闭着的小屋。很多年前，我想，在这样一个世界中的我一定不如现世这般处于中央位置，也不会有一扇窗为我而开——它们都被锁上了。

我爱的事物有很多，如音乐、写作，而绘画尤甚。但遗憾的是，我似乎在艺术方面天生愚笨。

我领着邻院的姑娘一同爬树压断了树枝，那个夏天，我们八岁。一身泥泞的我在她家“苟且偷生”不到半个下午，母亲就找上门来，一眼瞥到缩在墙角自以为躲得毫无破绽的小小的我，却第一次没有大发雷霆，也没有拉着我的衣领试图拖我回家，而是和姑娘的母亲坐下闲谈。我听力不好，竖起耳朵也听不清。姑娘是个热心肠的，替我凑过去偷听了会儿，又回到我躲着的墙角边，简明扼要地转述了母亲对我的裁决：她要送我去姑娘所在的画室学画。

我见过姑娘的画，在每一个我因为犯事而躲到她家的下午——只有下午，因为妈妈说午饭后才能出门，晚饭前又必须回家。她在二楼有一间自己的储物室，里面挂满、摆满、堆满了她伟大的作品。每一次她领着我进去，粉尘呛得人直打喷嚏。我们从不拉开窗帘，姑娘说养画如养花，爱画如爱人。有些画晒不得光，遇光就要变色发黄。画都怕潮，老房子没有新风系统，于是房间的各个角落都被放上了干燥剂。她不用湿拖把拖地，而是隔一阵子就拿干布擦，更准确地说，是拂去粉尘，因此室内总散着些灰。

我不懂这方面的事，至今也不清楚，那个夏天她所说的那些究竟是不是养画的正确方法。那年小小的我，站在那小小的房间的中央。我们不喜欢开灯，照得这房间微亮的，只是窗布缝隙漏进的那么一星半点儿的暖阳。在这里，我可以忘却，忘却打碎的花瓶，忘却用彩绘涂抹的墙壁，忘却浇死的花，忘却放飞的宠物鸟。在这无限漫长的瞬间，没有过去，没有下一刻，有的只是我对活在当下最真切的感受：犯过的错、将承受的责骂都在我的世界之外，我的墙远远隔离它们，只有光漏进来照亮她倚着墙的画框，被封在框中的蝴蝶，银翼粼粼闪烁——往北再往北，独自旅行的路上，我见过早春有零星的花开着，清晨的阳光下，寒潮过后破碎的冰面，不知是风还是水波推着它一片又一片荡漾，每一片，每一点细碎，都裹上了金边，我总觉得这些支离破碎的光点要飞走，就像储物间里的蝴蝶展翅高飞——它死在画纸上，却活在我望向生命的眼眶中。后来的我去过许多画廊，流连于各个城市名声显赫的艺术馆，室内的、室外的，古典传统的、现代超前的……我再也没有体会过，也再也没有寻到，那年夏日午后，在那个狭小的储物间里，被艺术品包裹而失魂时，阳光射入我眼眶的感觉：我的心没有了重量，又好像汇聚了整个世界的辉煌。

那个夏天，我再没上过树，取而代之填充我时间的是混乱的调色盘和洗不完的水粉笔。画板上的水粉纸我总是贴不齐，画过什么已然忘了，只记得斑驳混乱的色彩就像那个夏天我们吹出的泡泡，有时颜料中混入一点儿黑色，就成了泄漏在柏油路上的污油——啊，还有纸胶带的触感，温柔细腻，像是一匹上乘的布料，富有肌理感。后来我又买过几卷纸胶带，用不上，只是想再抚摸一遍记忆里的那种温暖，但几次都只摸到了冰冷。闲下来，我又提笔作画，无意触到边沿的纸胶带，大脑"嗡"的一声过后，我才发现或许贴在画架上的它才是我所找寻的，而其余任何一种使用情境都无法取代。

我步入初中后，母亲停了我的美术课，兴许怕耽误了我的学业，毕竟一开始，她也不过是希望我消停些，能找到些除了上树以外的事去做，而我会爱上绘画也是她意料之外的事。坦诚讲，我画得并不出色，邻家姑娘是小有名气的少年画家，我则只能算是个满怀激情，却因天赋有限而略显滑稽的爱好者。这也是母亲停我美术课的重要原因之一。事实是我虽然爱画，但在上头的自满情绪过后，很少再欣赏自己的作品。想看画而懒于动笔的时候——很大一部分还是因为我的画入不了自己的眼——我会把画室的百叶窗拉到顶，搁下画笔，靠在姑娘的左肩上，看她一笔又一笔落在纸上，有时晕染开来，有时勾勒出细线。我像是在瞻仰，又像是在紧拥。我想好的艺术品就像太阳，虽然抬头不能直视，但身上笼罩着温暖的阳光。

我喜欢阳光暖着身体的感觉，想起那个夏天她在昏暗的储物室说过的话，于是问她："你不是说画怕太阳吗？"姑娘没有正面回答。

"艺术是为人而生的。"她说。

你喜欢太阳，那阳光下发黄了的它就是最好的艺术品。

因此，我还是会背着母亲，在空下来的时间里偷摸着画些画，一坐就是一下午。

昨天的笔墨落到今天的书页上。

故事谱写到今天，我依然不擅长绘画，羞于把它当作爱好或特长提起。我是个连苹果都画不明白的绘画白痴。面对拙劣的作品，我大多数时候也会好奇，这是艺术吗？我真的能说我爱吗？我真的有资格说我爱吗？

绘画之外，我热爱演唱却嗓音沙哑，我没有勇气站在聚光灯下放声歌唱；就连此刻，我握着笔落下每一个字，颤抖的手依然在质问我："你觉得自己足够好吗？你真的有资格说一句，我热爱绘画、热爱生命、热爱写作，我是个醉心于艺术的人吗？"

但都无所谓，不是吗？偶尔我会这么想。

我怀疑，我否定，我仰望那片遥不可及的天空——

但我依然能坚定地说出，我爱这一切啊。

我爱艺术，我爱这如火如荼的生命盛宴。

——风从哪个方向来？

我的意思是，艺术从哪儿来，我们又要到哪里去找寻？

我年少时爱风，可荒草丛生的天地总是静止死寂的，空气死死停滞在那里，不流动的它是腐烂的尸体。于是，我漫山遍野地跑，穿过屋前的花坛、交错的街道，穿过农田、草原、森林，穿过水塘、小溪、大河。是不是向前奔跑就会有风？是不是扯开双腿飞奔才能追上风？我必须跑得飞快啊，只有最迅疾的身影才能见到它最鲜活、最热烈的样子，不管是一级运动员还是跛脚的孩子。

我想，对于艺术家之外的大多平凡者而言，艺术就是俗世生活本身崇高的一部分，当它不以一个目标的身份而是以一种状态出现，那么人们为这个世界的每一瞬间心动，又怎么不算生命的一场艺术？世界嘈杂：远方战火纷飞，社会错综复杂，世人被困在名为利益的囚笼之中，彼此冷漠，互相隔膜。“冷漠无情，是灵魂的瘫痪，是过早的死亡。”杀死别人、杀死自己的时候，一个理想构建而成的世界也在无声中崩坏。当为江边一片夜风卷走的落叶抬眼时，风中有我遗失的，也有我抓住的，这世界赠予的一切——鸟鸣、蝉声、帽上开花的蘑菇、疏密不均的年轮——都让我心生感慨。我们置身于其中，仍然能够保持这样一份对美的感动，对艺术的尊崇，这又何尝不值得珍重？

我开始有些明白，为什么有些人会看上去甘于平庸。

我想，可能是因为我们都不是达·芬奇吧。我分不清他和凡·高，也看不出调色时多加一些水的区别在哪里。前方风声呼啸，可我不过是想听风罢了，倒也不必成为短跑健将。何况我是个五十米都跑不进十秒的姑娘啊。

那不如就坐在这儿吧。与我一同坐在这个十字路口，坐在风交汇的地方，坐在你心安居的地方。

我如荒原般寂寥空阔却又紧紧封闭着的小屋，一点儿又一点儿被拆去砖瓦。风筑起新的护墙，我想每一个生命都该在风声中歌唱。

爱艺术其实没有那么复杂，本质就是爱生活，爱生命。只要你还愿意睁开眼睛，还愿意听，还能呼吸，总有风会跋山涉水钻过你有意无意间为这世界留下的缝隙。那些你以为密不透风坚不可摧的高墙，不过是画地为牢，困住自己的始终是自己。

而真相是，风从四面八方来。

你往前看，飞鸥划破朝霞；你往后看，春光浸润新芽。

这世间处处明朗，艺术就藏于我们的眼眶。

每一阵风的消亡都是艺术的消亡，所以请握住它。生命本身就是最为精妙绝伦的艺术品，等着你用细腻的心去探寻，听风从四面八方奔来。

指导教师：李晓娇

本文获省级一等奖

点 评

文章带着深情和遗憾写出了自己的“艺术成长史”，笔墨间带着淡淡的哀伤和青春的迷茫。特别是文章中作者对学画经历的叙述，生动具体，情感真挚，从最初的懵懂、学习时的投入，到后来的不了了之，再到最后的自我认知和重新领悟艺术，作者的心路历程跌宕起伏，真切动人。文章还尝试以风为隐喻，收尾连缀，借这个意象抒发作者对自由、生命和艺术的理解和探索。只是文章虽然充满了诗意和画面感，但描写分量、逻辑关联还需斟酌，注意避免主题失焦或喧宾夺主。

（包学菊 高校教师）

花 瓶

□ 浙江省平阳县佳诚高级中学　杨望翔

自由,是艺术本质的东西。

艺术不仅是绘画、音乐,艺术更是原创,艺术也是自由。

人类能发展,其实全靠艺术不断打破局限,追寻自由。人类从依附的自然中一点点脱离出来,脱离出来的途径就是不断原创,之后不断地扩大自由,让人能自主。

“八月桂花遍地开,鲜红的旗帜竖呀竖起来。”

我家有一个祖传的古董花瓶,传女不传男,但我太奶临走前,宁可砸碎了也不愿给我。那花瓶是我扎根心底的艺术。

六岁时,我第一次回安徽大别山老家,去参加太奶的八十寿宴。车还没进山,我就听到了天边传来的鞭炮声。颠簸到老宅时,已是暮色昏沉,眼前的景象把我惊呆了。

我从未见过如此多的乡亲,在夜晚的山间提着煤油灯往来穿梭,他们端着菜送到太奶门前,每当有一个人到来,门槛上就会响起一串鞭炮声。爸爸去解手了,把我留在门内。门槛上炮声阵阵,吓得我无处可逃。

这时,小堂姐一把抓住我的胳膊说:“阿眠,我们去看大篷车吧!里头有喷火的、耍猴的,还有一个花瓶姑娘,人面瓶身,像仙女。”这话吓我一跳,我直接憋不住了,上下一起“放水”。屋里的太奶笑了起来。

“啥花瓶姑娘,都是骗子!”

“假的!”

“困瓶之女,瓶困潦倒。”

“安女于瓶,瓶瓶安安。”

男人们见了都摇头:“困瓶之女,贫困潦倒之兆。”

好面子的大户人家小姐争辩道："非也，先祖托梦，小女仙童子转世，定保家族平平安安。"

艺术反而给解语花带来了苦难。

大善人教解语花唱曲，对对子，叼着毛笔写《三字经》。那些长衫客爱惨了她，向她抛银圆，置鲜花，夸她芙蓉如面柳如眉。她的眼泪却像头上被碎银砸落的珠花，一颗一颗掉下来，掉着掉着，世道就乱了。

"快走！"解语花在践踏下成了断肠草。花瓶碎的那天，天上的火烧云像血液一样落在大地上，而地上的孩子被野兽追逐得四处逃散。她用婴儿般柔嫩的手爬出废墟，任由一地碎片划破皮肤。月光照在身上，她站了起来，蹒跚走进荒芜。

艺术是为自己而生的。

第二天，我们吵着让太奶再讲一遍花瓶姑娘时，她却什么都不记得了，那片碎瓷也不知去向。爸爸告诉我太奶有阿尔茨海默病。

回温州的路上，爸爸说出了当年的真相。太奶是红军留散人员，当年在大别山参与了开荒和生产工作。她这一辈子没生过孩子，却把全村孩子都当作自己的。后来，她还抱养了一个女婴。

艺术是歌声，是封建思想的破灭，是女性意识的觉醒。追寻自由，是寻找艺术最本质的东西。

休言女子非英物，夜夜龙泉壁上鸣。

指导教师：刘俊芳

本文获省级一等奖

点　评

作品如同带着奇幻色彩的地方风俗画卷，让乡间见闻、往事回忆与现实思考交织在一起，使读者在阅读过程中能够感受到历史的沉重。文中的情感细腻而强烈，通过对太奶的描写，传达了对逝去时光的缅怀，同时也表达了对传统价值观的反思。语言生动，体现了强烈的视觉和情感冲击力，如"天上的火烧云像血液一样落在大地上"，这样的描述不仅增强了场景的感染力，也加深了主题的表达。

（包学菊 高校教师）

灯火阑珊处

□ 北京市潞河中学　罗少琬

与往日相比，正月十五的街道似乎没有什么不同，形形色色的路人步履匆匆。我沿着街道漫无目的地走，没过多久便觉得索然无味。耳边充斥的鸣笛声使我心烦意乱，我正想转身离去，突然发现昏黄的灯光下有一道瘦小的身影，旁边是一辆破旧的三轮车，车上是大大小小的花灯。

一位老人头发稀疏，他的双手布满了风霜摧残的皲裂、劳作留下的厚茧，瘦硬的骨节像是从雪里和泥里露出的竹根。只见他拿着砂纸，细细打磨着木质的轮子，不时拿起，在昏黄的路灯下查看边缘是否还有毛刺，随后又小心翼翼地继续一点儿一点儿地将它磨得光滑。老人神情专注而平静，时间在他一下一下的打磨里仿佛慢了下来。

一阵凉意将我从恍惚中拉回，天空不知何时飘起了雪花。老人手忙脚乱地将黑布重新盖起来，不停地说："可不能淋着啊！"看见我站在一旁，老人急忙拉着我说："姑娘啊，我这老骨头一时半会儿拉不回去，我家就在前面，你看……"老人用近乎哀求的眼神望着我，我的心抽疼了一下，回握着他的手，忙说："您别担心。"

"爷爷，现在像您这样自己做花灯的可少见了啊。"走在路上，我有一搭没一搭地聊道。"是啊，现在的年轻人对这都不感兴趣了。姑娘，你是不知道我小的时候，逢年过节大伙儿都举着花灯走街串巷，顺着田埂池塘，最后聚集在祠堂里，这叫'过灯'。谁家结婚了，考大学了，都要准备酒席来迎接贺喜的乡亲，一连几天村子都喜气洋洋的。现在这场景可少见了……"老人说着说着，声音低了下去，掺着淡淡的忧伤。

我们说着说着便走到一院内，木门敞开，实木桌子上还放着尚未做好的图样。窗外大雪纷飞，窗内墨香四溢，只见老人走到桌旁，用毛笔在红纸上点染，勾勒雏形，寥寥数笔，桂影斑驳、明月初升之景便跃然纸上。他用剪刀剪下，然后将薄若蝉翼的宣纸贴在框架上。屋内只有纸张摩擦的细碎声响。老人又端来一小碗糨糊抹在宣纸上,细细地涂抹均匀,让宣纸紧密地包裹住框架。接着,他将纸灯举在灯光下,借着微弱的灯光轻轻摩挲纸面。

那双粗糙却灵巧的手轻抚着做好的花灯,烛火在跃动,一种情愫缠绕着那方橙红的烛火,伴随着纸的独特香气拂过我的心房。我想,那是老艺人独有的一腔热忱,是他对家乡花灯技艺的匠心,更是他对古老艺术的追求。

一股暖流涤荡着我的心田,但倏然间,想到今天那冷清的摊位,我又不禁泛起一阵酸楚。“爷爷,您做了有多久啊?”老人一边裁纸一边回答:“我从我爸爸那里学来的,已经做了三十五年。只是现在要的人越来越少了,有人要最好,没人要……没人要我也要把这门手艺传下去!”老人使劲儿眯着眼睛,在昏暗的灯光下刻着各式各样的图案,一刀一刀好似他脸上一道一道的皱纹。

我自告奋勇地说:“我帮您吧,我看得清。”老人混浊的眼睛里闪着一点儿光,难以置信地问道:“姑娘,你真的愿意帮我?”我不好意思地说:“我笨手笨脚,可能做不好,您别嫌弃我就好。”老人顿时精神了起来,兴致勃勃地指导:“这个纸薄,你不能太用力了,一用力它就破了,这里要这样粘,你看我……”

选材、箍架、糊裱、上色,每个花灯都要经过十几道工序,费时又费力,但是元宵节不能没有花灯。“玉壶光转,一夜鱼龙舞。”这是古人眼中的元宵节。然而,现在这些承载着人们欢笑的花灯却越来越少,逐渐被机器流水线生产出来的商品灯笼所取代。虽然机器生产出来的灯笼做工精细,但千篇一律的皮囊背后却缺少手艺人对传统的坚守。诚然,老人做的花灯不能算是精美的艺术品,但是这背后凝聚的却是千百个不知疲惫的日夜。

雪停了,点上灯,行走在月色轻柔的小巷,聆听双脚踩在积雪上咯吱咯吱的声响,我问:“爷爷,您这老手艺传下来一定不容易,可是卖花灯也赚不了多少钱吧?”老人笑着说:“这古老艺术的传承,靠的是咱们老手艺人的坚守。逢年过节也总有人来看灯,没人看,我就当给自己做着玩儿了。”

我端详着手中的花灯,静静地看着它发光发热,留下了古老艺术的余温。我相信,花灯里的那盏烛火永远不会灭,会点亮更多传承古老艺术的心灯,照亮每一个手艺人前行的路!

指导教师:姜薇薇

本文获省级一等奖

点 评

作者本着对传统文化的热爱，将一个与花灯老人偶遇的故事融入了诗化、温情的语言中。故事的内核则是作者对人生疾苦的感应，对传统遗落的伤感，对匠人精神的尊重……整体来看，作文文思流畅，情节有致，环境、人物等要素也营造了相当突出的“国风”氛围。如果按照故事叙述的框架来看，一两处片段的合理性上还可以再加工。

（高校教师 包学菊）

最美农民画

□ 浙江省慈溪实验高级中学　宣雨希

第一次看到那跳脱的色彩、灵活的线条、奇特的风格，我便被吸引住了。她是那么自在洒脱，周身萦绕着神秘的美。

她是中国民间艺术的瑰宝，展现了中华民族的传统美德和质朴和谐的内在力量；她充满了乡土气息，具有鲜明的民族特色和文化底蕴。从她身上，我们可以看到千千万万个真实而又感人的故事，这些故事是无数个家庭的真实写照。

民间工匠塑造了她。最初的她不过素纸一张，可以是轻薄的宣纸，也可以是具有坑洼纹理的水粉纸，或是粗糙的牛皮纸。为她粉饰上妆的工具可以是勾线笔、毛笔或大排笔，蘸上墨汁或水彩后，便可以大展身手了。妆面可以是那俏皮可爱的十二生肖，也可以是变化万千的四季之景。无论使用哪种工具，都能把她的美展现得淋漓尽致，使其散发出独特的韵味与魅力。

我的老师也曾塑造过她。在老师的手下，她是青涩稚嫩的：水粉纸上有铅笔淡淡的痕迹，调色盘上是一大片一大片的试色，妆面则是新鲜亮丽的纹样。她还是个小姑娘，明丽大方，对乡土生活的热爱不加掩饰，对农忙的激情充满热忱。偶尔失手上错了颜色，老师便多添几笔，勾勒出新的图样。

随着时间的沉淀，她也褪去了少女的无忧。浑厚的乡土孕育了她，繁重的农活儿牵扯着她。她的皮肤变得粗糙，有了几道浅浅的皱纹。老师的手法越发娴熟，不必再事先勾勒她的妆面。她去乡间探望她的兄弟姐妹，脚上穿着的是喜庆的手工布鞋，身上穿着花布衣裳。她见到了为丰收而喜悦的大婶，也看到了为果实歉收而担忧的农人。

树荫下，摇着拨浪鼓的娃娃依然坐在那里，正望着慵懒的猫咪；烈日下则是为生活奔波劳累的父母。她的面容粗糙中带着细腻，纯真里透着朴实，少了精勾细描，多了人间烟火。一颗果实是大半年的付出，一片叶子是半日汗水的挥洒……我被她深深感动。我想走近她,走近她,读一读她眼中的故事,拭一拭她额角的汗水……

《上林湖畔杨梅红》这幅作品采用了大胆的配色和夸张的手法。杨梅熟了,漫山遍野,大片大片的红紫色,大批大批的背篓。山上仿佛可以听到采摘者欢乐的笑声、热切的讨论声,山下仿佛可以听到小贩的吆喝声、喊价声。摘杨梅的繁忙快乐跃然纸上,这是家乡的写照。作画时,老师整日整日地把自己关在房间里,尝试,修改;又整日整日地待在实地观察记录,下乡动手实践,与农人聊天交流。最终,老师把农人们的笑脸绽放在了画卷上。山水的灵秀之气和农人的热情淳朴扑面而来,老师的每一笔、每一画都蕴含着呕心沥血的付出。

我也尝试塑造心目中的她。一想到农家生活的自在快活,我就用明艳的色彩给她上了彩妆;又想到农家人的苦和不易,我就用勾线笔细细描摹另一景象。一种颜色,需调配十多分钟;一片风景,需要思考几十分钟,方才落笔。着妆未过一半,我的手已酸痛僵硬,不禁佩服起老师高超的画技和强大的毅力。

我问老师:"为什么要画农民画这种极其考验创造力、费力费脑费时的画呢?"画了好几年,也许别人都不会多看一眼。她不如工笔画的细腻,不比素描来得真实,不似印象派浪漫,也不及抽象艺术大胆。

"也许是因为她独特的气质吧。她的身上散发着乡土的气息,她的泪水蕴含着独属中国的故事。为她付出时间精力,值得!"是啊,她承载着许多的内涵啊!她不仅凝结着像老师一样的艺术家们的梦想与心血,更是中国文化的载体和中国精神的表现。她向世界诉说着农家人的一生,分享着他们的喜悦,分担着他们的忧愁;她向世界宣传着农家人勤奋、无私奉献的优秀品质。

老师从不将艺术视为儿戏,每一幅画都凝聚着他的思考与人生体验。家中满墙皆是作品,茶几上、台面上也是各式各样的新画纹样。老师亲身感受农家气息,亲身体验农家生活,乐于向周围的朋友亲戚分享乡土文化,讲述中国故事,对农民画的热情丝毫未减。经过日复一日、年复一年的磨砺,老师的作品总是令人眼前一亮。

对待艺术,我们不仅要有善于发现美的眼睛,还要具备吃苦耐劳的精神和耐心。我们应当尊重艺术,赋予它灵魂。因为真正重要的东西,单用眼睛,是看不到的。

指导教师:王丹

本文获省级一等奖

点　评

文章的突出特点是将农民画拟人化为“她”，这非常巧妙且富有创意。通过这种人格化的手法，作者赋予了农民画生命力和情感，使得农民画原本静态的艺术形式变得生动而富有表现力。作者对农民画的热爱和对创作者精神的钦佩之情溢于言表，这种真挚的情感贯穿全文，让文章带有了一定抒情诗的色彩。文中语言生动形象，如“跳脱的色彩”“轻薄的宣纸”，将农民画的特点描绘得淋漓尽致。从初见农民画的震撼，到深入了解其创作过程，再到对农民画内涵的思考，文章也展现了条理清晰的结构，层层深入，直击内里。

（包学菊　高校教师）

跨过莫奈的海

□ 黑龙江省哈尔滨市第二十四中学　宋梓伊

罗曼·罗兰曾言:“艺术是发扬生命的,死神所在的地方就没有艺术。”

许多人都去过美术馆,但更多的人只是拿起相机机械地记录。艺术与现实中间隔着的是莫奈的海,海的对岸是凡·高笔下的星空,达·芬奇正与他的老师争吵,徐悲鸿的马越过艾瓦佐夫斯基的九级浪,贝多芬紧闭双眼在指尖流出月光奏鸣曲。事实上,艺术的真正力量,是融会于伟大情感之中的平凡。

艺术给予生命永恒的价值。冯骥才曾说过:“植物死了,将生命留在种子里;作家死了,将生命留在作品里。”中国著名作家史铁生,即使命运对他不公,他依旧歌颂人生。“你能够与我一同笑看,所以生死与你我从不相干。”上帝在他意气风发时剥夺了他奔跑的权利,又无情带走了深爱他的母亲。病痛伴随着他的一生,他却将痛苦化作浓墨晕染在文字之间。谈及生命,他曾言:“生命的意义本不在向外的寻取,而在向内的建立。”面对质疑,他落笔:“视他人之疑目如盏盏鬼火,大胆去走你的夜路。”看待过往,他写道:“我曾走过山,走过水,其实只是借助它们走过我的生命。”他将有限的生命投入无尽的写作事业中,他的生命没有终结。当读者翻开那本《我与地坛》,阅读他的文字,真正体会到灵魂深处的战栗时,他便在字里行间又活了一遍。艺术赋予了艺术家真正意义上的永生——只要有人记得,你就从未离开。

艺术唤醒灵魂深处滚烫的力量。九一八事变后,田汉与聂耳联合创作出《义勇军进行曲》,激励了许多爱国人民。美国画家乔治·弗雷德里克·沃茨的画作《希望》表达的是黑暗过后即将迎来黎明,带给人们新生。鲁迅先生弃医从文,写出带有批判性的《狂人日记》,每个字都狠狠地扎在每一位中国人的心上。当遇到挫折,你不会只顾着垂头丧气,而会被陈与义的“海压竹枝低复举,风吹山角晦还明”所激励;当阴雨不散,你不会只是抱怨,而是会想起李商隐“秋阴不散霜飞晚,留得枯荷听雨声”的心境；当你去看黄河，李白在你眼前大笑吟出“天生我材必有用，千金散尽还复来”；当你离开故乡，高适会拍着你的肩说“莫愁前路无知己，天下谁人不识君”。艺术的意义，在于穿过凛冬，恍见春意满楼。喝一杯前人赠予的酒，拭泪前行。焰火散尽，让我们再次启程，东方既明，愿心中野火不灭。

艺术帮助我们寻找心灵同频的碰撞。有一篇新闻报道：考古学家在兵马俑的唇上发现一圈指纹，顿时泪流满面。这是一场跨越时间洪流的相遇——两千多年前，也曾有一个人站在这里，留下了他的痕迹。循着历史的足迹，我们仿佛亲眼看见这跨越千年历史的场景重现眼前。什么时候我们会感知到艺术？或许有一天，在某种视觉冲击或感官体验的瞬间，你会突然与数百年前、数千年前的某一个灵魂相遇。你曾无数次凝视凡·高的《星月夜》，却不及那一次眼含热泪的仰望。无论何时，你若真正读懂了艺术，便会如古人所言：“后之览者，亦将有感于斯文。”

自由不在山野，艺术归于日常。它让人激情澎湃，让人泪流不止。艺术品的背后，是艺术家们多年的沉淀以及无尽的热爱。凡·高一生不得志却依旧坚持创作，死后作品流芳百世，他是艺术家；伊莎多拉·邓肯无数次跌倒后再度翩翩起舞，创造出现代舞，她是艺术家；余华看尽世间悲剧，望见光明下的黑暗后，写下了“生的终止不过一场死亡，死的意义不过在于重生或永眠。死亡不是失去生命，而是走出时间”，他是艺术家。其实艺术离我们并不遥远，人人都可以是艺术家。怎样定义艺术家？经历苦难，能从苦难中落落大方地走出来，并依旧对生命与生活保持热爱的，是艺术家。艺术是什么？艺术是凝视远方的思想者，也是旋转的星云。罗曼·罗兰说过：“艺术伟大的意义，基本在于它能显示人真正的感情，内心生活的奥秘和热情的世界。”尽情地去热爱吧，投入艺术吧，别怕无人懂你，也许几千年后有人会捧起你的作品泪流不止。我们总以为艺术应该被摆放在精致的陈列馆里，隔着坚固的玻璃在岁月的长河中布满灰尘，直至被人遗忘，但也许就在一个瞬间，匆匆一眼，发现今月也曾照古人。

跨过莫奈的海，你会热泪盈眶，艺术家们用挚爱纵情燃烧的光远比烛火滚烫。

指导教师：封长青

本文获省级一等奖

点　评

作者旁征博引，用简洁、明快、准确的语言，为读者打开了艺术的大门，呈现出绚烂多彩的艺术世界,让读者不由得沉浸在莫奈的海、凡·高的星空等绘画世界里,激起读者阅读《我与地坛》《狂人日记》等文学作品的欲望,让读者被《义勇军进行曲》等音乐作品所激励。文章条理清晰,逻辑性较强,通过四个方面阐述了艺术与人类生活相辅相成的关系。在众多精彩的例子中,兵马俑唇上的指纹最令人震撼。文章不长,却给人感觉容量很大,感情饱满激昂。

(段玉芝 作家)

天 青

□ 广东省深圳中学　赖敏儿

雨过天青云破处，这般颜色做将来。

“天青”之名，源于雨过天晴之时的独特韵味，亦是我，一个陶艺世界中微小生命的名字。赋予我此名的，是那位深谙泥土与火焰奥秘的陶艺师爷爷。

记忆中的那一天，我与其他陶土一同，经历了筛选、研磨、拉坯、利坯、晒坯的蜕变之旅，逐步拥有了瓷器的雏形。然而，面对即将来临的高温烧窑，我心中不由自主地生出了恐惧。于是，在一个湿润的雨夜，我悄悄逃离了陶艺坊，踏上了未知的旅程。

月光如水，我沿着山路前行，直至景德镇映入眼帘。这里，是爷爷陶艺生涯的起点，也是他倾注了几十年心血的地方。我漫步在青石板路上，月光如玉浆般倾泻，我仿佛能听到它流淌在石板上那清脆悦耳的声音。

在月光的引领下，我来到一座小屋前，认出那是一家手工作坊。门前的空地上，晾晒着许多宽大的布匹。令我惊讶的是，这些布匹上的图案正是爷爷精湛的青花技艺的体现！在月光的照耀下，这些青花布匹仿佛在深夜中翩翩起舞。

透过陈列馆的玻璃窗，我看到了那些浸在月光中的青花瓷，它们身上流转着神秘而变幻莫测的光芒。那是一种怎样的蓝色啊！它可以是西子湖畔的明净，可以是天缥与曲尘的缠绵，也可以是秘色瓷中的安宁与脆弱。那些留白之处，更是勾勒出了青花纹饰的婀娜多姿。在惊艳与羡慕的同时，我也在玻璃的反射中看见了自己的影子——没有一丝花纹的我，显得如此苍白而平庸。那一刻，我心中涌起了一丝后悔：如果我没有逃离陶艺坊，我现在是否也会如此美丽呢？

次日，集市逐渐热闹起来。为了躲避行人和车马的碰撞，我只能蜷缩在小巷的墙角。然而，一只脚突然踢到了我，紧接着，一双粗糙而温暖的大手将我捧起。我抬眼一看，是位头发花白的老奶奶，她的脸上挂着慈祥的微笑。“多可爱的一只小碗啊，你怎么偷偷从饭桌上跑出来流浪呢？”她小心翼翼地捧着我回到了她的摊位。

我注意到，奶奶也是摆摊儿卖小瓷杯小瓷碗的。但奇怪的是，这些瓷器都是半成品，没有画坯，自然也没有行人驻足停留。良久，我忍不住问道：“奶奶，您为什么要卖一些半成品呢？”

奶奶没有直接回答我的问题，而是反问我：“你觉得青花瓷最美的地方在哪里？”我想了想，回答道：“是经过烧制后，那份独一无二的青色。”奶奶点了点头：“我常常听别人说，青花瓷的青色很美，可我却从来没有亲眼看见过。我是一个盲人，从小就跟着师父学习制瓷，却总是止步于画坯。我未曾见过雨后那一抹天青，又如何能用笔在素坯上留住它。我只能用自己的双手去抚摸，去感知；用自己的耳朵去聆听。在我的世界里，天青色不是一种颜色，而是一种感觉，是细雨绵绵滴落在掌心时的酥酥痒痒的柔软，是大雨滂沱在池塘里奏响的交响曲，是一片瓦千片瓦深深浅浅的吟唱……当世界重归安静的那一刻，我想那便是天青。我想象中的青花瓷，就是这样一种洗净铅华、遗世独立的形象。只可惜，我从来没有机会将它真正地描绘出来，让世人一同欣赏。”

从奶奶的瞳孔中，我仿佛看到了她所制作的瓷器。此刻，在她眼中，所有的瓷器仿佛都拥有了青花纹饰。莫非是奶奶对这些瓷器最原始而质朴的爱，使它们焕发出了光彩？艺术起源于原始的感受，奶奶身有残缺，却从未放弃自己的梦想。而我，如此幸运能拥有蜕变的机会，却贪图苟安，丧失了超越自我的勇气。那一瞬间，我产生了回去的想法，可是，我已经不记得来时的路了。

于是，我选择陪伴在奶奶身边，做她的眼睛，让光影和色彩进入她的世界。我们一起欣赏晴空的变幻，从鱼肚白到金黄；我们一起探寻雨雾里的秘密，从烟柳画桥到风帘翠幕。我还给奶奶描绘行人过客的喜怒哀乐，给她讲述我之前的故事。而奶奶始终笑吟吟地、安安静静地听我讲述。每日，她白天认真摆摊，夜晚则在作坊里继续做她的那些半成品，尽管没有一个人会为她驻足。

直到有一天，正当我给奶奶绘声绘色地讲述的时候，一个熟悉的身影蹲在了我的面前：“您好，请问，这一只青花瓷碗怎么卖？”我抬眼一看，竟然是阔别已久的陶艺师爷爷！奶奶看不见来人，却依旧欣喜于终于有客人光临。我向陶艺师爷爷讲述了奶奶的故事。

听完之后，他眼眶微红，开口说道：“您愿意来我的作坊工作吗？我可以帮助您制作出属于自己的成品。”奶奶原本无神的双眼好似出窑的新瓷，突然有了光泽。“我愿意。”奶奶坚定地说道。

当我再次进入窑炉的时候，周围滚烫的温度和熊熊燃烧的火光似要把我吞噬,但我不惧,因为知道这是生命的必经之路。我的脑海中仍然回响着陶艺师爷爷的教诲:“青花瓷这项艺术起源于原始的感受,在高温煅烧中达到高峰。没有哪一个光鲜亮丽的时刻,不是背后数十年如一日的积淀。物如此,人亦然。青花瓷最令人敬佩的一点,就是它们即便经历了磨难,依然能保持一种素雅、恬然自得的超然和朴实。这种艺术的美不是张扬个性的,而是从岁月深处缓缓流淌出来的一种柔和而坚定。每一个生命个体,都需要在风尘仆仆中拥有这份耐性,方能守得云开见月明。”

从火光中走出,曙光擦亮了我身上的崭新釉彩。是啊,每个泥坯、每个半成品都有可能成为瓷器,每个人都有可能涅槃成为圆满的生命,就像我,像奶奶。这就是生命的艺术:化无常为神奇,予平庸以绽放。这份艺术带给我们创造力、美感和爱,也带给奶奶光明。

现在,奶奶在陶艺师爷爷的作坊里工作。在他的帮助下,她完成了自己的第一件青花瓷。我永远会记得她触摸到青花瓷表面那光滑细腻的质感时,指尖微颤,浮光微漾起万般惊喜与感动的情景。每当下雨天,我依然会依偎在她的身边,耐心地给她描绘那些青色的层次与变化。我相信,在奶奶的心里,在她用感官搭筑的艺术世界里,一定激荡着一场更壮观的云销雨霁、彩彻区明。

指导教师:孟令欢

本文获省级一等奖

点　评

这篇文章以“天青”之名贯穿全文,通过细腻的情感描绘和丰富的想象力,将一个普通的陶土坯子赋予了生命和情感的色彩。作品巧妙地运用了象征和隐喻的手法,将青花瓷的烧制过程与人生的成长、蜕变联系起来,展现了作者对于生命、艺术和梦想的深刻理解。文章语言优美,文笔流畅,情感真挚,能够引发读者的共鸣和思考。同时,作者也巧妙地融入了传统文化元素,如景德镇的陶瓷文化,使得作品更具地域特色和文化底蕴。总的来说,这是一篇充满创意和深度的作品,展现了作者在文学创作方面的才华和潜力。希望作者能够继续保持对文学的热爱和追求,不断磨炼自己的技艺,创作出更优秀的作品。同时,也期待作者能够在未来的文学创作道路上,不断探索新的题材和风格,为文学世界带来更多的惊喜和感动。

(桑哲　高校教授)

品味素描，品味时光

□ 湖南省长沙县实验中学　伍悦

或许，在那午后沉闷的空气中，寻一树荫，小憩片刻，不失为一份闲适之选。然而，若安置一方板凳，铺开画纸，置一尊人物雕塑于其上，在斑驳陆离的阳光细碎中，细细勾勒光影交错，你将会领略到一种截然不同的时光韵味。

初涉素描艺术，我仅视其为轻重铅色在纸面的堆叠，认为绘画过程既费神又费力，两小时的沉浸仿佛无尽的煎熬。我常向老师倾诉苦楚，而老师总是淡然一笑，轻抿枸杞茶，转身面向那炽热的阳光。

“时光正美，何不将素描视为一种消遣？”

老师的言语如清风拂面，我凝视着地板上细碎的阳光，望着老师茶杯中袅袅升起的热气，嗅着室内淡淡的枸杞香，心神逐渐飘远。目光回落至那未完成的泰戈尔肖像，和蔼的老人笑容可掬，仿佛引领我进入他笔下真善美的世界。我重新执笔，决心让时光放缓脚步，细细品味这位传奇诗人的独特魅力。每一处细节的临摹，都是我与他心灵深处的对话。当最后一抹阴影完成，我缓缓从画中世界抽离，细细观赏自己的杰作。与画中人物共舞，赋予其立体而生动的形象，让其在时代的长河中留下印记，或许正是素描的深远意义。

此后，我重返画室，执起炭笔，从眼睑到鼻影，再到颈肩，黑白灰巧妙过渡，光与影交织缠绵。随着时光悄然流逝，纸上的人物形象越发立体鲜明。笔触的力度、线条的疏密，无不深刻影响着画中人物的神韵。我以重笔刻画高尔基深沉坚定的眼神与若隐若现的眼尾纹，感悟到这位历经沧桑的文学巨匠的坚定信仰；雅典文化中美的象征——女神，我以柔和笔触描绘她的温婉柔情，眼眶的阴影更凸显出她眼中的纯净无瑕，模糊的轮廓如同她的存在缥缈神秘……随着画作的逐渐深入，我能感受到笔下人物正冲破画纸的束缚，跨越时光的鸿沟，向我传递着他们那个时代的文化精髓与对真善美的追求。

“执起画笔,你便是造物之主。”老师的话语犹在耳畔回响。画室中弥漫着炭笔的独特气息,我与同伴们沉下心来,静静描摹。昔日的苦闷与劳累荡然无存,因为我深知,笔下塑造的不仅是人物的外貌形态,更是他们内在的性格与精神风貌。黑白灰的主色调,让素描人物石膏画宛如一张古老的照片,除了静谧之美外,更蕴含着一种无声的呐喊、一种无言的情感、一个时代的精华。

高光与重影,是我尤为钟爱的部分,更是素描的灵魂所在。若失去它们,画面将变得死寂呆板,如同人生失去亮点。人需要展现美好品质,方能在社会中凸显价值。素描中的高光凸显了雅典女神的绝美动人、青年才俊眼中的坚忍不拔、西欧妇女的淳朴善良,以及普通百姓的热切期望,它们藏匿于人物的眼眸深处和衣物的褶皱之间。重影则是凸显深沉与苦难的手法,使人物形象更加饱满立体,让人们在欣赏美的同时,也能对时光产生更深的思考。

如今,我对素描有了更深刻的理解与热爱,它让我与所绘之人、所画之物进行心灵上的沟通。在这个色彩斑斓的时代,许多人偏爱漫画或水彩的绚丽多姿,因为鲜艳的色彩能治愈内心的压抑,我却独爱深沉的“极简主义”素描,因为它所蕴含的古典气息与刻画的人物深度是其他画种无法比拟的。从希腊雅典的神祇到西方的王室贵族,再到如今的平民百姓;从单个石膏像到人物肖像,再到人物与环境的完美融合,这无一不体现着时代的千变万化。而素描作为刻画人物形象、展现艺术魅力的手段始终未变。当名人的形象在我的画笔下栩栩如生时,一种强烈的满足感与自豪感便涌上心头。

品味素描,爱上素描。于我而言,素描是沉寂中的思考、耐心的磨砺、细腻的捕捉、深刻的感悟。它是耐心的结晶,更是时光的馈赠。一人一板凳,一笔一画板,我渐渐深入所绘之物的世界,重温时代的长河,这让我不得不感叹古典艺术的精妙绝伦,敬佩艺术先辈们的崇高精神与追求。虽然如今我少有时间重新提起画笔描绘心爱之物,但那段长达六年的绘画时光已深深烙印在我的心中。

素描是美与真的完美结合,让我领略到典雅背后的历史内涵。品味素描,便是品味曾经的时光。艺术照亮了人生之路,让我的心灵对世界有了更深的感悟,这就是我从素描中领悟到的艺术境界。

指导教师:易晓玲

本文获省级一等奖

点 评

作者以细腻的笔触描绘了对素描艺术的热爱,从一次偶然的午后素描体验入手,逐步深入对素描艺术的深刻理解,层次分明,情感真挚。素描不仅是技术的磨炼,更是心灵的洗礼。文中对素描技巧的描绘,如高光、重影的运用,以及对人物神韵的刻画,都体现了作者对素描艺术的独到见解和深厚功底。整篇文章结构紧凑,主题突出,是一篇充满艺术气息和人生哲理的佳作。

(桑哲 高校教授)

黑巧克力光影

□ 四川省宁南中学　卢沛涵

撕开,精心设计的海报糖纸,
暴露出平和、不起眼的本体。
咬下后,浓厚的香气携苦涩在口腔蔓延,
这苦味令我皱起了眉。
可细细品味,
却品到令人倍感幸福的回味。

诞生于黑白无声的你,
是黑巧克力吗?
不,你是电影。

不管怎样肉麻的溢美之词,
都不足以还原我心中的你。
你的美丽胜过传说中的维纳斯。
比枯涩伪饰的文字更动人,
你生来是最高明的指挥家,
场景设置、背景音乐……
各项调度是你的拿手好戏;
比冗长拖沓的电视剧简洁,
你做事一针见血,
漫长的悲欢离合,
被你浓缩为几个小时的泡沫幻梦。

我为此而真诚地喜爱你。
你所不知道的是，
那时因拔牙而大哭的女孩儿，
深深为你着迷。
大白的拥抱给她安慰，
冰棒的消失让她悲伤。
处于童年的她，透过你这扇窗，
看到的还是金色、香甜的童年。
尽管小有遗憾，
但她坚信，世界和你，都应该是香甜的。

但是她后来长大了一些，
她开始尝到苦头，
她开始怀疑你。
她想要批评你，
残酷的你、无情的你、永生不死的你……

你犯下的罪名罄竹难书，
她后知后觉地想，
你展示着罪恶，
把公理正义践踏，
把自由锁进牢笼，
把平等卖给压迫；
你同时也很偏执，
撕碎意义后又不断地，
不断地向那心高气盛却无能为力的青年发问：
“人生总是苦涩的，还是只有现在如此？”

她该怎样回答你，嗯？
她毕竟透过你，
看见了纯洁天真的花蕊，

在雨中因恶意而凋零。
美丽坚韧的生命,不断地抗争,
却还是在战火中,输给了无人性的刀枪剑炮。

你让她感受到了痛苦。
原来幸福不是理所当然的。
原来公理正义、自由平等这些漂亮的论题,
也可以被颠覆——
原来你和世界都是苦涩的。

当童年为世界镀上的金色光辉彻底褪去时,
她回答了你:
“总是如此。”

然后她逃离了你逼问她的灼灼视线,
她逃离对意义价值的追思,
远离近在咫尺的成人世界,
退行到童年游乐园的门口——

却发现,天黑得太早,游乐园早已打烊。
她必须成为不逃避未来的大人。
美丽和残酷,是你的一体两面吗?

她站在童年和成年的界碑前,
痛苦地思索着,发问着。
倘若没有颠扑不破的真理存在,
那么我的存在,还有什么意义?
倘若生命终将败给无尽头的死亡,
那么生命的存在,又该有什么意义?
现在的人类,没有伙伴,
在漆黑至深的宇宙长河中,

在摇摇欲坠的地球小舟上，
艰难地航行着。
倘若全然没有意义存在，
倘若生命只是徒劳，
那我们要怎么主动承受这呼吸之累，
背负着躯体之重？
万物灵长，不该这般蠢笨。

所以我愿意孤注一掷地相信，
残酷和美丽都有其意义，
而当我全然地经受了
美的洗礼和恶的中伤时，
我才有机会探知你的全貌，
我才真正拥有了生命。

所以说，我原谅你了，
我亲爱的电影。
我原谅你给予我的，
出乎意料的背叛，
正如库珀被骗去毫无希望的冰冷行星。

我原谅你给予我的，
令人痛苦的希望，
正如布兰德百年后前往爱人驻扎的星球。

尽管体味过痛苦，
但我又一次爱上了你，
黑巧克力味的你。
尽管你仍然苦涩。

指导教师：付昌惠
本文获省级一等奖

点　评

作者带着对电影艺术的复杂感情和自我认知的强烈渴望，为黑巧克力般的艺术作诗，为青春和生命求解。诗作在个体和精神世界中搭建张力结构，在虚实之间将电影拟物化、人格化，又借助某些陌生化、多义化的表达，使其显示出类似朦胧诗的色彩。在浓烈的抒情中，诗作又带有一定的叙事色彩，象征、比喻、烘托的丰富手法，也很好地传达了主体之间的审视与追问。

（高校教师 包学菊）

缪斯之手

□ 四川省邛崃市第一中学校　乐一沁

好的艺术家复制作品，伟大的艺术家窃取灵魂。

偶得清闲时，总喜欢转悠到玄关处，用手抠掉用了数十载的画板上已然干掉的颜料，也许是靛蓝的，但更多还是一团糟糕的混沌。打开颜料盒，看看颜料有没有发霉干裂，再用铲子一点点洒水，搅匀。但高考迫近，这样的时间，注定是一次奢侈的幻想。

无所谓，拿头绳扎一个低马尾，把画板搬出来，圆头笔、扇形笔、水桶、毛巾，随便找一张以前的画。感谢阴雨天的凉风，替我选了一张塞北孤天际。

图不难，盯着铺满暖色调的画面，我却生出了“十年生死两茫茫，不思量，自难忘。千里孤坟，无处话凄凉”的悲怆。就像在废土之上，用鲜血涂抹史诗，一切哭号与挣扎，终于被平静淹没。

熟褐描线。

这是我刚学水粉时记住的第一句话。熟褐较黑色更能在后期的上色中被掩盖，且颜色较深，能提醒作画者大概的形体模样。画笔在八开纸上留下一道道痕迹，越画越苦恼，明显体会到画笔的韧度已不如从前。时过境迁，此时愁云淡淡雨潇潇，勾好的线被水晕染开来，转头一看，才发现落地窗还留了一道缝，淅淅沥沥的雨水顺着缝隙滴落在纸上。熟褐的线条已经超出了我先前定下的界限，它似乎并不受纸张的限制，变得自由、随性又张狂。那滴水珠闪耀着自由的光辉。无妨，我对自己说，看着深褐色的水滴滑到纸的边缘，再落下，“咚”，与屋檐上雨滴落下的声音重叠。

深蓝加大红为黑色。

水粉里不常用纯黑色，黑色铺在画面上，极显泛泛普通。色彩是通人性的，与社会生活一样，并非能用黑与白来区分，那些升不起的太阳、落不下的夕阳，需要更多更复杂的情绪去为它们上色。或许真是时过境迁，原稿中的阴影之处竟彰显出了“我自横刀向天笑，去留肝胆两昆仑”般英雄无畏的气概！两侧陡峭险峻的雅丹地貌何尝不是在为骁勇的战士们增添气势？未曾断绝的雨也似有些扰乱了心绪。苦恼的是，无论如何改变，红色依然不显艳丽。暗沉的蓝色，铺满了大半的纸张。骑行的士兵们，扛着旗，拄着剑，拖着铠甲，茕茕踽踽地向黑暗走去，悠长低哑又让人心悸的号角声徘徊在耳旁。悲哉，悲哉！何时返还，何时归家？冷涩的风只会将余音打碎。

大色调上色。

大胆些，是艺术内在的需求。艺术从来不小心翼翼。不觉忆起，有好些时候在铺大色调时，我总会很刻意避开不同的色块。即便自认为下笔很大胆了，老师还是会在画板前观望许久，然后拿起笔盒中最大的笔刷，用力地在干净的颜料盒里蘸起春日青——不洗——再挑起淡黄，在调色板上摆弄几下，却又不让颜色完全混为一体。他让笔刷沾满颜料，直接盖在原来的色彩上——即便掩盖住了熟褐的线也无所谓，没有调匀的颜料反而更显层次感。“大胆上色。”那种散漫与豪放的笔触，让人颇觉秦汉威武，魏晋风骨，盛唐华章，凌云志，飞鸿踏雪。时隔数载，画笔回到我的手上，扇形笔的每一根毛都在纸上翩然起舞——它们思念舞台太久了，渴望向全世界展现自己的姿态，却因离开舞台太久尽显遗憾。战士们行走在杳杳寒山之中，是太过挥洒罢！平平仄仄起起伏伏，金樽满时终成自刎的豪情。创作是一种折磨却又上瘾的过程，让人不断感受着自我的存在。

高光点亮。

画至尾端，要为其点上一抹亮色结尾。不一定是白色，也许是暖黄色，或者是雪青色，点缀在画面最明亮的地方。似乎是画龙点睛，一点，龙便活起来了；实则不然，突兀的颜料会让作品看起来极不协调，形散神更散。控制它作用的主体，并非画外者，而是画内人。就像少年深渊屠龙，故事有两种结局：少年染指鲜血，欲望与贪婪遍身，终成恶龙；抑或是恶龙被无数前来的少年感化，以人形潜入屠龙队伍，成为其中一员。少年与恶龙的结局，唯有他们自己才能演绎。高光点刃，刀锋落霜，月光下深蓝的钢柄贵气十足。刀锋一转，犹如毒蛇淬液，残忍冷血；刀尖一落，热血洒地。他们拒不做阶下囚，用上级赐予的利剑，决绝自断。当作画的第一笔落下的时候，画面本身就成了一个自由的个体，不受纸笔约束。画内人一步步引导，把“它”希望呈现的主题通过作画人之手呈现出来，有血有肉。它考量的是世上未曾出现过的角度，展现的是画外人永远感受不到的情愁。

没有艺术家会不爱自己的缪斯。

没有缪斯会不去影响艺术家。

指导教师：陈容

本文获省级一等奖

点 评

文风如画风，“笔落惊风雨”，恣肆飞扬，却又行止有度。《缪斯之手》，记录了一位即将参加高考的画者在风雨的洗礼中，用妙手，更是用慧心，进行的一次奢侈的绘画的过程。在记录的过程中，作者用文字展现了一个个绘画的场面，表现出诗与画的精妙融合，融会了自己对绘画的感悟、对艺术的思考、对哲理的探寻。

（尤立增 特级教师）

莫嗔茶道路漫漫，涅槃方得流霞香

□ 河北省张家口市第一中学　黄睿杰

《卧云》中有言："满室天香仙子家，一琴一剑一杯茶。"这是爷爷书房里挂着的一幅字。书房不大，却恰好容得下一缕茶香。

"茶道忌浮躁，要求心无旁骛。'凤凰三点头'要善于控制手腕的力道，最后才会看到每盏茶汤颜色完全一致。"我静坐竹林石桌旁，聆听爷爷的教诲。我百思不得其解：为什么跟爷爷的动作完全一样，我泡出的茶汤颜色却总是深浅不一？也许自己不是学习茶道的那块料吧。要放弃吗？

馥郁岁月，浓郁茗香，回想初次迈进这竹林，我便被爷爷泡茶时的优雅姿态和独特气质所吸引。于是，我下定决心学习茶道，不承想"知之非难，行之不易"。

田野小镇浸泡在浓暮烟雨里，雨滴惬意地掠去几分燥意，落日将影子拉得修长，听天边翻涌的云诉说着几段过往。茶则、茶匙、茶盅、茶杯静静地摆放在石几上，龙井散发着淡雅而清新的气息。

我决定再试一次。屏息凝神，翻开《茶经》，我仿佛看到了千百年前陆羽在茶园俯身采集清晨新鲜的茶芽，听见了开水冲击娇嫩茶叶的泠泠声，嗅到了满园茶香。闭目沉思，清香的茶叶在脑海中浮现，那一套泡茶的动作，仿佛被赋予了生命，是那样生机勃勃而又怡然自得。睁眼，再看看眼前的瓷制茶具，我仿佛看到了片片茶叶在水中起舞的曼妙身姿。我轻轻呼出一口气，拾起茶匙，将嫩绿的茶叶轻轻地放置于杯内；然后高提水壶，让水直泻而下，接着利用手腕的力量，上下提拉注水。如此反复三次，让茶叶在水中不停翻动。阵阵清风拂面，一套完美的"凤凰三点头"完成了！我轻抿一口，享受清香的茶水缓缓地流入口中，不由得会心一笑。"若问闲情都几许？一川烟草，满城风絮，梅子黄时雨！"

当枯藤长出枝丫，蓦然回首，原来时光已变得青苍。凉风透过纱窗，撩起帘布，绕着藤椅打转。夜空忽暗忽明，似是蒙上了一层面纱。窗外竹影摇曳，与风同舞……

长大后，我到城市上学，爷爷却悄悄地离开了我。时隔多年，我再回到记忆中的地方，看见那幅字已经落了灰。我在柜子里找到了一个木制的盒子，散发着淡淡的檀木清香，打开，是那套熟悉的茶具。此愁又怎消得，才下眉头，又上心头……

来到那片竹林，因藏放日久，陈茶气劲皆散，寡淡无味；再次烘烤，复焙茶重获骨力，香味灿烂馥郁。多么希望，爷爷也能像凤凰那般涅槃，再回到我的身边……我不禁又拿起那套茶具，凭着肌肉记忆，手腕翻转间，“凤凰三点头”完成了。我嗅着茶香，轻轻吹拂，细细品尝，茶香便久久地徜徉在口中，留下满满的甘甜。日月既往，不可复追。淡淡的茶香抚平了心中伤疤，或许，爷爷并没有离开我……

把盏一杯香茗，任丝丝幽香冲淡浮沉，沉淀思绪，体会人生。月光如水，风吹过，暗香浮动，沙沙作响。一只凤尾蝶落在茶盅上，又翩然飞走，我的忧愁也随蝴蝶的远去而飘散。此刻，我似乎明白了爷爷教我茶道的用意。

昭质未损，自是检视之功；探骊得珠，尽显不屈之勇；酌盈剂虚，终成煌煌大业。有道是，莫嗔茶道路漫漫，涅槃方得流霞香。我辈当践行茶道的智慧，修之持之，烘之焙之，淬炼出悠远的茶香，担当起时代的重任。

指导教师：张小艳

本文获省级一等奖

点　评

本文不仅拟了一个富有诗意的标题，而且将茶道与亲情融为一体，写出了爷爷的教诲以及“我”从茶道中感悟到的人生担当。开篇由字入茶，茶道令“我”不解。要放弃吗？作者没有这样做，而是决定再试一次，翻《茶经》，提壶注水，细品香茗，别有一番韵味。在写法上，本文最显著的特点就是语言隽永，使表达富有诗意。诗化的语句，增强了表达的感染力，也尽显作者的文字功底。结尾又以“昭质未损”“探骊得珠”“酌盈剂虚”构成排比句，做到了句式工整，蕴含茶道的深意。

（夏冬 资深编辑）

诉说千年的静默者

□ 江苏省常州市北郊高级中学　姜苏哲

冰心曾在文中这样写道："凝寂的面庞，消沉的目光，都衬出他庄严的姿态……石像呵！任他无知的孩子说你伤心，说你孤傲，我只深深地低头崇拜。"

万年的重压与寂静沉淀了你致密的、冰冷的身躯，千年的变迁留下了沧桑的痕迹。石像啊，你从工匠温热的手中脱胎而出，时光流转，春秋寒暑，就这样静默地伫立，以冰冷的身躯承载万千深厚的意蕴，寄托世人无限的遐思。你是恢宏的艺术品，是自然万年的造物，是亘古历史的见证，是浩渺情怀的承载。

石像，看似是隐入尘埃的寻常雕像，实则是工匠无限巧思的凝聚；石像，看似在默然无声地静立，实则是艺术与文化千年蜕变的见证与传承。对于画师，丹青是艺术；对于乐师，拨弦是艺术；对于老人，青春是艺术；对于平凡，生命是艺术……而对于雕石的工匠，这一凿一斧、一琢一磨，皆是艺术。

自工匠将第一笔刻下之时，那石便拥有了生命，生出了魂灵。

春秋更迭，中华儿女借助数不尽的石像，以磅礴之躯，念盘古开宇拓荒，扬清浊而分明朗，化被草木及万方；以灵秀之身，怀女娲抟土育人驱荒凉，引笑语欢歌尘世烟火，盈原野草木苍茫；以仙风之形，感神农识灵草秕糠，行山川以赭鞭察色嗅香，立医道万世传扬。帝尧之时，族人刻铸鸟形；帝舜之时，刻云川，刻鬼神，或记录自然风景之奇秀，或避魍魉，纳新喜。秦朝咸阳横桥扩建时，雕刻古代力士孟贲之石像立于桥头，观河水澹澹；修建骊山陵园时，雕成一对一丈三高的石麒麟，求祥瑞之气萦绕，镇守一方水土。这对石麒麟，更是首开后世雕刻石狮、石龟、石兽等迎福纳祥、镇宅驱邪习俗的先河。

待到秦时明月照他乡，荏苒更迭至盛唐，佛教的传入使得石像被赋予了更凝重的信仰意义。圆融的线条、庄重的神情、和煦的笑意，它们或卧或坐，阳光普照下，再无石料的粗糙。于是，身着华服之人或布衣白丁之士，合掌于前，跪坐蒲团，默念自己最深切的所想。

朝代的盛衰与战火，并未使艺术的脚步停滞。黄沙戈壁之中，莫高窟融合历代之精华，集各种艺术技法之大成，使后人得以品味唐之浓墨重彩、宋之璀璨斐然。

时光的脚步迈至现代，石像被艺术家赋予了更恢宏的意义。风在肆虐，未见血的石像诉说着惨痛而残暴的历史。纪念碑下、烈士陵前，稳重庄严的石像承载着英灵的血肉，驻守在这片广袤大地上，永远铭刻这段奋勇斗争的历程。

煌煌千载，古今盛筵长。石像，自远古时期悄然诞生，至今仍静默地伫立在陵寝前、寺门外、广场上，乃至街边拐角。

行走在江南小园中，疏竹掩映之间，寻见苏东坡的石像。先生似乎如千年前的某个月夜，敛袖抬首，抚须品味着月色流转。那月光，便如碎银流淌，抚过先生的衣襟。于是，我轻轻地抬手，温热的指尖与青灰色的致密岩石接触，触感冰凉细腻，线条或轻盈，或遒劲，引发了我无限的遐思。一刹那，光阴流转。千年亭台，当年明月，仿佛见到他的青色袍角掠过这小园的草木，与友人乘兴夜游，赏月色清凉，竹影婆娑。指尖停留，仿佛触摸到百年前的他。当年之朗月、今日之盛阳，我从你曾经的触碰——这寒凉的石像——得以窥见你的心、你的篇章。

那丝从心底泛起的寒凉，许是来自黄州遭贬的悲楚，或是入夜时寒鸟啼号、形单影只的寂寥。可多舛的仕途，数十载饮冰，并未使先生的热血冷却。“问汝平生功业，黄州惠州儋州。”先生不羁，先生洒脱，先生的须髯被园中悠悠夜风吹拂，先生的明眸曾盛下最澄澈的月光。园中，霁雨初晴，小小的水洼盛下了一整个天空，竹叶深深，那里可曾盛满一整颗月亮，可曾盛下先生阔远的抱负和洒脱的胸怀？先生的石像，立于小园曲径通幽处；先生的精神，立于历史滚滚长河间。日月更替，长川流逝，先生永远是那“一肩明月，两袖清风”的先生。

石像是山川的造物，历经万年之沉积，方成就了温凉而致密的身躯。华夏子孙将工匠之技艺、人心之温热与情怀之滚烫汇入其中，万千石像因此而成，因此而伫立，因此而承载了亘古的历史血脉。

石像啊，不见你流泪，却明你深重，愿你永远以皓皓之身、朗朗之躯，守中华艺术之绵延繁荣，诉中华艺术之千古绝响。愿你重叙万古东方，传扬千年浩歌，道九州之琳琅满堂，宣流芳之人文荟萃，再谱十万章。

指导教师：丁宇灵

本文获省级一等奖

点评

本文将石像看成静默者，从时空的跨度来诉说千年，既呈现了历史更迭的现状，又写出了艺术与文化的蜕变与传承。开篇采用引用法，揭示了石像静默的特征——即使遭遇万年的重压与千年的变迁，那姿态也从未改变。它不是简单的雕像，而是工匠无限巧思的凝聚，是千年艺术的完美诠释。本文以石像为切入点来写中华艺术，将工匠精神、时代特征和艺术特点统一起来，传递出穿越时空的绵延繁荣和千古绝响，彰显出中华文明的厚重与宏大。文中，作者先从总体上介绍石像的艺术特点，再着重写苏东坡的石像，做到了点面结合，内容饱满，结尾起到了升华主旨的作用。

（夏冬 资深编辑）

涟 漪

□ 天津市第一中学　任酌实

夜幕低垂，鳞次栉比的摩天大楼倒映在河面，似轻歌曼舞的彩绸；桥梁上的光亮把这一片照得澄明，褐黄相间，界限难辨，升至空中，熠熠生辉。生于斯，长于斯，我尤其喜爱这如繁星般闪耀的城市。不过这里却有个让我些许反感的事物，便是那水面上不时拂起的涟漪。

缘何厌烦？说来却也简单：在我看来，涟漪破坏了这风景的无瑕。理想中的水面当如翡翠，如平整的明镜。然而，涟漪扩散，由点及面地带动整个水面泛起褶皱，没有任何力量能遏制这般趋势。临岸的大厦与跨河的桥梁逐渐模糊，失去了原有的模样，城市的倒影也不再平整。我没有神力，只得屈服于涟漪的力量，任由其褶皱我的城景。

父亲是一名画家，自然也将一点儿绘画天赋遗传给了我。见我喜欢城景，他便携我前去河岸寻一处空旷的地方，摆好画板，写生。很多时候一坐就是一天。久而久之，我从只懂得描绘方块楼房到能够精细刻画河岸旁大厦窗檐下的纹案了，父亲也着实为我自豪。不过有一天，他让我停笔，并询问我是否发现我的画有问题。

我不解。父亲的答案出乎我的意料："你画的河面没有涟漪。"

可我又怎能画呢？那毕竟是我不喜欢的事物啊。看我固执己见，父亲收起我的画板说道："接下来的日子，你便先观察涟漪吧。"我只好无奈地观察着，忍受着折磨。可是，一场意外却让我对涟漪的看法发生了改变。

那是一个黄昏，我又在赞叹两岸灯火时，它们却不约而同地熄灭了。随后，我听到路人议论纷纷，方知是电力系统关键节点短路造成了大停电，唯有市政路灯因线路独立而幸免于难。此时我才发现大厦外墙斑驳，栏杆失修，一切没有那么美好了。

涟漪此时却化作了天使，抚慰倒影中的人类造物，使它们不再因岁月留下的风吹日晒的痕迹而羞赧。在涟漪里，一切伤疤都无影无踪，而城景的轮廓随涟漪起伏，又以另一种方式活了起来。此刻，我方知如何造就真正的无瑕，那便是凭这涟漪般的怜悯之心。

我开始尝试绘画它，起初只懂得用线条来勾勒，后来每天到河边观察感悟，理解越来越深，又进阶到了点缀涟漪激起的浪花波澜。随后我更加深入地研究如何营造空间感，通过描绘阴影与层叠来实现。笔下的涟漪一天比一天真实。终于，我笔下城市的河流里可以见到无尽的涟漪。城市鲜活了，同时也强大了，因为柔和的涟漪是它最坚实的后盾，能在城市无助时抚平它的缺憾。

时过境迁，谁能想到那一度璀璨的灯火，竟也会随着城市发展的困境而逐渐暗淡呢？那辉煌终归是不再了，花草在枯萎，人气不复往昔。

可那条河流依旧在这里，涟漪也依旧荡漾，不因社会的发展而改变。仍如许多年前的那次停电一般，它以不变的宁静，给予这个城市建筑物最后的体面。

我们也要搬家了。临走前，父亲让我在河岸留下给这座城市的最后一张画。

“你想画什么就画什么。”他说。

我还是画了那幅我理想的城景，伴着河面上的涟漪。父亲走过来，拿过我这幅画，将它叠成一艘小舟放在水上。小舟随着涟漪漂走了，越来越远。

“儿子，知道我为什么让你画涟漪吗？

“因为你眼前的城市是沿河发展起来的，你也是喝这条河的水长大的。涌动的涟漪孕育了这座城，更哺育了你。你爱那城景，可你更应当爱的，是涟漪。

“城市衰落，我们要离去了，可我们要记着回来。河水流动于我们的胸中，涟漪更从未止息。等你长大有能力了，要回来振兴这里。

“涟漪给予你人生的跃动，更请你勿忘涟漪。”

踏上通往异乡的路，不知多久才会归来。

但涟漪还在那里，它等待着我，等待着这座城市的复兴。而我，终将不负期望。

因为我眷恋这哺育我的恒久柔爱的涟漪。

指导教师：崔劲松

本文获省级一等奖

点　评

从最初的厌烦涟漪，到最终热爱、眷恋涟漪，作者细致入微地写了这一段心路历程。“我”喜欢城景，也喜欢城景在河中的倒影，但是因为涟漪，“临岸的大厦与跨河的桥梁逐渐模糊，失去其原有的模样”，追求完美无瑕的“我”因此厌烦起涟漪。有一天，路灯灭了，斑驳的大厦外墙、失修的栏杆让“我”发现了城市不堪的一面，然而在涟漪里，“一切伤疤都无影无踪，而它们的轮廓随涟漪起伏，又以另一种方式活起来了”。“我”因此爱上涟漪，开始认认真真地画涟漪。涟漪是河水的一部分，它同河水一起哺育了“我”和“我”所在的城市。结尾处“我”的离开与计划中的回归，让主题得以升华。

（段玉芝 作家）

旧梦搁浅

□ 浙江省余姚市梦麟中学　王语晨

我有一双带瑕疵的眼睛和一段重启的记忆。透过这双眼睛，我感受到了匆匆离去的梅雨。一枚钉死死嵌在脊骨里，撕开一道空白，扑朔的蝴蝶稍有降临，苟延残喘。

我恍惚跌入了一个夏天。

雨水濡湿了径边的新泥，厚厚的车窗玻璃上流淌着融化了大地的泪痕。暮色沉沉，草原的尽头是尚未谢幕的晚霞。不经意间，绛紫和深情款款的鹅黄，在镜头下明亮又温柔地渲染着。一个长着浓密胡子的长者，头戴草帽，岁月静好地坐立在翻滚的风尘之中，连沉闷的钟声也被滤去。这与臆想中烧起大火的赤诚不同，是流动的血液般的美，简单而肆意。我认出了他。岁月镌刻着凡·高的天才梦，世间偿还他一个梦境，赐予他蒙尘中的清醒。我很难想象这是一个自愿赴死之人画笔下展现的惊人生命力，并非如同喧嚣尘世中的一潭死水，而是在腐烂的土地上开出花来，惊天动地。

当他死去，人们才开始爱他，不，准确地说，是附庸风雅，是对拍卖会上惊天高价的狂热。相较于艺术本身，人们更关注其背后的世俗价值——尤其是那份因稀有而带来的价值。

在他的画笔下，我看见了山峦与平原、巨浪与浅溪、广厦与废墟、荒野与市井。纤细却坚韧的枝干上缠绕着圈圈藤蔓，烟岚霭霭之中筛下银光点点，金色的麦浪在阵阵风中跌宕，野蛮的黑夜被吞没，夕阳与星光迎头碰撞。

我探寻，我迷茫，我重走回头路，又兀自热泪盈眶。我知道，即便日后穷困潦倒，他也不肯动摇自己的真诚。

那时，我想起：生命是一场盛大的腐烂，活着是一场伟大的战争，而艺术是一次又一次重新活着。

只要活着，就会不断经历艺术的盛夏，然而，人的一生只会活一个夏天。我摸了摸那枚嵌入的钉子,已经松动生锈了,于是便有一个旧词被搁浅在长夏。

人类总在不断抬头观看艺术,深思它到底在哪里,以何种形式存在。其实艺术没有那么高高在上,它是活着的,活在我们每个人的肩上,连同呼吸、脉搏、心跳。倘若每个人为自己的人生作画,艺术就是生活。这样想想,艺术并没有多么高尚。它可以与肤浅对话,也可以与庸俗为伍;可以无措两手空空,也可以浮沉烟雨蒙蒙。重要的是提起笔来。

在夏天的尽头,我想起了张爱玲坎坷而璀璨的生命,如同古希腊神话般传奇;想起了海子,那个被铁轨碾碎生命的诗人,他的傲骨和脊梁永远如同巫山云一般赤诚勇敢。其实这般戏剧性的生活,又何尝不是另一种艺术?伤痛不断愈合,最后那些血淋淋的伤口从模糊的血肉中凝结出一层痂,成为我们日后单枪匹马为了理想横冲直撞时的铠甲。

我爱那一场荒诞的怪梦,它带走肉体,留下一副残骨,唯有自己与自己拥吻;我爱曹雪芹笔下描绘的四大皆空与红楼情缘;我爱哪怕是在生命黄昏仍精神游荡的三毛;我爱见过一蓑烟雨、游历赤壁的苏轼,悲惋寂寥,惊骇苍茫。这些不是艺术吗?

挣扎,落寞,通透——生命的每一个片段似乎都充满了悲剧,它们带着与生俱来的倔强、孤独、彷徨,紧紧抱在一起。倘若你捧着那些珍藏的粗糙瓦砾,它们的锋锐会让你的双手瞬间变得血肉模糊;倘若你被转动得喑哑的生锈齿轮所拉扯,那无疑是用枷锁将自己束缚。

倏地,张狂的鹰扇了扇翅膀,目光锐利而深邃,像是在进行某种神圣的仪式。暮色四合,荒芜中透出一股野性的苍凉。

至此,才觉天色骤沉。夜色汹涌而来,将我吞噬。

我走过一个漫漫长夏,走过黄昏与黑夜。我要回望,因为我不该忘记,那些粗糙的瓦砾曾经割伤我的骨,灼伤我的血;我要回望,因为我不能忘记,那些哭喊得声嘶力竭的黑夜,是如何让我的双眼布满血红;我要回望,因为我知道,我所回望的,是我孤寂的影子在月光下铺展;我要回望,因为我永远在向前迈进。那么,从容地致敬这杯苦涩的酒吧,因为人生就是艺术,艺术就是人生。

“我借此火得度一生的茫茫黑夜。”

草原的尽头,东方既白。

天快亮了,梦也快醒了。

指导教师:汪卫兵

本文获省级一等奖

点评

作者用深邃的思考、独特的视角和散文诗般的语言，将读者带入了一段关于艺术、生命和记忆的沉思之旅。文章意象丰富，修辞巧妙，诗意弥漫，增强了语言的表现力和感染力，也展现了作者对艺术的理解和内心世界的丰富情感。作者从与凡·高画作的相遇起笔，表达了艺术对自我认知的冲撞和塑造，更引发了对艺术与人生关系的深入思考。但这种表达有时陷入玄想，造成作文结构上的散漫，以及段落逻辑联系的断裂，可能会让读者在阅读过程中感到难以理解。而且文章中部分意象和隐喻较为模糊，也制造了一定的、非常规的陌生感，影响了表情达意。

（包学菊 高校教师）

空庭晚

□ 北京市第一〇一中学怀柔分校　王一涵

“良辰美景奈何天，赏心乐事谁家院……”台上少女身着锦绣云肩，裙袂翩翩，步履轻盈，正缓缓吟着，似轻云蔽月、流风回雪。

我坐在台下，静静看着，但总觉得表演中少了什么。我缓缓起身，打断了排练：“大家演得很好，但是我觉得这样太落入俗套了。早在明朝，这部《牡丹亭》刚问世时，那些戏子就是这么演的，观众只会觉得我们的表演大同小异。既然我们是话剧社，那么能不能有一些创新呢？”

“社长，那我们该怎么创新呢？”一位少女问道。

这个问题问到点子上了。我沉默了一会儿，开口道：“既不失传统文化的艺术特色，又不乏现代文明的创新改造。”

大家众说纷纭，但始终没有完美的答案。

“时间不早了，那今天先这样吧，晚上我们再想一想。”我内心莫名升起一阵失望。

众人散了。窗外，夜色静谧，城市灯火通明。“明月松间照”，月光朦胧，像轻纱，似烟岚，如轻露；“北斗七星高”，星光迷离，如银河，似珠玑……我不禁思索起来：与现代艺术相比，像《牡丹亭》这种古老的题材早已过时了吧，大家还会喜欢吗？我突然生出了一丝放弃的念头。

我坐到桌前，拿起台词本，仔细阅读。我们的作品好像确实没有什么出彩的地方。我叹了口气，随手拿起一支铅笔，简单修改了几处。

“情不知所起，一往而深，生者可以死，死可以生。生而不可与死，死而不可复生者，皆非情之至也。”我看着这句富有哲理的话，沉思起来——汤显祖到底是如何写出这样好的作品呢？忽地，我感觉眼前的一切都迷离起来……

清醒后，我来到了一座庭院，堂前满是纯白的山茶花，一位面容憔悴的老者在庭院正中念念有词。

“唉……药成不得夫人用，肠断江东……剪草花……”老者缓缓叹着气。

老者吟诵的诗句，不正是汤显祖为他的亡妻吴玉瑛作的悼亡诗吗？莫非眼前的老者就是汤显祖？我感到惊奇，打算上前问一问。

“义仍先生？”我轻声唤道。

老者循声转过头，显然被我这不速之客吓到了：“你是……”

“晚辈曾拜读先生的《牡丹亭》，可谓是奇文瑰句、扬葩振藻。久仰先生大名，今日得见，三生有幸！”我打算将自己伪装成一位痴迷于汤显祖文章的人，正好与先生多聊聊这部《牡丹亭》。

“姑娘过誉了。”老者微叹道。

微风拂过，无数的山茶花形成了纯白的海洋。

“请问先生是如何写出《牡丹亭》这部作品的呢？”我好奇地问道。

他眼中闪过一丝伤感，叹道：“我在十四岁时曾遇一位名叫吴玉瑛的少女，她姿容秀丽，才情无双。当时我们未到婚配年龄，于是我们等了整整六年。”

“遥想当时正年少，红烛轻轻摇曳。弱冠之年，我们终结连理。闲暇时，我常坐在窗边伴着余晖抚琴，玉瑛则在一旁缝补衣服，静静听着。”老者忆起往昔，眼中尽是对以往幸福生活的怀念。

“您与夫人的关系可真好。”我由衷叹道。

“是啊！当时真是幸福。但是我仕途不顺，两次拒绝科场舞弊，得罪了首辅，接连落榜。”他又叹了口气。

“那年金陵的风吹得正盛，玉瑛却病得越来越重。病榻前，她说自己一生大多不称心，只有四件开怀事——一是出嫁于我，二是为我生子，三是陪我中举，四是望我成进士。语毕，她便去了……”说到这里，老者已泣不成声。

“先生，我相信您与夫人的情谊是永不会断的。您在作品中也曾道：‘情不知所起，一往而深。生者可以死，死可以生……’”我由衷安慰着。

“三分春色描来易，一段伤心画出难。”老者叹道。

闲庭晚，夜梦香，世事却无常。相爱之人天各一方，两两相望。君何日能再见春花秋月诗中千千行？只可惜天地远，旧梦荒，相思无处藏。因情成梦，因梦成戏。提起笔，也只可见泪光照月光。

我的眼前忽然开始模糊了起来，那片山茶花海不断摇动着……

我从书桌前醒来，透过落地窗向外望去，东方既白。我沉浸于方才的梦境，久久不能忘怀。

我拿起手中的稿子，撕碎了它，又打开电脑，将题目改为《空庭晚》，开始对键盘敲敲打打起来。

“社长，离演出日期不远了，真的要改这么多吗？”

我点了点头。那一梦之后，我确信致力于传承中华优秀传统文化的艺术作品绝对是有意义的。

演出的那夜，“汤显祖”向“吴玉瑛”奔去，可刹那间，“吴玉瑛”化为千千万万的蝴蝶飞出。众人向观众鞠躬谢幕，舞台帷幕落下，灯光渐渐暗淡下来，台下爆发出雷鸣般的掌声。再回首，我才明白，艺术的真谛在于文化传承。

指导教师：陈姿旭

本文获省级一等奖

点　评

文章语言优美，叙述流畅，字里行间体现出作者较为深厚的传统文化底蕴。行文有起伏，先是“我”对排练不满意，甚至想放弃，接下来做了一个梦，梦中与汤显祖的一番对话，让“我”茅塞顿开，醒来后重新修改剧本。作者的思考、求索过程，用梦的形式来呈现，有一种穿越之感，新颖且生动。最后，作者落脚到致力于传承中华优秀传统文化的艺术作品上来。风雨与共、至死不渝的爱情不正是我们中华优秀传统文化吗？最后的化蝶是点睛之笔，让主题得到升华。

（段玉芝 作家）

心有木兮木有美

□ 江苏省常州市第一中学　俞蕴琦

心有木兮木有美，木有美兮木可雕。

木可雕兮勤作刀，勤作刀兮艺方高。

——题记

“此地有崇山峻岭，茂林修竹，又有清流激湍，映带左右，引以为流觞曲水……”

下江南，来绍兴，品一口醇厚的黄酒，行酒令，在江南的杨柳风中寻觅一种穿越古今的风雅。

在嘉峪仙境中，清澈见底、一尘不染的小舜江，流经嵊州溪山间的千年古村马村，宛如一首清新隽永的田园山水诗。此地钟灵毓秀，人才荟萃。马国伟生于斯，长于斯，成长为一位细腻、敦厚、内心纯真又匠心独运的木雕大师，宛如一坛绍兴陈年老酒。

古人用“奴、徒、工、匠、师、家、圣”七个层次来演绎人生道路。

一奴，非自愿工作，需要别人监督鞭策。

以农耕文明为主的传统中国，千百年来，生存生活的首要任务便是安分守己、固守家园，由此，学技求艺成为大多数家庭或孩子寻求出路的最好选择。“男儿十五当有志于学”，就在十五束发之年，在父亲的安排下，马国伟拜东阳木雕民间艺人邢夏忠也是他的舅父为师，学艺，离家外出到江西弋阳做工。在这段时间里，舅父严师的形象令马国伟既敬又怕。

二徒，能力不足但自愿学习。

欲成器必利刃。磨刀，是木雕学徒永远绕不开的坎。钢刀刀口很厚，但为了削木头轻松，需要用手将它磨得很薄。马国伟经常磨到手起血泡，手肿得拿不了筷子。数月后，看到他磨出的刀口平整又锋利，舅父才露出满意的神情。另外，他自学

《芥子园画谱》，私下临摹烟盒上的图画，以此精进技艺。

三工，按规矩做事。

学徒期满，马国伟正式出师，随舅父一同赴山东开办木雕工厂。六年后，他辗转南下广东，进入中山红木家具工厂担任木雕师傅。在家具工厂期间，他得以接触各种年代、风格、流派、技艺、品相、形式的旧家具，从中加以整理、拆解、揣摩、研究、吸收、翻新，深感"一日有一日之境界"。2003 年，他独立开设了"马国伟木雕艺术工作室"。

四匠，精于一门技术。

故乡的山水人文，自身的天赋与勤奋，子夜时分天马行空的梦境，一条刚好在正午时刻飘到窗户的黄金分割线，一篇在旅行途中看到的探索未知宇宙多维空间的好奇文章，乃至芸芸众生庸常生活中的日常表情，所有这些人生的馈赠，都融入了马国伟的木雕作品中，成为他创作的灵感。正如米开朗琪罗所说："我在大理石中看见天使，于是我不停地雕刻，直至使他自由。"

三十年苦心孤诣地学艺，一项技术足以让一个人蝶变。已届中年、渐入佳境的马国伟，为人处世彰显"已识乾坤大，犹怜草木青"的胸怀，艺术创作则体现"朴拙天真，摒却浮华见真淳"的境界——师法自然，观照现实，独辟蹊径，力求原创。

我常以为"工者匠心"。木者，春生之性；雕者，存菁之艺。以木为本，因雕成魂，是虽小技，可窥大道。方寸之间，自生乾坤，而"天有时，地有气，材有美，工有巧，合此四者，可以为良"。

今天的马国伟，无疑进入了可师、可家的阶段。

他的作品《琼楼玉宇》以历史名城、越国之都绍兴为背景，以古老的乌篷船为延伸出的意象，码头繁忙，街道店铺林立，山脉逶迤连绵，苍松傲健、挺拔巍然。他说艺术的背后是哲学，而中国哲学是心的哲学，是精神的艺术，是以人的一心之力谦恭自牧、反求诸已，达到自我内心与外界之他人、社会以及自然宇宙的和谐统一。

在被问到如何看待机器逐渐取代手艺者人工这一问题时，他感慨"天工人可代，人工天不如"。他无法阻挡时代的发展，也不反对现代科技的介入，只是希望更多的年轻人热爱中华传统手工艺术，能够借助现代科技助力传统技艺推陈出新，同时也永远葆有手艺精神和手工温度。

他郑重地说，他愿意将毕生所学传授给热爱木雕艺术的年轻一代。于我而言，这已是为圣的境界。

指导教师:姚天一

本文获省级一等奖

点 评

本文落笔巧设题记,言简意赅,统领全文,将作文题与现实生活进行了无缝对接。文章文脉清晰,结构有个性,由衷地表达了对木雕大师马国伟的赞美之情。作者在概括性的记叙中也注重细节描写,刻画了主人公的语言、心理、神情等,虽只言片语,却能较好地表现作者的情感。比如写“二徒”阶段,作者描写马国伟“偷偷临摹烟盒上的图画”等,如在眼前。在写马国伟进入师、家阶段时穿插议论、抒情,起到了画龙点睛的作用,揭示出文章的中心。

(夏冬 资深编辑)

一笔画阴阳

□ 新疆维吾尔自治区乌鲁木齐市第二十三中学　梁鑫森

话说那定天国历史上，曾有位赫赫有名的画师，传说他挥毫泼墨，犹如仙师施展道法，令人身临其境。更有传说，在旺宣帝时期，他在朝廷之上挥毫，真龙显现，天下人为之惊叹。

“师父，世间百姓皆爱财寻权，儒士则追寻真理，为何我们要一直苦练这画技呢？”稚嫩的声音从平安镇的一间屋子里传出。

“大道万千，条条道路皆可通向成功。究其根本，修炼画技也是为了修心。一笔一画，即修炼内心。心中有大道，一笔便可画出乾坤阴阳。”老先生的声音沉稳而充满智慧。

这老先生是平安镇上的知名画师，那达官贵人家中的山水画皆出自他手。然而，这水墨画实在难以习得，老先生曾收过三个徒弟，但他们都因心志不够、骨力未显、神韵难觅而被辞退。后来，老先生在河边洗山羊须时，遇到了一个孤儿，心生怜悯，便将他带回了家。这孩子对院子里的画颇有兴趣，于是老先生给他取名陈华，寓意陈久时得神画。陈华长大后，习画成了他生活的一部分，春夏秋冬，人来人往，他在宣纸上挥洒着黑白。

有一日，镇子上新来了户人家，正在修建新院。然而，他们对艺术毫无兴趣，甚至将镇长送来的竹画当街扔出，言辞之中尽是轻蔑。这画正是老先生的作品。当日，他与陈华上街购买墨料，正巧目睹此景。他气愤不已，捡起被扔弃的画作，冷声说道：“这竹画本是为君子所作，今日却遭小人所毁，当真暴殄天物。”说罢，他将画送给了边上乞讨的老道士。那户人家却不肯罢休，言语之中尽是挑衅。陈华默默看着这一幕，心中涌起一个念头：一直苦练这单一的东西，真的有意义吗？

过了几年，陈华的画技更进一步，算是有了骨法用笔之形。然而，他的画总是透露着心不在焉的气息，画中之人似乎缺失了什么。迷茫的他来到街上散心，意外看到那户人家正在给一位县令送画。人心如此奇怪，明明不愿接受，却因其另有价值而产生了利用之心。可如果无人传承下去，这画技又该如何呢？

“做好自己的事，担忧之事便有自解。”声音从他旁边的一位摆摊儿的道士传来。陈华闻言若有所思，他深知自己这一脉必须有人传承下去，否则将是巨大的损失，也是对自己身上担子的不负责。然而，如果仅仅将画技作为财物传承下去，它又和那些货币有什么区别呢？拿自己的心血攀附权势，那倒失了意义。

“所以那老家伙就不愿给官家作画？老夫与你打赌，这画要有人性赋予才有神，人性自出市井，没有市井何来人性？你们这一脉如果再不改变，那便是绝路一条。”道士的话语让陈华陷入了沉思。他看向道士离开的方向，心中已明：他缺的是对所画之物的理解，只有景未有情不可，而情是在交际中得来的。

又过了些许年，新即任的旺宣帝整治朝廷。有不少官员用水墨画交易献礼，腐败之状让旺宣帝萌生了让水墨画消失的念头。于是，他召见老先生，想探明水墨画到底为何神奇。然而，对官家一直反感的老先生并未应允作画，圣上龙颜大怒，要灭了他们这一脉的传承。

陈华得知此事也是不解：为何师父不同意为皇上作画？为何皇上会因为这点儿小事而大怒？师父却说：“送礼本就与我们无关，送礼之意为送礼者而来，与画何干？想不分青红皂白就断绝传承，就这些便不值！为浑水而入局，更是不值！”

隔日，圣上在朝廷中高高在上地看着师徒二人：“你们二人作画为权为钱，又不敬朝廷，当斩！”他看着边上的陈华问道：“你作画为何？”“为传承，为将山水与人的世界结合，在纸上为世人呈现。”陈华坚定地回答。然而，旺宣帝却嘲笑说：“可这画却让你们用于官权，早就失去画意，尽是人意，还有什么可传承的？来，你给朕画来瞧瞧啊，真有画中之意呈现吗？”

看着旺宣帝玩味的表情，陈华明白了他的用意。原来他这是为了尽可能少更换官员，以防刚坐上的皇位不稳，所以他们就成了替罪羊。然而，陈华并不畏惧，他直视着龙椅上的人，让人拿来笔墨纸砚。他一点儿一点儿地蘸墨，一笔一画地在偌大的纸上呈现出一条巨龙。一勾一染，破碎山河即出；一轻一重，墨龙踏山河而现。

“作画只为画，从来如此。修心再练画，作画之人心中只有画，不争俗世！”话落，陈华一笔点在龙眼上，“我脉有一句，此一笔，画阴阳！”即使已是绝境，他也要展现画师的风骨！

就在此时，遥远的天边却隐隐有异象显现，似是一条巨龙！旺宣帝大惊失色：“真显灵了？这怎么可能？”他手忙脚乱地和群臣赶到外面，看着那巨龙，明显慌了神:“老天爷手下留情啊,我,我实属愚昧,您手下留情,收了这神通吧……”朝廷乱作一团,唯留老先生疑惑又欣慰地看着眼前那唯一的弟子。他觉得,那自己都差一点儿的气势,在这一笔画上有了形;那传说中的境界,在世间又有了形。破败山河,自有才人出。

在另一边的山上,一位老道士正在掐指作法,嘴里念叨着:“一笔一阴阳,这才是道。原来先祖们所说的坚持自己的道是天下没有走不通的道,那传承而下的,亦是如此。想来,倒是我失了本心。”

至于那日是否有真龙显现,朝廷并未给出答案,那段插曲也不了了之。不过,朝廷中龙椅后方新挂了一幅巨龙画,水墨色彩摄人心魂,画中巨龙仿佛从废墟中破壁而出。此后,画师如雨后春笋般遍地发芽,直至百年后,学徒数都要赶上儒生了。而那儒道大殿旁的水墨福地,悬挂着一联泛黄的横幅:“齐平生,陈久时,得神画。”这段传奇故事,也成了定天国历史上的一段佳话。

指导教师:樊晶晶

本文获省级一等奖

点　评

这篇参赛习作结构紧凑,情节跌宕起伏,通过细腻的笔触,将传统水墨画的魅力与传奇故事相结合,构建了一个神秘的、引人入胜的世界,展现了作者深厚的文学功底和丰富的想象力。文中对画师的技艺、师徒间的情感以及皇帝与画师之间的冲突等细节的描绘,都显得颇为生动,令人身临其境。此外,作者巧妙地借用了“一笔画阴阳”的构思,增添了故事的奇幻色彩,深化了主题,传达出坚持自我、追求艺术真谛的深刻寓意。

(桑哲　高校教授)

雨的影子

□ 江苏省南京市宁海中学　王奕丹

我不知道什么是艺术。

直到我发现,雨是有影子的。

炊烟袅袅升起,隔江千万里。素坯勾勒出青花,笔锋由浓转淡。藏于烧窑的烈火,焦急地乱舞,等待着雨。

地与天凝合,釉料与烈火升华。雨的影子留在素坯上。

陶器思念烟雨,流下的泪水,滴在闷热难耐的炉窑上,一点儿又一点儿地蒸腾又蒸腾,在它的眼中结成一缕薄薄的茧。

开窑的一瞬间,丝丝缕缕的裂响在陶器周身响起。陶器哭了。

我惊奇于陶器之美,那交错分布的裂纹,如丝如缕,纵横阡陌,肆意流过的泪痕清晰可见。

那似是诗人用妙言佳词制造的一个梦,一个轻柔飘逸的美梦。我知道,那是雨的影子,天青色留住了雨的影子。

最近,又下雨了。

雨的影子,陪伴着洗净的草木、潮湿的土、果汁味的空气和被阳光驱散的氤氲,留下了"润物细无声"和"望湖楼下水如天"。

我期待留在湖畔,观察着生命的浮沉。

我试着在细雨中呼喊,有点儿力不从心,但感觉并不强烈。细雨蒙蒙,像雾,弥漫着一种压抑,也蕴藏着一种力量。巨大的生命力被压抑着,急待释放。

于是,我想到种田人。种田人和土地最为亲近,因而能领受自然的全部馈赠——既有考验身心的风霜雨雪,也有滋养生命的清新空气与苍翠景致。种田人心中当然各有神灵,崇尚神灵、敬畏祖宗、感恩土地的想法一直长久不衰,因为他们自己个人的力量和四季的周始、天地的律动相比,实在太渺小了。

我想，那是雨的影子在土地上的悦动。

我想起那个暮夏。“一夜雨声凉到梦，万荷叶上送秋来。”暮夏的雨总是给人以凉意，总是给人以迫近开学作业却仍为空白的凉意，总是给人以碌碌无为蹉过一整个盛夏而悔恨的凉意。

开学季再次迎来了雨。也许是未缓过神来，一场雨将我从假期拽了出来。悔意不再是因为作业仍一片空白，而是完成作业的疲惫；碌碌无为的悔恨方散，忙碌的迷茫又至。

雨这次走得很慢，它故作大方地将影子留下来。我不小心踩到了过去和现在的叠影。

我爱张望，有时在楼中往下看，看着孩子在母亲的叮咛下添上几件新衣，像个球似的“滚”来“滚”去，我总是很羡慕——因为我的童年已经逝去。随着年龄的增长，我不再拥有年少的那份冲动与热情，只是用虔诚的外表掩饰自己的虚伪，只是在规训下消磨了自己的棱角，机械地重复着不变的任务，成为一个拿起号角却不知为何而吹的前行者，成为一个不合格的学习机器。

一汀烟雨，总能勾起过去。忆故人，忆过往，忆点点滴滴。我总是在想“岁岁年年雾雨愁”，在雨天，遇到了那个人和这个人；在雨天，又想起那个人和这个人。在雨天，生活的点点滴滴都被放大，情绪也更细腻，每个人都好像是哲学家，用平实的语言表达深意。

这就是雨的影子，总因灵光乍现，来不及用笔记录，只好在这一场雨中想起那场雨，然后在回忆里捕捉影子。

雨的影子模糊了我的记忆，交织着过去的幻影和现在的童话，如同梦境。“自在飞花轻似梦，无边丝雨细如愁。”从前的梦总是能成为与别人分享的趣事，而现在的梦是日夜的忧思堆积，有时是怪异的想象，不再是我的快乐。

拜伦说：“在蓝色深海的欢乐的波涛上，我们的思想也无边无际，我们的心怀也自由如大海一样。”雨的影子，静静地续写雨的故事。

“风雨替花愁。风雨罢，花也应休。”雨停了，我思绪中断，期待雨过天晴。

我觉得，这就是艺术，一幅人与自然合作的伟大艺术作品。

指导教师：刘菊菊

本文获省级一等奖

点　评

雨点淅淅沥沥，作者置身其中，不禁思绪万千，遂以“雨的影子”为线索，将雨中的景象、生活的片段、多变的场景串联组接起来，突破时空，活而不乱；也使内容更充实，情感更细腻，主题更突出。首先是滴滴雨水的恩赐，成就了天青瓷；其次是蒙蒙细雨，滋润了草木和土地，让人愉悦；再次是季节的雨，给人以凉意，难以释怀。此外，作者还写了随着年龄增长而发生的变化，自己成为一个不合格的学习机器……忆故人，看今朝，于是有了雨中的景和雨中的故事，从而突出了“人与自然合作便是艺术”这一主题。此外，本文运用生动具体的语言取代概括、抽象的文字，把平面的文字变成立体的画面，使得文章富有文采和情感。

（夏冬　资深编辑）

黑白之间

□ 东北师范大学附属中学　陈建羽

生命会顽强地从废墟中屹立而出。

——题记

晨光将窗棂的阴影打在了他的脸上，他微微眯起眼，用力握了握手中的笔。光与影以最合拍的姿态，分割着他脸上的刚劲痕迹与坚毅神态。

放下笔，他抬起肌肉有些萎缩的左臂，轻轻抚摸面颊上的褶皱。随着时间的逝去，那些粗大的痕迹变得纤细。他缓缓地重新抬起笔，接着写："那年之前，他是公认的神童，七岁便可描绘出色彩斑驳多变的细节。年龄的增长增强了他的力量，提升了他的绘画技法。很快，他便在艺术的天地显现了他的才华。"

远望，火红的日轮已升至小灌木的中央，金黄与黛赭铺展在广阔的地面，尽情展现着它们的曼妙；点点绿色点缀其间，眼前的景色形成了和谐的画卷。初春了！他惊异于生命的顽强，只消一瞬间，生命便可以从破碎的严冬中焕发出勃勃生机。

他思绪翻腾，攥了攥手中的笔，仿佛握住了那些逝去的时光："无论怎样，灾难已经发生，医生竭尽全力保住了岳羽的生命，可岳羽还是永远失去了他的双腿。"

他想哭，可是泪呢？门外传来由远及近的脚步声。他环顾四周，母亲就在旁边，看起来累坏了。

他直起身子，活动了一下手腕，不经意间触碰了一下眼角，那里紫色与肉色交织得尤为明显。再次抬头望去，是金黄与黛赭。他用尽力气侧过头，对母亲嘶哑地哀求："都出去吧，我想静静。"他再次想哭，可眼泪早已无法流出来。椅子移动的声音在死寂的病房中格外刺耳，愤怒和自暴自弃的念头占据了他的脑海。母亲不舍，却终究还是带着怜惜关上了房门。

他捏了捏鼻梁，目光聚焦在一旁有些年头的小雕塑上。那雕塑上笔力雄厚地刻着:“命运不仅会捉弄苦命人的疾痛,也会棒打成功者高昂的头颅。”呵,他轻轻笑道:“看来我那阵儿,执念还蛮大的呢。”随即他的目光又缓缓移至身前的纸上,继续写下去:“那是一个怎样的世界?看望送来的花不过是一团团局促的黑,水果在他的眼中只有光与影的分割,在黑与白的世界中,只有永恒的死寂。或许打碎些什么、折断些什么可以让他开心一些,或许泪水可以稀释他的悲伤,可他既没有健康的肌肉释放他的愤怒,也没有完好的泪腺宣泄他的悲郁。他唯一可以做的就是咀嚼自己的痛,像一只受伤的狼默默舔舐自己的伤口。但很明显,一个从没经历过失败的天才怎么可能有这种能力?他从干枯的喉咙中呜出槁败的哀号。愤怒、悲伤,那些纷杂的情感就如曾经拥有的色彩,蜂拥而至,散乱得让他无法抓住。病房中,哀号声回荡许久,最后归于寂静。住院的时光眨眼间逝去。”

仔细想想,那段时光真是难熬,在精神与肉体的双重压迫下,他的表现似乎还不错。他不禁有些骄傲,提笔继续写道:“纵使过程过于痛苦,雏凤也终于完成了破壳,然而涅槃并非易事,少年还有很长很长的路要走。”

他离开病房以后,整个人越发孤寂。他让母亲买来了轮椅,靠着小小的轮椅,在城市里进行着一场场邂逅。古老的红瓦朱墙,在他眼中,只呈现出落下的阴影与灰暗;碧绿擎天的古槐,徒存盘曲枝干下的点点深黑。但在这黑与白之间,生命未曾离去,只是以光与影、阴与阳的形式回应着他。他知道,这是命运的馈赠,即便他的世界只有光与暗,那也是世界上独特的存在。他曾直视过残垣的灰绿与萧条,而如今,他的世界将任由他涂抹,他的世界就是他苦苦追寻的艺术。

艺术创造了他,他创造了艺术。

他转动轮椅,推开房门,眼前太阳正尽情散发着光芒。现在是正午,也是生命最茂盛之时。日轮高悬,俯瞰大地,一片灰白色。这一切丧失了颜色吗?丧失了,又好像更精彩了。

黑白之间,可曾留有生命的罅隙?明暗之间,可否留有色彩的余地?他想,即使是最暗淡的黑与最耀眼的白中,也会有生命那一抹精致的灰。

指导教师:贾楠

本文获省级一等奖

点 评

艺术给生命以不可战胜的力量。《黑白之间》以细腻的笔触描述了一位肌肉萎缩、失去双腿的少年在艺术道路上艰难奋进的事迹。健康之时，他是展露才华的少年才俊；灾难面前，他愤怒、悲伤、自暴自弃，但最终回归艺术。

（钟湘麟 特级教师）

琵琶巷

□ 山东省聊城市茌平区第二中学　毛欣宁

风尘仆仆，我终于站在了这里。

初次站在这个地方，我确定，我对这里并不陌生，我来过很多次。我早就知道，它有一个很文艺、很好听的名字——琵琶巷。

微风吹拂，青砖古瓦诉说着历史的悠久，风蚀的白漆、淡去的朱红、坑洼的青石板路，都透露出当年的繁华。一眼望去，巷子由南向北，像一根长长的弦，轻轻弹拨，仿佛不经意间就能撩拨起如音乐波澜的往事。一路走过去，几个年老者用新奇的目光打量着我，或许是我怀抱的这把红木琵琶勾起了他们的记忆，也或许是因为他们猜不透我的寻寻觅觅。小步走过每一户，我在仔细寻找，寻找那座门前传出《春江花月夜》琵琶声的老房子，寻找那座充满爱情的老房子，寻找外婆的思念。巷子边上的那棵老槐树镇静地站在那里，枝丫处似乎冒出了绿油油的新芽。

这是一条流淌着音乐的巷子，外婆告诉我，巷子里几十户人家，家家制作琵琶、出售琵琶，铺子分散在各条街道上。白天家家户户忙着制琵琶。先选好木材，再晾晒至少一年，之后要不断刷上天然大漆，每刷一次，都要把琴放进阴房半个多月。接下来开始塑形、挖琴腹、合琴、裹麻布、上灰胎等一百多道工序，叮叮当当的声音，回响在巷子的每一个角落。到了晚上，尤其是下了蒙蒙小雨，巷子里就会飘出悠扬的琵琶曲，充满了温馨与浪漫。“日出做琵琶，日落弹琵琶，夜抱枕头梦琵琶。心情好，爱琵琶；气不顺，怨琵琶，腰肌劳损恨琵琶……”小巷里人人都会念叨。说着说着，外婆脸上的皱纹慢慢舒展。那时的我，脑海里向往着那条飘着琵琶声的小巷子。

“我喜欢这样的雨夜，一到这个时候，西边的院墙边就会传来动听的琵琶声。我就撑一把桃红小伞，站在院子里，静静地听，默默地陶醉。后来我才知道他弹的那首曲子叫《春江花月夜》。白天他跟着父亲学手艺，晚上弹琵琶。整条巷子里，就数他弹得最好。这不是我说的，是大家公认的，他还代表小镇去市里参加比赛，拿了一等奖回来，可把巷子里的人高兴坏了，都说他这是老天赏饭吃……”说着说着，外婆眯起双眼，沉浸在对幸福的回忆里，我的耳边好像也响起一阵悠扬的琴声。

“后来我经常跟着奶奶去他家，看他帮父亲制作琵琶，忙碌而又沉稳。闲下来时，我就央求他弹那首《春江花月夜》。看我如痴如醉的样子，他问我想不想学，我毫不犹豫地说想学。那是我第一次仔细端详他弹的那把琵琶。枣红色的背板泛着透亮的光泽，琴头还镶嵌着一块翠绿的美玉，看起来很精致。我小心翼翼地接过来，轻轻一拨，琵琶发出了清脆的声音，我的心都要融化了。后来他告诉我，那是他爷爷倾注毕生心血打造的一把上好的琵琶，一开始不允许任何人碰，说是要作为传家宝珍藏，后来看他真的有天赋，就将那把琵琶传给了他。他不负众望，给全家带来了很多荣耀。他的名气也越来越大，很多人慕名前来拜师学艺。”屋里昏黄的灯光，照在外婆银白的头发上。

再后来，他就成了我外公。外婆的技艺也越来越有长进。春夏秋冬，白天两个人一起制作琵琶，晚上一起弹奏琵琶，成为小巷子里的一段佳话。外公后来又参加了很多比赛，收获的证书摆满了一面墙。

可是有一天，一声震耳的大炮声划破了整个长空，这样平静的日子被一群面目狰狞的不速之客打破了。日本人来了，气势汹汹。

小巷，白天不再有叮叮当当的声音，夜晚也不再流淌音乐。

他们到处烧杀抢掠，老百姓到处躲藏。小巷里大部分人家也停止了工作，有的人家开始想办法趁着天黑投奔乡下亲戚去了。小巷里死一般寂静，蒙蒙细雨的夜晚，他们也不再弹奏琵琶。外公有时沉默很久，有时又狠狠地咬着牙，然后躲在院子里一个隐秘的角落一番挥汗如雨。

一个人的出现搅乱了外公的计划。他来的时候，旁边还跟着两个带着枪说话叽里呱啦的日本人。他点头哈腰地认真听着，然后马上颐指气使地翻译给外公听。他说，日本军官很爱中国的音乐和乐器，尤其是琵琶，听说这里有个琵琶巷，琵琶巷里有个弹琵琶特别出名的人。日本军官希望外公明日带着那把出名的琵琶去给他演奏。一行人走后，外公一句话也没说，在门槛上坐了很久。外婆内心很惶恐，她也知道外公脾气很倔，不敢多问一句，就默默地陪坐在门槛上。那天晚上外公叮嘱了外婆很多事情，然后又匆匆去了小院的角落。

再次得知外界的消息，是一天以后的事情了。此时的外婆已经抱着那把琵琶，趁着夜色，逃出了城。听说日本军官被杀了，日军发了疯一样到处抓人。

那天，外公收拾妥当，背着另外一把相仿的琵琶就去了日军司令部。外公镇定地弹奏起《春江花月夜》，日本军官听得如痴如醉。几曲过后，日本军官竖起大拇指，"哟西哟西"地说着。外公问日本军官想不想试试，后者犹豫了一下，看了看四周，四周都是扛着枪的卫兵，还是决定靠近外公的琵琶。在他低头触摸琴弦的那一刻，外公迅速抓起一根琴弦狠狠勒在了他的脖子上，两个人扭打在一起。等周围人反应过来，等扛枪的日军找准角度开枪的时候，日本军官已经翻了白眼，外公也倒在了血泊中。天空飘起蒙蒙细雨。

前一天晚上，外公把外婆拉到堆满柴草堆的小院角落，让她半夜就从他提前挖好的地道跑到附近的场院里——那里有一处麦秸垛，先躲在里面，伺机再逃出城去。外公再三叮嘱她保护好那把琵琶，绝不能落在日本人手里。外婆侥幸逃脱，投奔到乡下的一个亲戚家里，半年后生下了我的妈妈。再后来，她又跟着亲戚逃亡到了南方，在那里落地生根。我是听着外婆的琵琶声长大的，也是听着琵琶巷的故事长大的。长大后的我也在弹奏琵琶方面表现出了天赋。外婆说我遗传了外公的音乐基因，就把那把琵琶郑重地交给了我。外婆念叨琵琶巷念叨了很多年，可惜身体不好，一直没能回去看看。临终前，她还一直念叨着琵琶巷，念叨着死后要葬在琵琶巷附近。

现在我手里抱着的就是外公留下来的那一把琵琶，来之前，我刚刚和它一起完成了一场盛大的演出，但是我没有等待颁奖，就走下台匆匆赶路了。一路的风景来不及欣赏，我的思绪沉浸在外婆曾经的故事和心愿里。触摸着斑驳的墙壁，走过长长的小巷，我仿佛听到了墙的那边传来《春江花月夜》的声音，也好像听到了一对青年男女的欢声笑语。天空飘起蒙蒙细雨，小巷含情脉脉地凝视着。

指导教师：崔士忠

本文获省级一等奖

点　评

本文典雅厚重。典雅：文字优雅富有韵味，如"巷子由南向北，像一根长长的弦，轻轻弹拨，仿佛不经意间就能撩拨起如音乐波澜的往事"，比喻形象生动又巧妙勾连往事，具有很强的感染力和表现力；对琵琶制作过程的细致描述，也使文章具有丰富的文化内涵。厚重：一曲《春江花月夜》见证了一对青年男女的爱情，也演奏出热血儿郎的家国情怀，情感真挚深厚；"蒙蒙细雨"跨越时空，纪念美好，祭奠忧伤，更浇灌出一代代人的民族大义。

（尤立增 特级教师）

小麦和玫瑰

□ 江苏省常州市北郊高级中学　崔瑜洋

农民在大多数艺术作品中充满了泥泞气。黄土的儿女们永远在躬身播种，漫无边际的田野里，金灿灿的麦子是唯一的光源。而米勒的画作中，农民才是土地上那恒久的光。犹记得《晚祷》中那个神态安详的农妇，她双手合十，远处流动的云布满天际，地平线朦胧而美丽。

米勒画作中农民的脸部总在阴影里，看不清表情，但却自有一番庄严而神圣的气质，好像在轻声宣示着他们才是土地的主角。阴沉的背景中，我听见画作背后的声音：生活不止眼前的田野。他们种小麦，我却偏要种玫瑰。

没有艺术家会不偏爱一朵玫瑰。十九世纪，那是一个怎样的时代？物欲横流，享乐奢靡，洛可可风格的绘画盛极一时。王公贵族在衣食无忧后，便自觉地去追求他们认可的精神生活：旅游、创作、记录生活中美的瞬间……他们的心理能量更多地投向精神世界。但也有人在衣食住行没有得到保障的情况下，依然朝着自己的精神家园前进，例如流浪歌手、街头艺术家。在世俗的眼光中，他们的行为不可理喻，而谁有权利说他们的生活就是错的呢？正如马斯洛所强调的，人类的动机理论只是一种普遍的动机模型，而非绝对的标准。尽管梦中繁华的世界如烟花般易逝，但人们创造烟花，是为了世界上有更多仰望天空的人，瞬间照亮的是那些想要幸福的心。小说家博尔赫斯说：“一朵玫瑰正马不停蹄地成为另一朵玫瑰，你是云，是海，是忘却，你也是曾失去的每一个自己。”

现实生活中的我们，又如何能脱离小麦存活？米勒的时代，不少人迫于生计而迎合资产阶级的需求，跪着作画。时代孕育着新的希望的同时，自由意识也在沉沦。米勒也曾彷徨，但彷徨过后便是清醒与坚毅。他深知虚假的繁华绝不是画坛应有的风格，带着农民对于土地的责任与担当，他离开了巴黎，回到了他所热爱的乡村。命运之神没有怜悯之心，一次次的打击接踵而至，但这并没有使他变得圆滑世故，反而奠定了他生命的釉色——田野朴实的色彩。

微光在黑暗混沌中被点亮，而米勒的创新与超越使这束光愈燃愈亮。他是光与影的结合，影是生于尘埃的谦卑与担当，光则是伸向云端的理想与突破。搬家至巴比松，他开始了创作，即使与当时的一切潮流背道而驰，但那又如何？日复一日，年复一年，他的现实主义画作成为画坛的一声惊雷，开创了全新的绘画时代。

市井之人说：“我不可能成为宗教人士，因为我必须谋生。”而宗教人士则说：“你必须远离俗世，去发现神明。”每个行动都处于矛盾之中，而矛盾既产生努力，也带来悲伤、恐惧与痛苦。人在理想与现实中徘徊，在批判与建设中重构自我。有些人的理想成了一种消遣——它是一部小说，是一个神话，而非一种真实的存在。很多人向往的“玫瑰”和他们的成长经历有关，一个人经历的所有事件综合起来，就构成了理想自我，这可能包含着浪漫主义和世俗生活的色彩。有的家庭即使生活清苦，也过得很浪漫，特别是从事文化艺术创作的家庭；而有的家庭生活十分富裕，却不愿参与文艺活动，因为这些人的人格、创造力和视野并不倾向于追求浪漫的精神生活。很多人终其一生为柴米油盐奔波忙碌，体验着人生的喜怒哀乐，没有精力或没有意愿去追求心中的那一朵玫瑰，这是一种很普遍的生活态度和价值观，也是一种自由选择。诗和远方不应该成为评价价值观高低的标准，它是一种生活方式。

我们的苟且，可能是一群人的诗和远方；而我们的诗和远方，可能就在另一群人的苟且里。可望而不可即永远是最美的。“娶了红玫瑰，久而久之，红的就变成了墙上的一抹蚊子血，白的还是床前明月光；娶了白玫瑰，白的便是衣服上的一粒饭黏子，红的却是心口上的一颗朱砂痣。”红玫瑰是苟且，白玫瑰是诗和远方？或者只是对一种选择感到乏味了而臆想了另一种选择？我们要的不是热闹喧嚣里的沉醉，也不追求超然物外的清醒。我们只想站在田边，种麦得麦，遇花赏花。

有人说他们种小麦，我种玫瑰；我会饿死，但浪漫不死。倘若小麦和玫瑰一起成长，麦子熟了，玫瑰花也开了。我们一边享受小麦的香甜，一边欣赏玫瑰的浪漫，这才是生活最好的模样。

指导教师：陈琳

本文获省级一等奖

点 评

小麦，我所欲也；玫瑰，亦我所欲也。二者得兼，何其妙哉！就是说，生活不止眼前的客观现实、家庭温饱，还有诗和远方、理想与浪漫。两者既不对立，也不冲突，同时能够得到，才是生活最好的模样。为了佐证这个深刻而辩证的立意，作者以米勒为例，表明了后者坚持以农民为画中主角而展现出现实主义风格，开创了全新的绘画时代。与此同时，作者又反面剖析浪漫主义和世俗生活的对立统一关系，继而联系作家张爱玲有关红玫瑰与白玫瑰的说法，形象地道出了人们“可望而不可得，永远是最美的”的心理，在此基础上指明“种麦得麦，遇花赏花”的心境。接着以层进式结构深入论述了现实与理想的辩证关系。最后总结，得出结论，明确怎样才是生活最好的模样。全文结构紧凑，浑然一体。

（夏冬 资深编辑）

种植一座建筑

□ 江苏省南京市第一中学　汤欣然

艺,即“藝”,种植也。

种植本身,就是一种古朴的艺术。它是与自然握手致意的原始劳作方式,也是初始的催生其他艺术的方式。在这种野趣中,你能见云舒,看草展;会觉得,你的手在弹古琴,用光线弹拨人间草木,奏出清响。

种着,栽着,育着,你会发现,草木依势而居,形成了建筑——另一种工巧的艺术。种植与建筑,作为两种不同形式的创造活动,有着共同的土壤,相互依存。

园林,就是草木与建筑的空境。

曾经去过苏州拙政园,亭台轩榭,草木群英,疏朗典雅。一些抄手游廊的墙上有镂空的菱花窗。另一侧的柱子,庄重地立着,仿佛在托举音符。醇厚的原木色,好似吸收了天地之精华,古朴稳重。依水亭子的瓦片,像是刚刚从清水里捞上来的竹篾,格外清透。小亭子临水的一侧,如侧过身戏水的孩童。靠岸的石头,低低浅浅地伏在水面上,露出历经沧桑的脊梁。亭轩旁有一个圆形门洞,像阴阳万物合二为一的太极,就像是圆,和谐而完满。

亭轩上有块匾,上书“与谁同坐轩”。扇形的窗洞两旁贴着清代何绍基书写的对联:“江山如有待,花柳更无私。”语出杜甫诗《后游》,意为美好秀丽的江山等待人们再次光临,花柳大方地展现自己的风姿。的确,山川之秀,草木之趣,与中华园林的建筑艺术,皆如咏叹错落的诗篇。对联虽经百载,却仍有熠熠的光亮。园林是建筑中天人合一的集大成者。

与谁同坐,明月清风我;别驾一来,有唱应须和。

千年前,苏轼站在一隅,玩赏那清池皓月,让微凉的晚风抚过他的心。或者,他的心中已经垒起了一座只属于他和天地的小楼。倚栏处,竹竿袅袅,鱼尾簁簁。这座小楼存放着他的文人之魂,以及他未曾磨灭的心之所向。

这座亭轩的门窗多呈扇形，有全扇，也有半扇，故被称为扇亭。我认为，这是建筑之艺术、艺术之建筑：扇形的窗，能放进月光，流进我们心中那座各异的无名建筑，如水如泉，涌出一连串艺术的音符。恍惚间，我看见东坡先生持扇立于月下，吟咏空灵之诗。即使他刚刚遭遇过什么，沾上一身泥，但此刻，他舒展身体，任月色洗净尘埃；即使心情低落，他仍能用此情此景，填充心中小小的楼宇。

那座楼宇是内心恬静、心怀诗意的人生境界，是身处黑暗仍有勇气打开窗迎旭日冉冉的心态，也是自得其乐、自我救赎的精神。

建筑于此，有了信仰——建筑与人的合一。

如月之恒，如日之升。

我们，也是这种植建筑的园丁吗？又或者说，我们作为园丁，能与你种植之物相生而相依，达到合一之境吗？

现代技术在日新月异地发展，我们的建筑，或者说楼房，建造得愈来愈工巧，可也愈来愈标准化：一样高耸的写字楼与来来往往穿制服的人。他们或许认为，此时自己忙碌疲惫的心境与这座新的建筑融为了一体；一样的仿古建筑、飞檐的亭轩，吸引游人驻足拍照。背景与人之间似乎总有一条既模糊又清晰的界线，仿佛无法逾越似的。说得再时髦点儿，就像拼接而成的，即使修补填充得再完美，却又似乎总有一道边界。

怎么回事呢？

不过是艺术边缘的接而未融、融而未化罢了。

换句话说，我们只是这些建筑的缔造者，而非创作者、设计者，更不是前来种植的艺术家。

这些楼房所扎根的土壤是贫瘠的。土地的价值，不止于寸土寸金的物质层面，更在于孕育建筑之艺术、艺术之建筑，滋养种植者的智慧，并与他们内心深处的精神楼阁遥相呼应。

从鸦片战争到中华人民共和国成立再到改革开放，我们的国人用了百年时间重建精神建筑。拾起被炮火轰得稀碎的砖瓦，辛苦地拼建着。漏风的地方，涌进来的是凛冽的寒气，我们遂用蓬勃的热气与之对抗；漏雨的地方，落下来的是卑微，我们以自省自强的胶将其粘补。

建筑从不沉溺于辉煌的过去，更不担心未来的遭遇。因为，它已做足了准备。

不慕往，不闵来。

我们亦是如此，定要常常修葺思想之建筑，如此便可在风雨飘摇时，让自己的灵魂找到一个屋檐、一把竹椅，安稳下来。

建筑是一门艺术，种植亦是。或许我们无法定义自己的建筑属于何种形态：是梭罗栖居的瓦尔登湖畔的一间破屋，还是承载柳宗元孤绝的一叶扁舟……它们的外在是建筑，本质却是心灵的造物，是一座座无形却可触碰的精神楼阁。我们应该植其芽，待其花，直到它们生成独属你的一处港湾、一方为心灵遮风避雨的故土。

当种植之动与建筑之静合二为一，艺术血脉汩汩流淌。

就像是你身体的地下暗河，水随心动。

这是大艺术。毕竟，艺术就是“以我手，写我心”。

指导教师：官健

本文获省级一等奖

点　评

诚如写文章要求“以我手，写我心”一样，建筑设计者也应捧着一颗心来，将草木与建筑完美融合在一起。君不见，苏州园林里那些花窗、柱子、瓦片、小亭、对联、花柳等，无不让人感到“无论站在哪个点上，眼前总是一幅完美的图画”，这得益于工匠们“胸中有丘壑”、力求“人筑合一”的审美追求。然而放眼当下的建筑，无论是楼房的建造还是仿古建筑，不能说不工巧，却很难做到“人筑合一”，因为它们并非根植于真挚的土壤。作者不止于物质范畴的建筑，还放眼近代百年国人重建精神建筑的情状，由表及里地揭示出国人拼搏、热情及自省、自强的精神风貌，增添了本文的思想性与可读性，渗透着作者对用心再造精神建筑者们的热爱与赞美之情，同时升华了主题。此外，作者还使用比喻、拟人、排比等修辞手法，为文章增添了文学色彩。

（夏冬 资深编辑）

残缺与圆满

□ 江苏省清江中学　史志恒

阿佛洛狄忒从海洋降生，代表着爱与美的神谕，饱满丰腴的雕塑轮廓与叹羡不已的断臂传达着爱琴海畔经年岁月里的残缺美学。其本身便是绝美的雕塑，引来后世不尽的礼赞。当人们对残缺致以美意时，其对艺术的欣赏维度便也从细节上升到了整体的圆满意境。

朱青生在《艺术史》中谈及，古希腊古典艺术的精华所在便是这些雕塑作品中饱含着"人的尺度"这一创作视角。雕塑家对眼前的世界进行分割测量、组合拼接，最后提炼出结构完美、黄金比例的美韵意象。当雕塑表面的内容过多，人们便会关注实在的物，而当外在都被剥离，甚至连头、臂膀都消失时，人们才会更多关注到整体的美与节奏，体悟其间转折与变化的玄妙顿挫。

东方亦不缺少艺术上的残缺审美。冈仓天心在《茶之书》中论茶道，将茶室叫作"不圆满之屋"。煮茶的小和尚扫了一天地，师父却怎么都不满意，最后他摇了摇树，树叶静静撒满庭院，师父点头认可这才是打扫。茶道艺术不是绝对的方法和结果。"道"有"通过"之意，主动去欣赏残缺美的人，更懂得享受过程，而非追求结果。

齐白石篆刻印章讲求"花未全开月未圆"的意境，篆刻之妙需在断处用心。印家有言："与其叠，毋宁缺。"老子的"大成若缺"也传达出相似的意境来。残缺是一种对完美的期望和气韵的转换。欲致其圆，必由其缺；欲达其活，必由其断。缺处即连处，缺处即美处。没有缺，就没有篆刻艺术。缺是圆中段落，连中过渡；缺是一种烘托，美不在缺本身；缺提供了一个背景，一个呼应圆满俱足的意境，在这样完整的艺术体悟中，美意自来。完美的事物往往携带着对圆满的暗示，观者可以通过观赏感悟，对美进行无限的补充，从而无限地延长艺术审美过程和体验。

停驻探寻，历史与时光源远流长。

那些饱经沧桑、残缺留痕的艺术，以其独特的外形韵味与审美内涵，成为探寻历史的一扇举足轻重之门。它们似是一个个神秘的灵魂，倾诉着过去的故事与辉煌。残缺艺术不仅是审美瑰宝，也是历史的烙印与时间的篇章。

抬手轻叩，残缺的门环荡漾出古典的旧日荣光。

破碎的艺术群亦散发出独特的美感。屹立于雅典卫城之上的帕特农神庙是古希腊建筑典范，历经两千年风雨洗礼，石柱雕刻已模糊不清，但残损之美却跨越时空地传达出古希腊文明的辉煌与沧桑，群雕中残缺的命运三女神像在菲狄亚斯的鬼斧神工下永生。帕特农神庙的独特美感不同于传统完整的美，它更多地体现在对历史的见证和对时间的感悟上。

"残缺的美，是一种更高层次的美。"达·芬奇如是说。它并不是对完美的否定，而是一种对完美理解的深化和升华，这种美学意识也渗透在寻常生活的潜意识中。残缺美不同于传统的美学认知。残缺艺术大胆地传达出美可以是破碎的、不完整的，甚至是充满瑕疵的，展露出丰富的艺术内涵，赋予艺术世界更加多元与包容的生命活力。

缓步前行，历史长廊两侧的艺术瑰宝熠熠生辉。

艺术残缺之美固化成历史的烙印，一旦刻上便持久存在而无法消除。残损的艺术品或见证了战争的硝烟、社会的变迁，或记录了艺术家的心血与情感。百年前，美国人华尔纳当着王道士的面，以近乎野蛮的方式，将莫高窟内的彩塑供养菩萨像和北魏壁画飞天像从佛龛基座上硬生生敲打下来，又以近乎强盗的行径运回美国。今天，在大洋彼岸的博物馆中与其重见，缺损的肢干、开裂的皮肤，无不映射着一个时代的悲哀与国殇。它们是历史的见证者，承载着无尽的苦楚，这苦楚烙印在它们身上永不褪去，为来者所铭记，为后世所咏叹。

艺术残缺之美镌刻成时间的诗篇，沧桑成就了艺术品独特的魅力。凡·高《星月夜》中，星月的艺术表现手法甚至可以用粗糙来形容，经过几百年的沉淀，画作色彩暗淡，细节难辨，但这不完美的笔触却为画作保有了独特的动态生命力，让人更能体悟到画家创作时的激情和自由。这种历经岁月洗礼的残损之美，反而传达出时光流转间艺术的永恒。

认同跨越，艺术圆满的故事从残缺开始。天地悠悠，日月消长，变动是唯一的恒常，至臻完满的只有美的艺术理念本身，那么余下的所有时刻都属于残缺。

指导教师：伊童童

本文获省级一等奖

点 评

有这样一句诗——“人生因遗憾而光亮起来”，艺术也是如此！《残缺与圆满》一文，从几种带有典型残缺特征的艺术品入手，借助中外艺术史的底蕴，探讨了艺术领域残缺与圆满的关系，随后又从艺术领域自然而然地过渡到对日常生活中残缺与圆满关系的思考。文章并未止步于此，而是从残缺的艺术品身上回溯，找到致其残缺的原因，于是文章便又将残缺与时间、与历史建立起了联系，将对艺术、历史、残缺与圆满的哲学思考融于一文，思接千载，内容丰富。

（尤立增 特级教师）

以爱之名的艺术

□ 广东省深圳第二外国语学校　彭淑怡

屋檐下的雨珠轻轻垂落如帘，树梢上的黄莺啼鸣，声声入耳。绿叶葱茏，光线洒落，斑驳一地，旧时光悄然浮现。重返老屋，门庭的青砖黛瓦上，绿苔喜人，细雨绵绵中，新绿摇曳。窗外风铃轻摆，与雨声相和，这份幽幽静谧，一如往昔。

步入屋内，映入眼帘的是我幼儿园暑假留在墙上的“杰作”。家中老物件虽蒙尘，却因时间沉淀更显岁月温厚，别具韵致。墙上赫然画着一只米老鼠，线条斑驳断续，色彩略显单调。这幅画之所以让我印象深刻，是因为那是我人生中的第一幅蜡笔作品。刚拿到手，我便兴致勃勃地开始作画，不论白纸还是白墙，都逃不过我的“魔掌”，尽管妈妈万般阻拦。奶奶目睹了全过程，笑眯眯地盯着我笨拙的姿态和专注的身影。画成后，我扭头带着满脸傲娇地询问奶奶：“奶奶你说，好看不？有艺术感吗？”奶奶总是笑眯眯地回答：“当然好看啦，妞妞画的。”

时至今日，我凑近细看，想透过那只略微掉色的潦草米老鼠窥见幼时的自己，那时的我一定是天真又肆意的。目光顺着画迹再次描摹，却惊奇地发现，在我的画作右下角，有着同样笨拙的落款“妞妞 2013.8.5”，旁边还画了一朵小红花。

奶奶并不懂什么是艺术。她是一位典型的出生于二十世纪四十年代的中国老太太，没有赏花品酒的闲情，没有观月饮茶的雅致，也没有写诗作画的兴致。她的生活简单，身上也看不出半点艺术气息——至少小时候的我是这么觉得的。

“吱呀——”，那扇老旧的厚重房门打开了，缓缓走出一位历尽沧桑仍精神矍铄的老太太，满头银发，身着古朴素净的衣服，面容慈祥和蔼。我快步走上前，亲昵地挽着她的手，头若有若无地轻轻靠着她的肩膀：“奶奶，我回来了。”老太太稳住身子，一双布满皱纹的手在我的手上轻轻拍了拍，一如小时候她哄我入睡的节奏，不疾不徐，让人很安心。

“原来是妞妞回来了呀，你看你，都瘦了。”老掉牙的话语从老太太嘴里说出来，我倍感亲切，心里暖洋洋的。

“哪里，这刚刚好。奶奶，这朵小红花是你画的呀？”我急切地想知道答案，伸长了手，指向墙上的那只米老鼠旁的落款处——那朵可爱的小红花。

“你说那个呀，是啊。那年暑假你调皮，把墙都画了个遍，别人来家里，都问这是谁画的呀，画得这么可爱。我说那是我孙女画的！后来问的人多了，我就给画署上了名字和日期，墙上的每一个卡通人物的右下角，都写上了，旁边还有一朵小红花。小时候，你不是说最喜欢得到的表扬是小红花吗？”奶奶的思绪也被拉回了那个悠长的暑假，眼里满是回忆。

“所有画的右下角都有吗？”我匆匆忙忙跑去看电视旁边的那只粉粉嫩嫩的凯蒂猫，又转身跑到厨房看那只滑稽搞笑的汤姆猫，去客厅的角落看那只睡懒觉的懒羊羊……

无一例外，每一幅卡通画像的落款署名处，都被细心地写上了“妞妞 8.5”，还有一朵画工笨拙的小红花。透过时光的缝隙，我仿佛看见奶奶戴着老花镜，一笔一笔笨拙而执着地描绘出小红花的轮廓。一股难以名状的感受从心底涌出，仿若在漫长的一成不变的日子里开了一个大盲盒。

透过时间的缝隙，我恍惚窥见了奶奶抓着画笔，笨拙地为这幅一时兴起所作的画署上一朵抽象而缺乏美感的小红花。因为我小时候总和奶奶说，老师表扬我，就奖励了一朵小红花，或许在她眼里，小红花是我想得到的最高赞扬。因此，这位不懂艺术绘画的老太太将她仅有的一点儿小浪漫融入了对我的爱里。几支色彩单一的画笔，勾勒出了我的彩色童年。当然，还有那一只承载回忆的米老鼠，以及那一朵绽放在时光里的小红花。

在往后的漫长岁月里，我给这朵小红花冠了一个名字——以爱之名的小花。这朵小红花也是奶奶漫长人生中罕见的艺术画作。

我在画前跑来跑去，奶奶以为我在寻找什么，便颤巍巍地挪回房间，捧出一个一尘不染的木盒子，缓缓打开：“妞妞，你是在找你的画作吗？奶奶这里还有很多很多。”

我取出那一沓老旧的泛黄纸张，上面画着各色的卡通人物，有海绵宝宝、章鱼哥、熊大、熊二、黑猫警长等等，无一例外，每一张都有奶奶给我的署名以及一朵饱含爱的小红花。原来，我的每一幅临时起意的“艺术”作品都被奶奶好好收藏着。难以描述的心情在我心中打转，转了几个弯却寻不到出口，最终化作了一个深深的拥抱。

我总在生活中寻找艺术的美，却依然不懂得什么才是真正的艺术。我认为，“艺术”一词不应只局限于传统的定义，它应该由生活中美的瞬间构成。易逝的时光抛却了纷繁，却让奶奶的爱在岁月中愈显浓郁。

风乍暖，日初长，和煦的阳光倾泻而下，遍布大地。隔着岁月的长廊，我仿佛又看见了记忆中那片爱的花海。成片火红的花丛中，一位和蔼的老太太正弓着腰悉心照料每一朵小红花。时光清浅，淡红的光晕洒落在她的脸上，晕染开了眼角的笑意。奶奶抬头冲我慈祥一笑。我将这幅画卷永远定格在记忆的花田里，使其成为亘古不变的艺术。

以前，我总以为最美的艺术，当是晨起侍花、闲来煮茶般的雅致。现在，我终于明白，以爱之名，践爱之行，这就是艺术。

指导教师：孙启莲

本文获省级一等奖

点　评

这篇参赛文章以深情细腻的笔触，勾勒出一幅幅充满温情的画面，将读者带入一个充满爱与回忆的世界。作者通过对奶奶与孙女之间温馨互动的描绘，展现了家庭中的亲情与温暖，以及长辈对晚辈的深深关爱。作品中的每一个细节都充满了生活的真实感，让人感同身受。同时，作者巧妙地将艺术与生活相结合，通过奶奶为孙女的画作署名并添上一朵小红花的情节，展现了爱的力量如何将平凡的事物转化为独特的艺术。整篇文章情感真挚，语言质朴而富有感染力，让读者在品味文字的同时，也深刻体会到爱的真谛。这是一篇充满人性光辉的文章，展现了艺术与生活、爱与亲情之间的美好联系，值得细细回味。

（桑哲　高校教授）

一生密密缝

□ 湖北省恩施市第一中学　胡鑫苗

一针一线细细钩，起落间花蕊渐成。霍娘静坐在台灯下，鼻梁上架着一副老花镜，手法娴熟地用各色线条勾勒出红花绿叶。那双戴着顶针的手不时将鞋垫举起，凑近眼前，眯成一条缝的双眼努力聚焦，看清后再次下针。待一双新鞋垫制成，她缓缓起身，衰老的身躯显露出疲惫，备妥明日所需之物后，方躺下休息。

次日，霍娘如约而至，出现在胜利街的彩虹桥边，携带的包裹鼓鼓囊囊，里面装满了她平日里耗费心血缝制的小布鞋与花鞋垫。她坐在自带的折叠板凳上，目光呆滞地望着街上熙熙攘攘的人群，仿佛置身于另一个世界。周末时分，常有孩童在大人的牵引下经过她的小摊，他们用纯洁无瑕的大眼睛好奇地掠过花布。霍娘的脸上难觅波澜，她早已习惯了被冷落，无论是她自己，还是她辛苦缝制的鞋垫。此刻的她，不禁怀念起年轻时在村子里的时光。那时的她凭借一手精湛的技艺赢得了全村人的夸赞，被誉为难得的好媳妇。

随着年岁的增长，她时常回味自己的前半生。初为人妻时，她带着母亲精心缝制的花布鞋踏入夫家，为丈夫一家缝制了无数双布鞋和鞋垫；后来儿子诞生，她熬夜为儿子缝制布鞋。当她怀抱新生儿时，其他妇女几乎将孩子那一身衣服夸到了天上去。回想起这些，霍娘闭上眼睛，手中摩挲着昨夜刚缝成的鞋底，那熟悉的触感让她感到一丝慰藉。她已忘却了许多事情，但对自己缝制的每一双鞋垫都记忆犹新，仿佛昨日才刚缝成。她清晰地记得，儿子上次穿她的鞋垫还是在三十多年前，那年他刚上小学，不久后便哭闹着不再要她的鞋垫了。这件事让她伤心许久，至今仍未明白其中的缘由。就像她身边的人一样，曾经那么夸赞她的鞋垫，如今为何却不愿意多看一眼呢？

霍娘的儿子是一位知名的公司老板，专门销售一种名为“弹力鞋垫”的产品。她曾拿着自己的鞋垫对儿子说：“那你也帮我把这鞋垫卖出去吧。”儿子将她的手推回："妈，咱家不缺钱，您别再想这些了。这东西拿出去不会有人要，我们现在都不穿这个了。"她双手捧着自己的心血，在沉默中凝视着那双花鞋垫，十分伤感。这么好的鞋垫，怎么会没有人要呢？从那以后，她每天坚持带着自己的布包出门，趁城管不在时，铺开自己的宝贝——一堆小布鞋和花鞋垫。她不像其他人那样售卖各种小件，如指甲钳、老花镜等，她只想卖自己的鞋垫，或者说，她只想找到一个能发现她的手艺之美的人。日复一日，霍娘从早等到晚，盼啊盼，渐渐地，她变得沉默寡言，除了与儿孙们交谈外，很少与外界交流。

说来也巧，真有那么一天，她遇到了这样一个人：一个小姑娘，模样俊俏，扎着两个羊角辫。一看见霍娘的花鞋垫，她就睁大了黑溜溜的眼睛，蹲下来，一边小心翼翼地翻弄，一边感叹着"好漂亮啊"。霍娘看着她垂下的小脑袋，就像看着自己的亲孙女一样，眼里的慈爱仿佛能融化冰雪。等那小孩儿好不容易从花花绿绿中移开眼，准备离开时，霍娘叫住了她："小娃娃，你看奶奶缝得好不好看？"那小脑袋打鼓似的用力地点了点，两条小辫子就在空中飞舞，红色的花绳像两只蝴蝶。

听了这话，霍娘那双苍老而干涩的双眼瞬间湿润了。她轻轻挑了一双最好看的鞋垫，劝了许久，终于让那孩子收下了。等到孩子走远后，霍娘终于忍不住拭去了眼角的泪水。终于有人愿意看看她的鞋垫了，不枉她煞费苦心做这精细的活儿。儿子十分不理解，她放着清闲日子不享，为何要费劲儿去外面卖这些东西？她自己也说不清原因，只是想起死去的老伴儿和往昔岁月时，看着布鞋和鞋垫，似乎就能减轻那份失去的痛苦。

霍娘就这样坚持在桥下卖她的布鞋和鞋垫，有时还拿出针线当街缝起来。她再没见过那个扎羊角辫的小姑娘，但一想到她，就感到安心。直到她去世后，儿子按照她的要求，将她生前缝的布鞋和花鞋垫尽数放进棺材，在繁花似锦之下埋葬了她的灵魂。许多年后，有个漂亮的小姑娘总在街头寻找着什么，随身还带着一双精致的鞋垫。她总会在一些老旧的店铺前停下脚步，在内心重复着：民间艺术也是伟大的艺术。

指导教师：孙忠林

本文获省级一等奖

点 评

这篇参赛作品展现了作者深厚的情感积淀和细腻的描写功底。文章通过塑造霍娘这一形象,将传统手工艺与现代生活的碰撞、个人情感与社会变迁的交织,巧妙地呈现于读者眼前。作者通过运用生动的场景描绘和细腻的心理刻画,使得霍娘这一角色跃然纸上,令人感同身受。同时,文章也透露出作者对民间艺术和传统文化的深刻思考,以及对现代社会中人与人之间情感交流的渴望。整篇文章结构清晰,语言流畅,情感真挚,既有对过往岁月的怀念,也有对现实生活的深刻反思。作者能够以一种平和而深沉的笔触,探讨传统与现代、记忆与遗忘之间的复杂关系,显示出其敏锐的观察力和深刻的思考能力。这是一篇充满人文关怀和情感温度的佳作,值得青少年学习和借鉴。

（桑哲 高校教授）

黑白键上流淌的人生音符

□ 山东省泰安第十九中学　王铭玥

钢琴有八十八个键，白键如同光明灿烂的人生，黑键则如同人生中的挫折坎坷，二者上下两排，看似相互独立，但若想奏出一首首优美曲子，黑白两种键相辅相成、缺一不可。德国伟大的作曲家贝多芬用钢琴弹奏出风格各异的乐曲，诠释出人生中的光明与坎坷，带给我深刻的人生感悟。

阳春三月的一个周末，我终于回到了朝思暮想的老家，有机会去田野里撒个欢儿，亲身领略一下久违的田园风光。蓝天下，一望无际的田野绿油油的，一朵朵可爱的白云把天空映衬得那么漂亮。春天的风暖暖的，轻轻柔柔地吹来，那清新的花草气息沁人心脾。我和弟弟走在田间的小路上，不由得哼唱起了《田园交响曲》的调子。“姐姐，我听着你哼的曲子，觉得很开心。”“嗯，小家伙儿还真能听懂音乐呢！超棒！”在那一瞬间，我突然明白了钢琴老师的话：“玥儿，想要弹好贝多芬的《田园交响曲》，除了练好基本的指法，还必须亲身走进大自然，去感受和欣赏大自然田园生活的美好，跟随音符的流淌理解他的情感。”

钢琴老师的家在一楼，那里有个小院，小院里春意盎然，有各种鲜花和绿植，还有一只小鸟在枝头蹦蹦跳跳，唱出清脆婉转的歌。在钢琴课上，老师正式教我弹奏贝多芬的《田园交响曲》。我迎着和煦的春风，听着鸟儿甜美的歌声，十分愉悦地开始学习新曲子。老师告诉我：“这首以‘田园’命名的交响曲正如贝多芬强调的那样，主要是将自己在大自然中的愉快心境表达出来。第二乐章有写景的部分，可以听到潺潺流水声和鸟儿欢快的叫声。‘村民欢聚’表现民间生活的热闹，但接着被一场暴风雨打断，震耳欲聋的雷声、呼啸而过的风声，气势磅礴。等到雨过天晴，一切都豁然开朗。牧人怀着感恩的心情吹起牧笛，赞美太阳和人、自然生灵的蓬勃、茁壮……”

当我学会这首曲子并且能熟练弹奏以后，夏天已经悄无声息地来临。夏天是阴晴不定的，上一瞬还在下着暴雨，雷电交加，下一瞬便雨过天晴，乌云密布的天空眨眼间就变得湛蓝。正如这首曲子所表现出来的一样，当我们身处大自然，闭上眼睛听着鸟儿的歌声与流水声，感受暖风抚摸着脸颊，愉悦之感涌上心头。雨过天晴，旧事物的消失伴随着新事物的到来，一切都是多么美好。但是此时的贝多芬已经完全失聪，这部作品表现了他当时对大自然的依恋之情，他曾写道："乡村生活的回忆，写情多于写景。"《田园交响曲》这部作品朴实无华，宁静安逸，与贝多芬的《第五交响曲》同为世界上最受欢迎的交响曲之一。

在这个激情似火的夏季，我开始了贝多芬的《第五交响曲》的学习。《第五交响曲》以"命运"为题，是贝多芬乃至全世界音乐作品中最受欢迎的曲子之一，家喻户晓。钢琴老师也教我弹过这首曲子，虽然能完整地弹下来，但是弹得实在生硬，无法将情感融入曲子中，也不能与曲作者在不同的时空中达到共情。

步入初四，面临中考，学业压力突然增大，我的学习成绩也开始起伏不定，每天的心情都如同暴风雨般时好时坏。在一次期中考试出结果后，看到那惨不忍睹的成绩，我心中十分痛苦。天公也不作美，刚出校门，天空乌云密布，倾盆大雨从天而降，我只好去离学校很近的琴房避雨。老师在询问完我心情欠佳的缘由之后，没有多说什么，而是拉着我走到钢琴前坐下，再次弹起了贝多芬的《第五交响曲》。不同于之前毫无情感的弹奏，在这次演奏中，我仿佛看到了贝多芬作曲时的情态，感受到了他跌宕起伏的心情。一曲弹罢，我的心情也随之好了起来……

老师告诉我："玥儿，你知道吗？贝多芬的《第五交响曲》是一部充满活力、热望未来的作品。朝气蓬勃的快板就是'命运的敲门'，命运与凶兆始终在激烈地搏斗。行板是贝多芬对命运的沉思。快板、谐谑曲两种对立的冲突重新展开，这是英雄与命运的最后搏斗。这个乐章的结尾，鼓声在激动不安的背景上就像心脏的缓慢跳动，而弦乐则像微弱的呼吸，不安定的气氛渐强，使你感觉有太阳在冲破乌云。快板出现了众多主题的交叉变化，终曲尾声很长，最后命运主题以强大的威力在光辉灿烂中持续长达几十个小节，结尾是欢乐而辉煌的一片光明。"

生活中虽然有很多的苦难、失败和不幸，但是也有欢乐、成功和希望，这就是命运。但是，人不能一味地听从命运的安排，而应掌握自己的命运，并随时与厄运抗争，并战胜它，只有这样，才能得到幸福，才能有所成就，这便是《第五交响曲》这部作品的意蕴所在。整部交响曲以四个乐章从多个方面揭示了这种与命运抗争的思想，其中，第一乐章充满了紧张、严峻的气氛，是整部交响曲的基础，体现出各种情绪的变化和人内心最尖锐的矛盾。

德国音乐家舒曼如此评价贝多芬的作品:“不论你听过多少遍,都会像自然现象一样产生新的敬仰和惊叹。只要世界上还有音乐存在,它就会世世代代传下去。”

在一个春和景明的早上,惠风和畅,鸟儿在蓝天中自由翱翔,向人们展示着优美的歌声。我走到钢琴旁缓缓坐下,拿出谱子,弹奏贝多芬的《田园交响曲》。这时三岁的弟弟跑过来问:“姐姐,你弹的什么曲子啊?我也想弹,你教我弹钢琴好不好啊?”“好,你可要好好学啊!”说罢,我把弟弟搂到怀里,将他的小手放到琴键上,将钢琴上的八十八个琴键一个一个弹了一遍……

指导教师:商红梅

本文获省级一等奖

点 评

钢琴在西方号称“乐器之王”,它的魅力不仅在于其美妙的声音,更在于它所承载的音乐情感和文化内涵。《黑白键上流淌的人生音符》一文最大的亮点便在于,作者在学习钢琴演奏的过程中,不仅用手指去触摸黑白琴键,更是用心灵去感受生活和音乐的融合,进而用钢琴去演绎内心的深情,传递音乐情感,带给读者启发和深刻的思考。此外,用具体形象的语言描述抽象难懂的音乐,用具体的生活画面去阐释音乐,也是本文的一大亮点。

(尤立增 特级教师)

水墨天地间的回音

□ 浙江省宁波市镇海区龙赛中学　陈泽阳

一

河塘穿镇而过，水乡的房屋不约而同地沿河而建，错落有致。矮矮的老墙上缀满了点点绿意，缓缓的流水蜿蜒向前，河埠头青石板滑溜溜的，一级一级没入浅浅的河塘里。

她爱在水中作画。幼时，她牵着妈妈的手，蹦跳着来到河边。妈妈在埠头浣衣，她便躲在妈妈身后，拾起一根细枝，送入水中，牵起长长的波痕：优雅的弧线绘出，水波的舞姿曼妙，拂过浮动的倒影，舞过淡雅的眉梢……

从那时起，置身水乡，手握一支笔，描绘梦开始的地方，便是她扎根于心中的理想。家乡的水流得很慢，但从未断绝，水草曳于水中，如她的梦想生根发芽，又将层层涟漪送向远方。

二

偶然的机会，让年轻的她踏入了艺术的殿堂。在“光影丹青”沉浸式展厅中，五重画境空间展示了三十余幅融合的画作。传统的国画作品在数字技术的加持下，历经时间的洗礼，给她带来了新的震撼与享受。在正式展馆内，每一幅画前，她都驻足，流连。

深深烙印于脑海的，是那幅《水墨江南忆》。细腻的笔触淡淡地勾勒出白墙黛瓦，河塘水波荡漾。登时，马致远“小桥流水人家”的文字具象化了，此刻她与老墙、流水心照不宣，与当年的丹青手感同身受。这已不再是传统的国画作品，不只是黑与白的浓淡交错。那一刻，艺术之美挽起她的臂膀，欲唤醒她的心灵，追求那诗和远方。

三

她来到家乡老先生坐落于河畔的画室。画室里的她先练习起稿、绷稿、勾线、着染,后来进一步绘制起小物象,如鱼虾、花草、树木等,再用毛笔调色而绘之。她所绘之鱼,似自家河塘里的小草鱼,充满动感,跃然纸上。她喜上心头。

不知不觉,数年过去了,有墨香相伴,她矢志不渝。在家人看来,绘画似一条无穷无尽的坎坷路,而非大道。可她选择了坚守。孩童的她,诚如柔软的白云笔头,笔触却如此刚劲。曾经,她对浓墨重彩的写意作品抱有深深的疑虑,她怀疑,写意如一朵无实花,绘不出真实的天地,可如今,她懂得了:让对美的追求热情绽放,才是艺术的真谛。

她面前是老师布置的最后一个任务。此时,浮现于脑海中的,不只有满满的回忆,更有对过往的遐思。千百年来,无数人身世坎坷,受尽波折,却依旧以咬定青山之志,守住自己的风骨。而得志者,亦以"为天地立心,为生民立命"为己任,初心不改。是国画艺术,让无数人会聚,让他们的信仰在宣纸上有了归宿。忽而,她自觉亦有那份坚守,国画之精神已递至她的手中。她画的,是一株孤傲的松:根系紧咬大斧劈皴绘就的石,虚实相生的鱼鳞纹覆于树干,曲折的枝条修长而有韧劲。临别,老先生嘱托道:"国画画得好,自是为人称道,能将这艺术传承下去,才是真本事。无论身处何地,把这幅松树带上,勿忘来时的路,还有梦想开始的地方。"

四

深造多年,终究是回来了。如今的她,绘画技艺炉火纯青,于墨色浓淡间游刃有余,于笔触拿捏中变幻自如。一路颠簸,她回到家乡。曾经属于老先生的画室,现已空空如也。讲台上少了堆满的作品,少了他炯炯有神的目光。而她曾乘理想而去,如今又为梦而来,物是人非,欲语泪先流。

她推开了画室的窗,河塘的水依旧潺潺向前,未来依旧波光闪耀。那幅送她而去又陪她而来的水墨画,已有星点黄意,可松树,反而更有了历经沧桑的坚挺。故乡的一草一木,翠绿依旧。

她决定留下来,在这熟悉的画室,找回那份天真,培养新一代。她走街串巷,寻觅热爱绘画的孩子。这绝非易事。许多人认为画画没有未来，可在她看来，这是一条非凡之路，能帮农家孩子走出束缚，拥有更广阔的天地。来吧，孩子们，于水中作画留不下青春，在这传承千年的宣纸上，定可以留下你们的热爱。

她终于开班了，她教授属于国画的独特章法，更将水墨画工笔写意的审美授予学生，结合成熟的透视光影构图手法，播撒无尽的中国式浪漫。她忙忙碌碌从早到晚而不得闲，抬头一望墨色尽染，阵阵幽香沁人心脾，深深幸福涌上心来。

火候已到，她布置了一份作业——绘水墨江南。孩子们争着拿起笔，她偷偷一笑：孩子们在“回答”她，而她一直在“回答”她的梦想……

指导教师：刘唯

本文获省级一等奖

点　评

本文文脉清晰，自然灵动。四个部分之间构成了有机整体：第一部分写主人公“筑梦”，美丽的自然山水投射在主人公心中，延展于笔下，就此埋下了绘画的种子；第二部分写主人公“寻梦”，艺术殿堂、科技赋能加深了主人公对绘画的理解，对国画的热爱破土而出；第三部分写主人公“绘梦”，通过系统的学习，领悟到民族的审美品格，对国画的理解更加深邃壮阔；第四部分写主人公“圆梦”，传承国画精神，感受艺术所带来的幸福感。四个部分层层深入，起承转合过渡自然。文章既体现了对国画的深切热爱，又肯定了学习过程中的初心坚守，还表达了对民族审美品格的礼赞，内容丰富，却写得不蔓不枝，条理清晰，可见作者优秀的文章组织能力。此外，语言自然流畅、用词精准，也是本文的一大亮点。

（劣雅丽 特级教师）

闲敲棋子落灯花

□ 浙江省苍南中学 黄子涵

白纸黑字织成云，我陷在洁白里，吮吸着文字的花蜜。

我喜欢在午后的阳光下，捧着戏本，拥有一个完全不同的身份：撑一把油纸伞，漫步于江南烟雨；驭一匹千里马，奔腾在玉门关外；倚一株垂柳，柔唱着霸王别姬。

冥冥之中与戏剧有约，我自愿做个天地逆旅远行者，酩酊寄此身。看桃源在东方蹉跎，高加索的秃鹰在西方盘旋。在金陵城看厌了十几年的车马，在角斗场看惯了几十载的身首分离，听倦了吴侬软语，看厌了戏子春秋。

多少次，马嵬坡下，心比沙洲冷；多少次，出塞途中，凄凄琵琶怨；又多少次，青鸟从米蒂尔掌心飞走。四下无声，我和他们，这一刻，仿佛初见。

书中角色说，去演一场戏吧。千年前，陈胜一众揭竿而起，“王侯将相，宁有种乎”，于是天下云集响应，秦二世而亡；刘彻登临之时豪言壮语，“寇可往，我亦可往”，展我华夏气节；昭君出塞，舍我其谁，孤身入敌营，以身为诺，换数十载和平。

古稀老者说，去读一场戏吧。华清池一醉舞，“云想衣裳花想容，春风拂槛露华浓”，大唐，永远是中国人思念的心灵故乡；观山景的孔明，独守空城，武侯祠香火千秋万代，耳熟能详的是那句“兴复汉室、还于旧都”的夙愿；一人敌万人的海瑞，一生清廉，敢于力抗一众奸佞，如神剑保卫着大明的江山，唯有德者，方能执之。

内心深处说，去品一部戏吧。为一句话，万金奉还；凭一己之念，翻万水千山。从涿鹿经历九战九败之苦到夜莺的红白玫瑰之谜，这一刻，东方和西方、古代和现代，所有的故事被缝合在一起，它们遥遥相望，一声万古绝唱，荡漾在每个落幕之时。

戏幕起又落，台上人水袖轻舞，唱一曲金榜题名，舞一曲久旱逢甘霖，回首卸下伪装，方见一个个角儿组成的其实是自己。一个一个走过，一个一个错过，一遍一遍来过。见穷凶极恶的暴徒，怒其性劣；见无人赏识的书生，悲其多舛；见江湖侠士惩恶扬善，不免喜悦。人生就是这样，一个个岔路，我们的一举一动都决定了自己的未来，我们就是自己的造物主。

阅戏无数，自己也曾化作剧中人物，无霓裳羽衣，无观者满座，只管沉溺其中，我便融入了另一人的骨血。燕姬的恨，一张面具定乾坤；蔡元培的执，一双眼中是开放的北大；武陵人的念，一叶扁舟离开了幻象的天国。花有重开日，人无再少年。戏幕落，漫天大雪中，墓碑上的十三钗仿佛端坐，仿佛嬉闹，宝玉踱步上前，方觉无人，一切皆幻境，说什么花谢花飞、光阴辗转，早已四大皆空，好一似食尽鸟投林，落了片白茫茫大地真干净！仰观宇宙之大，好似昨夜闲谈，贾雨村还是甄士隐。

人生如戏，回头看，山川河海，世事悠悠浑未了，年光冉冉今如许，临到头，许多事不过黄粱一梦。戏如人生，前世百转千回，换得今生回眸一望。金陵王殿莺啼晓，秦淮水榭花开早，却是容易冰消。再热闹的宴席，也逃不过席散；再繁华的朱楼，都躲不过蔓草荒烟。万物轮回，终有一别。从一瓣花开始，到一眼泉结束。

浮生若梦，为欢几何？无处不坦途，王敦怀才不遇，空有举世之才，仍能扣壶长吟，且歌且行；欧阳修见官场暗黑，忠良无下场，仍守着内心的一方天地，即使江州司马青衫湿，却仍叹着人生遇知己，一片雪泥鸿爪；东坡一生三贬，却提笔只写“竹杖芒鞋轻胜马，谁怕？一蓑烟雨任平生”。

光影中看见浮士德年幼的身影，弹珠相击的响声和指针的嘀嗒声好似一瞬间融合。与米菲斯托的赌约，是他人生中最幸运却最不幸之事，他有了重回少年的机会，却仍如当初一般碌碌一生，输了赌约，失去灵魂。时也，命也，潮汐往返，月影更替，总是落得“人面不知何处去，桃花依旧笑春风”的结局。我们在一个黄昏念着“原是风弄竹影，只道是金佩响乐”的唱词，换一把绰约的桃花扇。坎坷路上念《澶渊之盟》，你看这四顾茫茫，万里银装，带砺山河，尽入诗囊，笑人生能几度有此风光，不过是晚来天欲雪的一杯温酒。

一声一声笑着，一幕一幕闪着，一次一次放过。每每与戏相伴，总觉参透了人生，品尽了艺术繁华。看灯火阑珊，是满堂彩，或是唏嘘落幕；是一桶好酒畅饮，还是醉了一席月光。

一场戏唱罢，看尽文苑华章。品一次朱门似海的尔虞我诈，看一场乱世枭雄的逐鹿问鼎，历一幕碧瓦朱甍的寒英殇雪。看一部戏，一日了无羁绊，一日闲敲棋子落灯花。

指导教师：池涵

本文获省级一等奖

点　评

“闲敲棋子落灯花”本是宋代诗人赵师秀的诗句，在本文中恰切地表现了作者从戏剧中笑看人生的闲适从容。文章以充满诗意的语言切入，引入大量关于戏剧的中外典故，彰显了作者深厚的文学素养。站在哲学的高度审视人生，看待世界，实属难能可贵。然而，叙述语言一味追求文采，难免会有雕琢的痕迹，反而不够灵动。

（尤立增 特级教师）

且听川剧

□ 山东省青岛第十九中学　纪玥彤

三花川剧团位于府青路二段一个古玩市场的负一楼，每天下午两点开演，四点一刻结束，几乎全年无休。三花作为民间川剧院团，这里没有商业中心的豪华舞台，也没有蜀香雅韵的绚丽衣着，有的只是年过半百的演员和七老八十的老戏迷。

剧目开场，饰演皮金的丑角演员，脸上画着夸张的八字眉，穿着绿衣服红肚兜，顶着一盏油灯，蜷缩着身体从长凳下一遍遍地钻过，再把腿扳过头顶做出高难度动作。他滑稽的肢体语言和面部表情，逗得台下发出一阵阵笑声。我目不转睛地盯着皮金脑袋上的那盏油灯，油灯里的火苗沿着碗壁蹿得老高，我生怕他不小心将油滴落烫到自己。等到他把油灯从头上拿下，向观众鞠躬谢幕的那一刻，我松了一口气。还没等众人反应过来，他已快速将道具搬离，把舞台留给了下一位表演的同伴。只见那像仙子一般的人物步伐轻盈，如履祥云上，粉裙、粉斗篷上缀着金黄的流苏，配着头上的点翠，一步一摇，全场人的目光集中在她身上移不开。随着她纤纤玉指呈兰花状往前方一指，再往回一扣，好似含羞低头，双手挽花扬起又落于胸前，浓妆下一双含情眼朝台下望去，欲语还休。戏台前的灯光如星河般透过戏楼子那一方木雕窗泻在台上，星移物换，沧海桑田，水袖一挥，翩翩间唱尽愁苦，一丝一缕婉转悠扬。

戏曲已结束，我还沉浸其中，满心满眼的情绪好像要溢出来，看着墙壁上挂着的点翠头饰，久久没有回过神来。一道声音打断了我的思维，是台上的老师。我不禁问道："这里招学徒吗？"她说："招不到人，年轻人都不愿意学，后继无人喽。"我说："我的研究性学习就是川剧，我能试试看吗？"她笑着看着我。

进了川剧班，我才真真正正明白为什么说"台上一分钟，台下十年功"。单单走台步、拉三膀就练得我想哭，几项基本功练下来我已经汗流浃背了。学不会手势，记不住唱词，走不对台步……半天的课下来，嗓子痛得说不出话，我想打退堂鼓了。老师看出了这一点，让我去后台休息一下。后台与舞台之间仅有一处简陋的隔断，昏暗的灯光让人仿佛走进了电影《霸王别姬》中的场景，桌子上摆着用铁盒装的油彩颜料，戏服高高挂在两侧墙上，镜框褪了漆的镜子旁摆着假发。小小的化妆间似乎是一个交会处，后台一派日常生活景象：演员老师们各自唠着嗑，问对方中午吃了什么饭、带什么小零食，再慢慢地描画脸上的戏彩，穿上一件件戏服。在这里没有华丽的衣裳和道具，有的只是无尽岁月留下来的痕迹，像一个个古老的故事被尘封在这里。

我又坐到台前，在等待间隙主动与身旁的爷爷聊天。他跟我侃侃而谈，说从这里开演起自己就来看戏，今年是第九个年头儿了，还调侃自己应该是这里最年轻的观众。“这些文化迟早都要消失，现在也就我们这些老的愿意来看咯，耗口了。”

我有些恍惚，直直地走向老师，问能不能再让我试一次。老师帮我穿上戏服，戴上繁重的头饰。学习动作的过程中，没过一会儿太阳穴就被勒得生疼，全身大汗淋漓，可是动作不过学到七八分，我这才发现原来戏台那么窄，两步就能走到边缘，可台下剧团的老师们却带着欣慰的目光望向我说：“唱得乖得嘞。”就这么一小会儿，我身上的衣衫已经从里到外湿透了，但是这么多演员在这个狭小的空间全年无休地演出，还要穿里三层外三层的戏服坚持唱戏几十年，且盈亏都是自负，敬佩之情油然而生。除了热爱，我真的想不出还有什么能支撑他们乐此不疲。

换下戏服，我跟着老师走出剧团。路口的电线杆像是日晒雨淋了十几个年头，发黄的电线松松地挂在上头；两边是半废弃的收藏品市场，中间门头上拉着“三花川剧艺术”的红色横幅，上面落了一层积灰，门口的牌子上写着今日演出戏报。我问老师为什么剧团叫三花，老师说三花川剧团的名字代表着三位创始人——大花王娟、二花伍玉、三花陈英。“三朵花”从小就在一起学习川剧，经过辗转，人到中年的她们再次相遇，三人约定一起办个川剧团。她说：“看到有年轻人来，我们真的很开心。其实我们明白，你们看不懂，但是只要你们能走进川剧剧场，我们就很满足了。”她说只要自己还有一口气就会一直唱下去，因为老祖宗说过，即使台下无人，戏一开腔就不能停。这不仅是传下来的规矩，更是对唱戏这个事情的热爱以及对这份职业的尊重。台上王侯将相、才子佳人，台下柴米油盐、四处奔波，川剧演员就这样唱到无法再站上戏台的那一天，唱完最后一出戏，落下最后一个音符。回头看，就是一生。

“相随心变眼神韵，手眼身步健刚柔。这是我们川剧的绝活儿，只有川剧才有！”老师的声音好像还回荡在耳边。一路上，我不由得想起余秋雨老师在《文化苦旅》中形容“文化的旅程是苦，是涩，在这千年的叹息中讲述苦旅”。川剧那气氛、那琴声、那锣鼓、那声泪俱下的唱腔，无一不是千年文化的见证。在历史文化的不断流转里，在演员和观众的更迭中，无数艺术家带着中国戏曲，走过了上千年。人生如戏，戏如人生。在这里，不论是台上的演员还是台下的观众，都能在舞台上找寻到与自己生活息息相关的情感共鸣；在这里，你能感受到对于川剧艺术的热爱和坚守，这样的情感，来自演员，来自观众。

如果有机会，请你来这里看一出戏。

指导教师：张明月

本文获省级一等奖

点 评

《且听川剧》一文以心理描写为主要手法，生动细致地描述了“我”在进行研究性学习时，听川剧、学川剧、悟川剧的过程，展示了以川剧艺术为代表的传统文化艺术的巨大魅力。文章将描写、记叙、议论紧密结合在一起，既写出了“我”对于川剧认识的过程，又凸显了川剧演员的坚守，引发读者对于传统文化艺术的思考，给人以启示。

（尤立增 特级教师）

向日葵

□ 福建省三明第一中学　梁燕

烈日笼罩着这片焦灼的土地，虫鸟争鸣，在野外奋力地反抗着窒息的炎热。

午后的小镇，野外寂寥无人，但田野旁突然传来一阵水泼于地的声响。那是一个古怪的男人，红棕色的鬈发稀疏且挂着水珠，眼神在向阳而生的向日葵与画布之间来回流转；鼻梁高挺，但皮肤与嘴唇因长期的暴晒早已干燥起皮。破旧的衣裳，张开的衣襟，汗珠自胸口落下，但依稀可看出颜料价格不菲。

终于，最后一笔落下，十二朵向日葵跃然纸上，极简的笔法表现出其形，浓烈而又饱满的色彩如火焰般喷涌而出，充满了律动感及生命力。紧蹙的眉头于是得以舒展，一抹微笑在脸上晕开。男人疾速收起画具，踏上返程之路。

几粒石子忽地击中男人的大腿。“快看，伏热(法语中意为“红头发的疯子”)又出来画他的画了。他的头晒得跟个秃驴似的。”几个男孩儿聚在一起，朝着男人的方向做着鬼脸，讥笑声不绝于耳。男人却充耳不闻，只顾赶路。

到家门口时已近傍晚，男人打开信箱，一封信果真已躺在其中。回到家，放下画具，男人立即撕开信封。

致哥哥：

亲爱的哥哥，听闻你很适应现在的新环境，我很开心。这是这个月的生活费，望你一切安好。

提奥

信封的内部还附着一沓欧元。上个月，男人在弟弟提奥的鼓励下刚从巴黎来到这座无名但阳光明媚的法国南部小镇。巴黎的一切都很好，有梦寐以求的艺术氛围。他在那里结识了众多志同道合的画家，他们一起在画室里画画到忘却时间，一起在凌晨的酒吧里畅聊人生理想，一起在聚会上争吵讨论自己的艺术见解。但也正是在巴黎，他看到了自己与别人的巨大差距，他开始自我怀疑，他开始服从世俗，开始模仿他人的创作风格——印象派风格。直到弟弟的一顿怒骂，他才逃离巴黎这个繁华的牢笼。

视线从信纸转移到那幅色彩浓重热烈的画作《向日葵》上，他提笔准备给弟弟回信，但当笔尖落在雪白的纸上，感到一阵晕眩。他费力地摇了摇头，望着纸张只觉得一阵天旋地转。长期的日晒给男人带来的影响远不止头发脱落、热射病加深，他的精神也日渐恍惚。

“砰砰砰，砰砰砰！”门被拍得巨响，男人吃力地扶着座椅站起身，向着声响挪去。

“有人在吗？”房门被打开，一个有着浓密胡子的男人站在门前。

“哦！我亲爱的朋友，快进来快进来。”他亲密地将手臂挽在男人脖子上，招呼男人进门。男人是他在巴黎时结识的至交好友，他来到阿尔之后便邀请男人一起来同住。他们曾在凌晨的街道一起喝酒，在野外的星空下无话不谈。

“我今天来……”“等等等等，我最亲爱的朋友，快来先看看我的新作。”说着，他便将男人带到画作《向日葵》跟前。“哦！是的，我不得不承认它实在是棒极了。但是我今天来是有件事想告诉你。”男人躲闪着对方的目光。

“哎呀，你能有什么要紧的事，今天晚上让我们再一起——”“我要离开阿尔了。”“你说你要——什么，你要离开这里？”听至此处，他奋力扳过男人的肩膀。“对，我要离开这里了，我们一起回巴黎吧！巴黎多么美妙，那里有世界上最棒的艺术氛围，我们可以在那里谈天说地，而不是在这个不知名的小镇整日受着烈日烘烤。”男人终于直视他仿佛冒火一般的眼睛，继续说道，“这里不适合我，你知道吗？”

“好！好！好！你走吧，你走吧！我是不会走的！”男人听到此话，深深地望着他的眼睛，转身离开。望着友人离开的背影，他将门奋力关上，虚脱地靠在门上。

精神越发恍惚，太阳也熄灭了，黑暗淹没了星河，天和地分不出彼此。张开手，却发现怎么都动不了；想大声呼喊，可怎么都发不出声。

“在众人眼里，我是个怎样的人？一个无足轻重的人，一个内心空虚的人，一个令人反感的人。我永远不会在这个社会上有一席之地。就算是这样，总有一天，我会用画作给世人展示，这个卑贱、无足轻重的人，对生活充满着怎样的渴望和憧憬。”这位在后世受千万人崇拜的伟大艺术家——文森特·凡·高这样说过。

那一夜过后，他凭借自己对于艺术的追求与对生活的渴望，度过了三年的短暂时光，最终在一片麦田中举枪自杀。他死前穷困潦倒，死后名满天下。人间留不住他,他的心如向日葵般奔向太阳。枪响之后,再无凡·高。

指导教师:张倩宜

本文获省级一等奖

点　评

文章以画家凡·高生前惨淡、死后辉煌的蹇运为底本,着墨渲染了一个震撼人心的故事。情节波澜起伏,扣人心弦。开篇写环境,以虫鸟之噪鸣反衬画家对艺术的执着追求,他在炎夏中完成了《向日葵》,这是情节之“起”;回家途中画家对孩子们的讥笑声充耳不闻,是情节之“伏”;回家后收到弟弟温暖关怀的来信,情节又“起”;准备回信时顿觉身不由己、天旋地转,情节又“伏”;好友到来,满心欢喜请他看画作,情节再“起”;而好友竟要回巴黎,情节再“伏”。至此,画家的心跌入深渊,读者的心海随之漾起涟漪。“向日葵”象征生命之热烈、理想之高洁,而“巴黎”象征服从世俗。转承之自然、用语之到位、文脉之流畅,均使此文章堪称佳作。

(尤立增 特级教师)

琴

□ 吉林省长春市九台区第一中学　李梓嘉

站在金色大厅的舞台上，她颤抖着向台下的观众鞠躬，回应如雷的掌声。

面对这样盛大而热烈的场面，她的内心却不禁开始回想：她和钢琴的羁绊是从什么时候开始的呢？

一岁抓周礼上，围在她身边的是母亲精心挑选的物品：画笔、相机、名著图书……每一件都勾勒着一个美好的未来。幼小的她越过周身的事物，径直爬向了角落里那架落着薄灰的钢琴。像是结下某种契约似的，小小的手在琴腿上按出一个手印。

而后，她的命运与钢琴紧紧交织在一起。

人们都说她是天才少女。

两岁半学琴，手指第一次触摸到琴键，便精准地弹出C大调的基准音，展现了超出常人的音乐天赋；五岁打败同组的大孩子，夺下小金钟音乐大赛的冠军；七岁包揽国内各大音乐赛事的奖项，成为人们口中的天才少女……

从默默无闻到走到众人面前，她只用了几年。

几年里是无数的练习。

她热爱音乐，热爱钢琴，即便那时的她也是个在天性驱使下向往玩耍的孩子。

她永远记得那个下午，夕阳的光恰好从客厅的落地窗直射进来，照在她的琴谱上。楼下传来小朋友玩耍带来的欢乐笑声。她坐在钢琴前，一遍一遍地练习着，这是属于她的快乐。和钢琴、和音乐在一起，她似乎永远也不会感觉累。

她享受着舞台聚光灯下的鲜花与掌声。她的梦想，是在维也纳的金色大厅奏响她的十八岁。

她人生的十七年，都在全力为这个梦编织一张华丽的网。

而这张网，在她十七岁那年被骤然剪碎。

那时她突然发现自己左右手的力气差别很大，走路也时常觉得无力，似乎随时都要跌倒。

医院的检查结果告诉她，她的脑袋里长了一个肿瘤。肿瘤压迫了神经，造成了她的无力。

她急切地询问医生，自己是否还能演奏钢琴。

医生告诉她，或许她这辈子再也无法像从前那样演奏钢琴了。

“放弃钢琴吧。”

于是，在她距离十八岁还剩六个月的时候，她清楚地听到一个清脆的声音——有什么东西碎了。

肿瘤的位置很不好，手术的风险极大，保守治疗就是吃药和静养，或许还能安然活两年。然而所谓生病，并不是找医生，把药吃了，把手术做了，就痊愈了。真正的生病是拿杯子的手会不住地颤抖，是吃不完的药、吐不完的酸水，是从起点到终点徒劳地转着一个又一个圆圈。

她停下了一切的训练、一切的赛事，只是躺在床上。她从来没觉得生活这样平淡过，没觉得周遭的环境如此嘈杂过——曾经这一切被她热爱的音乐所掩盖了。

她开始整日流泪。

她怨恨上天为什么把对音乐的爱给予她，却又将苦难带给她，让她在最靠近梦想的时候狠狠跌落。

对音乐的思念让她某日逃离医院，偷偷溜进琴房。钢琴架上还放着她从前练习的《命运交响曲》。从前，母亲总说她弹这首曲子好是好，却不动人。是啊，她那时哪里懂得“命运”二字是如此沉重，重到可以让她离梦想那么远。

母亲终于在琴房找到了她。

琴房的门被推开，她停下手中的动作，转头看向母亲。

“妈妈，你还记得我要十八岁时在金色大厅弹琴的愿望吗？”

母亲终究还是由着她了，与医生沟通后，每日一小时的弹琴时间成了她活着的动力，她开始积极配合治疗，散步、吃药、吃饭……在这样短的练习时间里，她每一遍演奏都更加努力。她想，就在这一小时，忘记自己的病痛，忘记自己曾经的荣誉，忘记一切，只沉浸在音乐之中。

钢琴成为她如枯木般生命的燃料，纵使火光将尽，她也要再次热烈地燃烧一次。

二月悄然而至，在飘落的雪花中，飞机降落在维也纳这片充满艺术气息的土地上。

她终于踏上了金色大厅的舞台。

此刻的场景在内心演练过无数次：观众、灯光、舞台……一切都与她梦想中的画面重合起来。真正站在台上时，所有的忐忑都在经历病痛后化为了坦然。

她向台下欠身，然后缓缓坐在钢琴前，手指拂上琴键，弹奏出有力的音符。

《命运交响曲》!

曾经的她演奏《命运交响曲》时技巧大过情感，惊艳却不动人。而如今，历经生命中的沉浮与挣扎，她全力用音乐带来的勇气对抗命运。

命运那么重，却压不垮她热爱音乐的心。

一曲完毕，众人还沉浸在琴声之中，而泪水早已涌出他们的眼眶。

台下掌声如雷。

台上的她，明天就要接受脑部手术。

但她现在已经有了面对命运的勇气。

是钢琴，是《命运交响曲》，是她对音乐的爱，是她对梦想的执着。

无论是什么，她想。

指导教师：董雯轩

本文获省级一等奖

点　评

《琴》一文采用倒叙的手法，生动记述了主人公在音乐的支撑下与命运抗争的故事，行文流畅自然，节奏舒缓。琴作为线索贯穿全文。它是情节发展的关键，又是主人公青春的寄托，更是她坚持追求理想、战胜命运的精神的象征。文中多次提到的《命运交响曲》，正是主人公人生的生动写照，更是文章主旨的升华，设置巧妙，格外动人。

（尤立增 特级教师）

少年摇滚团

□ 山东省武城县第二中学 陈鸿

六月十一日，高三毕业晚会上，少年摇滚团带着原创歌曲《理想不尽》压轴登场，全场沸腾。台前，陈安的班主任骄傲地对旁边的老师说"我是他们粉丝"；台后，摇滚社团新人看着学长在舞台上酣畅淋漓地演出，满心崇拜；台外，社团教室里放着的吉他遇风而奏，"声声"不息。

一年前……

"六月十二日，新一届高三年级详细事宜……"

手机上的消息撑满了陈安的眼，原本打算弹会儿吉他的他反手一按，径直走回卧室。

傍晚七点，窗外的夕阳艰难地钻进屋里，却只能在墙角留下一点儿可有可无的痕迹，余下的全是黑暗。

"这么早开学吗？"陈安斜靠在床头柜上，不愿去碰一下灯。其实他也没有那么讨厌开学，但是成为高三学生的现实压得他很烦。

一阵开门声打断他的思绪——奶奶回来了。陈安爸妈在市区忙事业，他平时就和奶奶一起住。

"小安，来吃饭了。刚才你爸来电话，说不能让你带着吉他了！"

陈安对着空气翻了翻白眼："他们嘴里就这几句。奶奶，我就把吉他放社团教室里，除了乐队活动，其余时间保证不碰！"

奶奶也拗不过陈安，最后只得同意了。

夜总是悄悄地黑，等陈安收拾好东西，已经十点多了。他躺在床上，想着还没写完的歌："我理想燃不尽，谁人可嘲笑……"梦里，这首歌响彻舞台。

六月十六日，距离期末考试还有一个月，但陈安一点儿也学不进去。对他来说，这些日子十分漫长：学校决定暂时取消摇滚社团准高三成员每周六、周日在阶梯教室的社团活动。

摇滚社团是由陈安组建的四人乐队“少年摇滚团”发展而来的，面向全校学生开放，但大部分成员都是这届高三的学生。现在，高三学生没法再来参加活动，阶梯教室的灯再也没亮过。

六月二十日，周六，陈安习惯性地想去阶梯教室坐一会儿。灯竟然亮着，仿佛是在等他一样。陈安的吉他躺在门口，渴望着苏醒和重生，渴望着舞台和尖叫。坐在最前面的是孙传鑫。墙上仍然贴着“少年摇滚团”的贴纸。

太阳烤得连风也无力吹起，但陈安感觉有股冷意，于是他走近孙传鑫说：“鑫哥，当时我说要写首歌，虽然才两句……”

孙传鑫头也不抬，自顾自地说：“没有新人参加，摇滚社团只能解散了。”

陈安动了动嘴唇，说不出话。

摇滚社团承载着他们乐队从初一到高三的回忆，是将近两千个日夜的羁绊，是对摇滚梦想的追求。一开始，陈安和孙传鑫两个人只能在假期时间练习，后来比他们小两岁的王家驹、王家强兄弟俩加入，少年摇滚团才正式成立。陈安想起初三百日誓师大会之后，他们一起在这里贴上“少年摇滚团”的贴纸，从那一刻起，四个人的心都交予了这个乐队。那天看完《寻梦环游记》，陈安一直说：“我一定要唱，我一定要弹，音乐，它不仅长在我的心里，更融入了我的生命。”

…………

陈安和孙传鑫表面平静，心里早已波涛滚滚，不甘、愤怒即将喷涌而出，失去音乐的悲痛也快要决堤。

“你们在这儿干什么呢？”一道惊雷在身后炸响。陈安和孙传鑫听到这个声音猛地颤了一下，立马意识到是他——班主任。两个人连忙站起来，退到椅子后面，低着头不敢和班主任对视。

“别人都在教室自习，你俩在干吗？离期末还有一个月，能考好是吧？”班主任含着怒喊道。刚结束的小测里，孙传鑫的成绩稳定，陈安的却直线下降。

“孙传鑫，你回去。”班主任指了指门口。陈安推着孙传鑫，也想跟着跑，还没跑出一步就被喊住。

“陈安你留下。”

陈安转过身，看着班主任满是杀气的双眼，心里咯噔一下。

“说吧，怎么回事？”

陈安原本想编点儿什么糊弄一下，内心又斗争起来：“这样做，你会后悔。”“为什么？怎么可能？我高三了，学业最重要啊。”“这是你想要的吗？陈安。”这是你想要的吗？这是我想要的吗……

“不是。”陈安抬起头，坚定地说。这句“不是”是少年摇滚团的呼唤，是梦想的坚定，是真心的觉醒。班主任满脸疑惑，盯着陈安，怒气转为不解。

“老师，我想让社团开下去。”

“高三是最关键的一年，如果没抓住这段时间，你将来就会后悔。等到高考之后再去尽情释放你的爱好，现在先把这些放一放，把学习稳一稳。”其实班主任也只是想让自己的学生能专心学业，不留遗憾，哪里会有意阻挠他们实现梦想呢？

少年的情感是最真挚的、最充沛的、最强烈的，陈安怎么会不理解老师的用意？但他想做的是让学校的摇滚社团传承下去，让更多的学生能接触音乐，接触摇滚，延续少年摇滚团的梦。“老师，这个社团我待了五年，我希望我们走了之后有新人加入，而不是就这样解散。”

“你怎么就能保证其他学生会加入你们社团呢？”

陈安也说不出来。难道这件事只能以遗憾和失败告终吗？哪怕一个人一个人地喊呢！他的耳畔回响起 Beyond 的《谁伴我闯荡》：“寻梦像扑火，谁共我疯狂？”

“期末这几天你专心学习，九月一日开学典礼，我向学校申请，让你们乐队成员参加开幕式演出。”班主任看着面前的少年满怀坚定与理想，模糊中似与少年时代的自己重影相映——谁年轻时没有轰轰烈烈的梦想？就像是追梦者对追梦者的守护，班主任也希望让他不留下遗憾。

这句话像是悬崖上一棵斜生的树，接住了陈安那颗跌落的心。陈安有点儿喜出望外，他怎么也不会想到，刚刚还盛怒的班主任会给他们乐队在开学典礼上表演的机会。“谢谢老师，我现在立马回去学习。”陈安有些激动，喘着粗气。

“回去吧。”

陈安觉得时间就像陀螺一样，呼呼旋转，很快到了期末考试，又到了暑假。

七月十八日，期末考试成绩出炉。陈安如愿以偿，进步显著，这让他有信心能在暑假和乐队一起练一练，尽管曲子还没定好。今天是他们约定碰面的日子，就在他们常去的公园的一座小亭子里。昨天晚上刚下过雨，公园里树青水绿，珠烁晶莹，宛如新生。

早上八点，四个满怀热忱的少年坐在一起，虽然没人开口说话，但每个人都难掩激动——摇滚社团绝不会解散。现在唯一要做的就是练好歌，在开学典礼上吸引新人加入社团。

“我还是感觉《海阔天空》更合适，不仅知名，还能给新人看看我们的精气神。”王家驹满脸骄傲。他的话获得一致认可，所以就定下唱《海阔天空》：“今天我，寒夜里看雪飘过……仍然自由自我，永远高唱我歌……”

他们的默契经历了五年的磨炼，是节奏上的心有灵犀，是音律上的和谐一致。每周安排两次训练，他们每次训练都弹奏至手指酸痛得难以拿起吉他，演唱至全身被汗水湿透，直至家长打电话不断催促才肯离开。

暑假最后几天，他们把要写的歌写完了，定名为《理想不尽》。

“原谅我这一生不羁放纵爱自由……” 少年摇滚团想要的自由就是社团的新生，这是他们的不羁与信仰。时间倏忽而过，对现在的他们来说，面前的阻碍和困难不过是人生浪潮中的一座海礁，愈高，激起的浪花愈美。

九月一日，上午八点，高中部学生陆陆续续返校。新生开学典礼会在九点准时举行。陈安、孙传鑫、王家驹、王家强四人已经排练了两遍。

“别紧张，休息一会儿吧，一会儿该上场了。”陈安示意大家先歇一歇。

嗒、嗒，时针一顿一顿向前转动，四人的心也随着钟声上下起伏。八点三十分，陈安的班主任带着乐队来到操场，准备上场。

“你们不要紧张，按排练的来。”班主任拍了拍陈安的肩。

“一定！”

“下面有请，高三年级陈安、孙传鑫，高一年级王家驹、王家强，带来歌曲《海阔天空》。”

“今天我，寒夜里看雪飘过……”

全场男生高喊，最后大部分人跟唱起来，包括陈安的班主任。这是怎样一场值得期盼的相遇！“我为你们骄傲。”班主任在心里暗想。

一首歌唱完，全场掌声雷动，四个人的眼眶都湿润了。感谢音乐，感谢摇滚，让他们彼此相知相遇。

“同学们，你们愿意加入摇滚社团吗？”陈安有点儿哽咽，但坚定地问道。

“愿意！”同学们的声音汇成一片海。面前这片海洋，将会孕育多少“少年摇滚团”尚不可知，但是摇滚社团一定会永远活下去。陈安也不记得唱完之后发生了什么，只知道每个周末来社团的人络绎不绝。

接下来要面对的是三百天后的高考。“什么困难没遇到过，再难的题也得给它办了。”经过这件事，陈安无论遇到什么事都不再畏惧，只想着尽力而为，万一成功了呢？高考并不是人生的终点，它只不过是一座暗礁，昂首向前才是少年的本色。

六月十日，下午，高考结束，陈安拉着孙传鑫他们来到公园，这次是为了明天晚上的毕业晚会。他们要唱自己写的歌《理想不尽》。

六月十一日，晚上，主持人宣布晚会开幕，少年摇滚团四人坐在幕后等待上场。

“有请少年摇滚团，为我们带来原创歌曲《理想不尽》。”

这是陈安梦中的场景，不过现在他们真真正正登上了舞台：

我理想燃烧不尽
谁人可嘲笑
青春匆匆
每段岁月都激情燃烧
用奋斗拼出人生的色彩
前路璀璨
不问东西
我理想坚定
走向远方
…………

指导教师：刘科

本文获省级一等奖

点　评

《少年摇滚团》综合运用多种表达方式，将叙述与描写、抒情、议论有机融合，用朴素但充满力量的语言，记叙了一个少年坚持追求音乐梦想的故事。文中，音乐不再只是休闲的工具，而是融入主人公血液的信念，支撑着少年们走过艰难的高三生活，迎来理想的绽放。更为巧妙的是，文章对于歌词内容的引用灵活而自然，既丰富了文章意蕴，又产生了动人的力量。文章采用倒叙的方式，使文章首尾呼应，结构浑然一体。

（尤立增　特级教师）

画 村

□ 华东师范大学第二附属中学松江分校　丁欣妍

说实话，如果不是露营基地赠送了金山农民画村的门票，一心想着观星的我，也许永远也不会来参观这个不起眼的小村庄。游客稀稀拉拉，让这个本就人烟稀少灰扑扑的村子显得更加冷清。

或许是为了呼应农民画的主题，几面墙上绘制着彩画，有些褪色，却仍能让人想象到那原本是极其鲜艳的、反差极大的颜色。画面描绘的不过是田野、房子、树、劳作的人——最平常的农村生活景象，看不出透视效果，像是把几个单独的图案随意扔在了画里。我向往所谓的高雅艺术，而这些在我眼中算不上有美感，甚至有些土气。相比之下，我更愿意欣赏周边真真切切的农村风光，稻田与风自然地交织，少了人为的雕琢和夸张的色彩，一切都是刚刚好。

不知为何，人们去一个地方总要看看那里的展览馆，哪怕只是走马观花地逛一圈，也总觉得自己接触了当地的历史与文化，这一趟旅程便被赋予了休闲娱乐之外更加高尚的内涵。我也如此，虽然对农民画并不感兴趣，但脚步已将我引入金山农民画展厅。

那些玻璃柜里的画被保护得很好，色彩格外鲜艳，有名称，下面标着作者的名字，或许比那些风吹雨打的墙画要精致一些，但是并没有本质的区别。我甚至一度想过，作者的身份是否比画本身的艺术内涵更加重要——因为农民在无数文艺作品中具有正面形象，他们所绘的画也理所应当被捧上神坛？

展厅不大，胡思乱想中我信步走出。一只黑色的猫从一间灰扑扑的房子里跃出来，我的目光聚焦到它的身上。猫很瘦弱，有一只眼睛只剩白色，似乎失了明，可是它出人意料地活泼，用那只好的眼睛打量着我。屋里传来声音，小黑猫丢下我跃回了屋里。一位老奶奶走到门口，怀里抱着那只猫，跟我打招呼。她笑起来，眼角的皮肤像风吹皱的湖水。

出于礼貌，我走进她的小屋。光线很暗，我甚至发现了好久不见的拉线开关，只能借着外面还算亮堂的天光，分辨出里面满满当当挂着的全是农民画。她回到椅子上，面前是一个简陋的木头画架，放着一幅画了一半的画，那是蓝天白云下一群扛着镰刀的农民在金黄的稻田里割稻。

“这些画都是您画的吗？”

“是，都是我画的。”她说话时带着很重的方言口音，我不大听得懂，但还是能从她明显带着自豪的笑容中明白，这些是她引以为傲的珍宝。她站起身，高兴地指着那些画，像教小孩子那样依次告诉我：“这是荷花……这是稻子……这是鱼……多可爱啊……”我频频点头，有点儿好笑地想着：她是不是觉得现在的孩子没有见过大自然？

“您画得真好！”当她的介绍告一段落时，我说。

并不完全违心，看多了以后，我突然觉得，那些格外流畅的线条和饱和度极高的颜色碰撞在一起，形成了一种独特的韵味，像是把熟悉的现实世界揉进了一个农民最原始也最纯真的想象中。他们在田间地头，用沾染着泥土气息的画笔，一点儿一点儿地描摹眼中的村庄，让这个灰扑扑的世界在朴素的诗意里绚烂生花。那些亮丽的色块，或许是独属于他们的浪漫，支撑他们接下来的劳作。对农人来说，极富生机的田野中的万事万物或许就是他们最美好的梦想，是他们能够分享给来客的最珍贵的东西。

而我这个傲慢的行路人，竟然忘却了我所欣赏的农村风光也是人在驯化自然中形成的，农民画也是由鲜活的人，眼里闪着希望的光芒，一笔一画绘出来的。我自认为崇高的艺术的狂热把我的视野变得很窄很窄，窄到只能看到摆在眼前的东西，却忽略了往昔创作它们的人的印记——或许最重要的不是作品本身，也绝非创作者的身份，而是凝聚其中的创作者的心血，是创作时的点点滴滴、喜怒哀乐，是一个个鲜活的灵魂以自己独有的方式无声地呼喊着对世界的所见所思，希望以流传的形式跨越个体生命的局限，留存自己在世上的印记，而我还要靠着一只半盲的黑猫，引领我自视清高的眼睛看向脚下的大地。

她还在絮絮叨叨地说着什么，我听不清，眼里却早已噙满泪水。看画的时候我注意到那些画都有标价，便宜得绝对配不上其中的心血，而这个偏远的地方，也许一下午也不会进来几个人，更别提买下她的画了。我想到只要冠以大师的名号便动辄卖出天价的难以理解的抽象画，突然发现创作者身份也不是没有影响，只是一个默默无闻的普通农民，根本无法靠画挣钱，却依然一幅一幅地画，让艳丽的色块充满灰暗的小屋。她拿起画笔时的神情，与抱着那只捡来的弃猫时一模一样——温柔地守护着自己所珍视的东西，在无人知晓处细细体味那饱含酸甜苦辣的人生。

在画村里画农民画，这是她辛勤劳作一生后沉淀记忆的方式，她的画是与美术馆里的杰作没有高下之分的艺术。也许，两者都不应当用金钱来衡量。也许，艺术从来都不只是陈列在展览馆里摆出生人勿近面孔的冷冰冰的物体，不经意间邂逅的一只猫、一个人所能告诉你的，远比玻璃柜和标签要多得多，只要一双眼睛、一颗谦卑的心。

指导教师：丁楠

本文获省级一等奖

点 评

《画村》一文，记录的是作者一次跟风的参观活动，这样的参观活动，往往充斥着肤浅与傲慢。但作者写出的是一次对艺术认识的纠偏，更是一次经受质朴、纯真洗礼后的回归——回归自然，回归真实。文章中生活场景的“灰扑扑”与农民画中的大胆用色形成鲜明对比，与作者心中对艺术认知产生的前后反差相照应，也引发读者对艺术的土与洋、雅与俗等诸多关系的深刻思考。

（尤立增 特级教师）

舌尖上的艺术

□ 河南省安丘市青云学府　王俊涵

噼里啪啦的油声伴着金属与肉菜接触时有节奏的笃笃声，这让人垂涎的声音搭配着一种安心的感觉，让人感到舒适，因为它预示着美味的菜肴，甚至可以说是一件艺术品，正在逐渐形成。

我身处一座北方小城，这里的饭菜，没有林清玄笔下在寒冬时节代表暖意且每回想起齿颊还会涌起一片甘香的冰糖芋泥，没有汪曾祺笔下淡雅、脱俗并带有浓厚文化韵味的淮扬家菜，更没有葛亮《燕食记》中所描绘的那般岭南饮宴风情，有的不过只是鲁菜的咸鲜纯正。做菜于我而言是一种艺术，我不是什么老饕，也不是什么大厨，没有吃过什么名馔大菜，反而觉得有些日常吃食极具艺术性。在注视厨房的过程中，四溢的香味滋养了内心的花朵，更浇灌了我对美的认知。

清煮

以汤为百鲜之源，是鲁菜的根本。求鲜汤，清煮必不可少。在我眼中，清煮是最简约的烹饪方式，简约而不简单。与海陆为邻，田野中万象的谷物、海洋中荟萃的海鲜，都可以在市场上见到最新鲜的。最朴实的自然馈赠，应当用最纯粹的方式让食材焕发光彩，让食材的原味得以完全释放。食物被慢慢烹煮，是时间与温度合奏的音乐，其中火候至关重要。炉火的徐徐燃烧，水的徐徐升温，炙热的火苗像伴奏者正慢慢奏响欢歌，迎接在锅中跳着华尔兹、一个个升起的水泡。主角慢慢登场，蔬菜或是一把小麦、鸡头米等，又或者是刚刚上岸的大虾、一团团细嫩的鱼肉，它们像带着大地颜色的精灵在热水中翻滚跳跃，抑或像洁白的云朵浮浮沉沉。在这个过程中，诱人的香味会充满整个房间，原本的清水会变成浓郁多汁的鲜汤，食材也保留了最地道的味道。清煮代表着火候的掌控，又代表着情感的流露，用食物作墨，用火焰作笔，用时间作纸，每一个动作、每一个细节、每一种颜色，都是对美食的追求，对生活的热爱，更是一种艺术的创作。

热炒

相比于清煮时的半遮半掩，热炒时的一切就热情了许多。火焰舔舐着锅底，油花四溅，食材飞扬，好一场色香味俱全的舞蹈，说是杂技也不为过。此时的做菜更像是艺术了，挥舞着锅铲，熟练地操纵火候，幻化出一道道美味佳肴，手在食材与铁锅中游走，保证每一次翻炒都完整落在一个音符之上。锅中的菜肴也如同斑斓的彩虹随音符上下跳动。新鲜的肉类最为积极，在热油的激荡下迅速卷曲，将自己紧紧地包裹起来，以唱出最醇厚的高音。蔬菜翩翩，在热力的作用下，点缀着肉类的歌声。土豆的热炒与上述有些不同，它更像是流行歌手的独唱。在弥漫着蒜香的热油中，土豆享受着独属于自己的舞台，展现出了独特的姿态——土豆丝。当然，一切的艺术效果也并不只是土豆丝自己呈现出来的，土豆要想让自己热炒得好，少不了醋的帮忙。有了醋的伴唱，土豆丝才得以有大盘大碗的丰盛实惠，凸显自己豪爽的艺术特色。热炒菜肴出锅的那一刻，腾腾热气香味扑鼻，声色俱在，成就了浓郁独特的口感。

除了需要亲自动手，做菜的艺术也少不了探索。互联网以及文学作品让这门艺术更广更快地传播。平日我爱读汪曾祺先生的文章，是因为他笔下那一道道美食让人品味到生活的悠然。儿时，汪先生的文章以及《舌尖上的中国》带领我进入了烹饪艺术的大门。它们讲着盐的味道、山的味道、风的味道、阳光的味道，时间的味道、人情的味道以及我当时不太明白的故乡的味道，让我对做菜萌生了不同寻常的看法以及希冀。随着对做菜研究的深入，我更喜欢看别人做菜，如同音乐爱好者欣赏音乐演奏一样。看博主“南翔不爱吃饭”复刻一道道传统佳肴，看“美食挠儿哥”介绍一道道东北美食，做菜好像真成了一种跨越时间、跨越空间的艺术。

所谓艺术，不过是一种创造性的表达，是对生活的反思，而做菜恰恰就是平日最常见的创造性表达以及对生活的反思。如果说艺术是生活，那做菜就一定是最纯粹的艺术。汪曾祺先生说：“体力充沛，材料凑手，做几个菜，是很有意思的。做菜，也是一种轻量的运动。洗菜，切菜，炒菜，都得站着（没有人坐着炒菜的），这样对成天伏案的人，可以改换一下身体的姿势，是有好处的。”《舌尖上的中国》里说道：“无论脚步走多远，在人的脑海中，只有故乡的味道熟悉而顽固，它就像一个味觉定位系统，一头锁定了千里之外的异地，另一头则永远牵绊着记忆深处的故乡。”如果说清煮是默默等待着一鸣惊人，那么热炒就是努力进取。

嘀嘀嘀声中，一道火苗腾起，橙色的火光映照在我的脸上。小火慢炖，将幸福的时光慢慢回味；锅铲翻炒，将生活的美味烹调升华。

指导教师：郭艳

本文获省级一等奖

点 评

《舌尖上的艺术》借清煮、热炒，写出对烟火人生的热爱和慢煮生活的情趣。写作本身就是一种生活，是生命闪耀的此刻；不是向着彼岸赶路的过程，而是行走时一路的花开。食材如诗，烹饪如歌，每一道菜都诠释着对生活的热爱与尊重。本文层次清晰，细节真实，富有生活的质感。

（尤立增 特级教师）

雏鸟初鸣

□ 山东省滨州市第一中学　吴润洋

厌恶唢呐

我曾经十分厌恶唢呐。对我来说，吹唢呐意味着夙兴夜寐的苦练，意味着汗水流进眼睛带来的肿胀和酸涩，意味着去外地上课的满身困倦和疲惫，意味着小朋友们的嘲笑和亲朋好友的不解。当时年幼的我，除了喜欢它漂亮的黄铜色外表，无法领会唢呐任何独特的魅力。

我羡慕那些学西洋乐器的小朋友。那些乐器洋气、高雅。他们坐在高高的琴凳上，和着节奏，轻轻摇晃着身子，或是晃着小脑袋，优雅地端着小提琴，穿着有着长长裙摆的各色礼服，像高傲的小天鹅。再看自己，总是穿着或红或黄的演出服，站在舞台上，费力地鼓起腮帮，活像一只水族馆中被展览的小刺豚。

在被同学嘲笑是“吹红白事儿的”之后，我哭着跑回家，问身为西洋音乐教授的父亲为什么要让我学习唢呐这么“土”的乐器。父亲蹲下身子，像往常一样擦干我的泪水，语重心长地告诉我：“民族的就是世界的。”

当时的我根本不懂这句话背后沉甸甸的分量。我开始逃避每日原本雷打不动的练习，唢呐明亮的黄铜色由此蒙上了一层厚厚的尘垢。

因你改变

这一切，因你而彻底改变。

悉尼歌剧院如同迎着风张开的白帆，裹挟着太平洋湿润的海风，似乎正欲腾飞。当你踏上这异国大地，将开启一场怎样的视觉盛宴？

灯光暗淡，大幕拉开，看到那个翩然立于舞台中央的身影，我不由张大了嘴巴。一个身着白色礼服的东方女子，身姿宛如洛神般优美挺拔，而她手上拿着的，竟然是我最熟悉也曾最厌恶的东西——唢呐。

浮动着的、现代化的、梦幻的光晕，与随风飘动的白衣，同看似土气的唢呐发出的声音共同交织成奇妙的乐章。唢呐一响，古老的东方凤凰向世界发出嘹亮的啼鸣，与现代音乐的律动呼应着，向世界宣告着勃勃生机，宣告着涅槃重生。在这片陌生的土地上，我深受震撼，第一次感到我与华夏的脉搏是那么紧密相连。

一曲终了，掌声经久不息。身旁的老外伸出大拇指说："我从未想象过，地球上竟存在着这样美妙的音乐。中国文化真是太棒了！"

听到他的话，一颗种子在我心中扎根，慢慢萌芽。

回到家中，我看到了你的新闻，也知道了你的名字，你叫刘雯雯。

我与你有着相似的经历。我有着起早贪黑去外地上课的疲惫，你承载着在植物园躲人练唢呐却被围观的窘迫。我们都被嘲笑过是吹红白事儿的土老帽儿，而你选择了挺身向前，将现代舞台艺术表演形式和传统艺术结合起来，开创了唢呐"国潮"的新时代，让唢呐走出国门，让世界共同领略中华艺术之美。我继续读着关于你的报道，你也像我父亲一样说过"民族的就是世界的"。你说愿以微薄的力量，尽一个中华儿女之责，将这积淀悠长的文化传播到世界的每一个角落，让更多人了解它、热爱它。读着读着，不知何时，我已泪流满面。

视线模糊间，我仿佛看到那身穿华服长袍的祖先，将唢呐交递于我时殷切的目光。我手握唢呐，感受着其沉甸甸的质感和背后积淀的中华力量。我这样问自己："为什么觉得唢呐土呢？为什么会觉得我们独具魅力的中国民乐不如西洋音乐呢？"我为自己从前错误而幼稚的看法而感到深深的羞愧。此时此刻，我才真正理解"民族的就是世界的"这句话的真正含义，明白了身为中华儿女和一名唢呐学习者身上担负着的那份沉甸甸的文化重担——传承发扬好我们弥足珍贵的宝藏。

在那之后，我尝试学习刘雯雯的成功经验，将现代流行音乐与唢呐传统技艺结合起来，与学习其他乐器的同学合作，在学校组建了跨界演奏小组。面对不同声音的质疑，我们一笑置之，因为那积淀千年仍光彩照人的中华文化，是我们最深厚的自信所在。我相信，我们的表演会让他们爱上这种独具魅力的艺术形式。

那颗种子终于破土而出，虽然柔弱，却也于阳光雨露中尽情舒展，向上，成长。

雏鸟初鸣

一个激动人心的夜晚，我站在明亮的舞台中央。我也白衣飘飘，我也手握唢呐。昂着头，含着泪，我用力吹响《百鸟朝凤》的第一段落。

不知不觉，一曲已毕，掌声雷动。在聚光灯的强烈照耀下，我那略显陈旧的唢呐显得如此澄黄明亮，如此生气勃勃。

"我从没想到唢呐也这么帅！""我高考完也要学习唢呐，传承中国文化。"同学们的感慨声传入我的耳朵，我不断地鞠躬致谢。

我仿佛走进了一支唢呐演奏的乐队，我敬佩的刘雯雯在激情领奏，我们的前面一片阳光灿烂。

"大步大步地向前走吧，"我对自己说，"你的前方是万丈霞光！"

指导教师：梁颖

本文获省级一等奖

点 评

本文站在"民族的就是世界的"这一文化自信的高度，回顾了"我"从厌恶唢呐到爱上唢呐，继而为传承民族文化而自觉努力学习唢呐技艺的过程。将不同的人和事比较着写，是本文的一个亮点。如第一部分中，作者通过"我"对"土乐器"唢呐的厌恶与对"洋乐器"的羡慕之对比，表现出"我"当时的肤浅认知；第二部分将"我"同刘雯雯比较着写，表现出"我"的内省和认识的提升。

（钟湘麟 特级教师）

翰墨溢香

□ 浙江省永嘉县罗浮中学　季欣妍

亲爱的朋友：

见字如晤，展信舒颜。

上一次下雪，已经是在十二年前了，你看到了吗？在贾平凹的冬天里，雪这样悄然而至："没有风，雪落得很轻，很匀，很自由，在地上也不消融，虚虚地积起来，什么都掩盖了本质，连现象都模糊了。天和地之间，已经没有了空间。"无尽的房屋现出灰色，天空和街道也染上暗淡的色彩，落了叶的枯枝、飞扬的尘埃和废纸，更增添了忧郁的情调。

正像我日记中写到的："絮打南方花，凝水促风华。犹是衬红衣，棠雪踏春来。"

雪带着我的思念，伏案桌前，雪花饰点了老爷爷花白的头发，深邃的眼眸中，是他对书法的信仰……

街市外，是交织成片的灯火和穿梭往来的人流，小电驴和私家车的喇叭声在巷口遥相呼应又转瞬消失在人间烟火里……"卖春联喽，现写现卖，可以定制嘞！"一个老爷爷的声音在喧闹的集市中并没有很突出，但是老爷爷茶杯里冒出的热气，温暖了冬天的冰冷。

冬天的寒风在街道上肆虐，我裹紧大衣，下楼买春联。冷风中，一个熟悉的书法摊吸引了我的目光。一个穿着单薄的老爷爷正忙碌着，我心生好奇，走近与他互动。我好奇地问："老爷爷，这么冷的天，为什么还在这儿卖对联？"他抬起头，脸上写满了沧桑，眼睛却是炯炯有神的，微笑着说："孩子，我写书法写了一辈子，书法是我的命。"

老爷爷的家很简陋，却布置得井井有条。他告诉我，他的儿子在城里工作，孙子也在那里上学，而他则坚持留在这里以卖书法作品为生。我被老爷爷坚守书法摊的执着所感动，也更加好奇他对书法的热爱。老爷爷带我来到书房，让我洗手后用温水泡开墨汁。墨汁的颜色深邃，散发出古朴的气味。

接着，我开始挑选合适的毛笔。毛笔的种类繁多，有硬毫、软毫、兼毫等，每种毛笔都有其特性和用途。老爷爷则推荐我选择了一支硬毫毛笔，因为硬毫毛笔写出的笔画刚劲有力，能够很好地表现出书法的韵味。握住毛笔，我感觉到它沉甸甸的分量，仿佛承载着古人的智慧和力量，让我倍感敬畏。此刻我终于理解了你为什么那么执着于书法，是因为能与古人产生共鸣，能让我们透过笔墨窥见宏大的历史盛景。即使我们不生活在那个时代，也有机会通过书法领略不同时代的风采。这是我第一次拿起毛笔，感觉很奇妙，就像握住了历史。我将毛笔慢慢地浸入墨汁中，轻轻地在砚台上掭，使墨汁更加均匀地附着在笔尖。这一过程，仿佛是在为毛笔注入生命，让它能在纸上更自如地跳跃，舞动出一幅幅美丽的作品。

之后，老爷爷便带着我书写，我开始在宣纸上挥毫泼墨，保持着平和的心态，用心去感受每一笔、每一画的韵律。我时而轻笔细描，时而用力沉稳，时而又如行云流水，一气呵成。你知道吗？在这个过程中，我仿佛穿越时空，与古人交流，感受着他们的情感和思想。

在书写的过程中，我也遇到了许多困难。有时候，笔画过于粗糙，无法展现出书法的韵味；有时候，字迹歪斜，无法达到我心中的理想状态。然而，正是这些困难，让我更加珍惜每一次的练习，让我更加明白书法的魅力所在。“老爷爷，书法在您心里是什么呢？”我好奇地问道。老爷爷轻轻叹了口气，用深沉而又充满智慧的眼神看着我：“一茶、一香、一墨、一纸，唯愿一生相伴。”

他的话语如泉水般涌入我的心中，让我不禁陷入了沉思。是啊，磨浓墨于一砚，展宣纸于一卷，嗅芬芳于一袭，觅微光于一束。

柔风随着浓墨与花香潜入娴静的灵魂。捻开那柔软的狼毫，轻嗅之间，墨香四溢；挥毫之际，独剪悠光。

好茶涤烦，好香熏心，好墨入魂，好纸承情。这些字眼仿佛化作了一股清风，轻轻拂过我的心灵。

苏轼曾说：“笔墨之精，妙在得心应手。”这意味着书法家在创作过程中，要将自己的心灵与笔墨融为一体，达到心手合一的境界。此境界何其难，何其精妙，乃书法之匠心所在。

随着年关的到来，雪花轻轻地飘落，每一片都似乎带着深深的思念。那远方的你，是否也感受到了这寒冷与温暖交织的氛围？你曾告诉我，你最喜欢书法——那穿透千年的古老艺术。

每至年关，你都会告诉我，那儿的年味如何如何浓烈，张灯结彩，好不热闹。但我想让你回来看看我写的春联。桃花纷飞，是大自然的另一种诗意。而那时，我更希望的是，在这诗意的季节里，与你再次相遇。彼时我执笔，你铺纸，共品一口浓茶，共叙一丝愁绪，放眼于天地之间，共寻书法之匠心。

朋友，你那边的天气如何？记得添衣保暖，别让冷风侵袭你的身体。我期待着，来年开春，在那桃花纷飞的季节里，我们能够相遇。

顺颂时祺

秋绥冬禧

你的好朋友

指导教师：季小芬

本文获省级一等奖

点　评

《翰墨溢香》选择以书信的形式行文，对话的语境便于倾诉，便于抒情，也更易将读者带入文中。文章从描绘岁末雪天的书法摊入手，既营造了热闹温馨的过年气氛，又为后来自己跟随书法摊老爷爷学习书法做了铺垫。记叙学习书法的过程，生动细致，对老爷爷的语言描写和对自己的动作描写，都使得文章真实可感。更重要的是，对书法这种独特的民族艺术形式，作者有着深厚的知识和情感储备。"好茶涤烦，好香熏心，好墨入魂，好纸承情"，只有这些具有民族特色的文化，才能够承载我们这个古老民族的独特情感。

（劣雅丽 特级教师）

易笔难述

□ 辽宁省锦州市锦州中学　吕梦颀

你有没有认真地溯源
书写它的一画一笔　一点一滴
——或许不该从冥古宙讲起
它与人的历史　总是相生相息
请吧
提肘　抬笔　把目光投向那片天地

从头写艺
起笔是一颗钻了小孔的兽齿
含蓄而粗犷　泛着乳黄
简朴得不藏任何秘密
酝酿许久　接上相似的一笔　却隐忍了太多东西
浩荡的世袭　稚拙的贝币
铭着祭文的礼器
熠熠的学说　茫茫的战火
流离失所的典籍
你看那画　结束处的顿笔
飞白掩上了不舍与迟疑

哀怜消尽在下一笔前
滋养一幅滥觞辉煌的卷
从玉璧到玉玺　从遇袭到御敌

你安　谁运笔没有破绽
骏马踏飞燕
总的看去　岂不平平朗朗　浩浩宽宽

别急着写完　这一笔太过绵延
挣扎过那些沟坎和磕绊
臂弯里是万象大千
南北通　谷仓满
长安盛　汴水川
四方的墨浓重了颜色
描摹香料和宝石的蓝
涂抹成群的牛羊　金银的马鞍
最后的一勾坚定　是铿锵的宣言
此字　当这般　毋厌浩繁

静心绘术
笑过五湖　缄过那色目
古城遗迹中的文字　诗成了谱
山水画中不解意　唯独
漫天浪卷伶仃路　傲骨
抬眼望　第一横难书

次笔是一道泪痕　垂露　尽在封建的尾处
闲茶虽续　白丁从来少停驻
前缘纵使　木石总被多情苦
园中春色犹好　酣梦不是归途
这道泪痕里　半掺人间喜怒
半是国破家辱

俯首的人们　被伪善的兽庇护
引潮的人们　被残忍的潮卷入

可是你看啊
斑驳岁月里　仍有雄鸡啼晓　喜鹊唱树

一排排脚印铸在雪山和草地
任谁都写得慷慨意气
歌那二万五千里
这高昂的坚韧的撇里　尽是酣畅淋漓
炮弹轰开新的一笔
结痂的伤疤在嘶吼
中国人民啊　竭力　竭力
中华民族啊　奋起　奋起
好好看着吧　我们会镌刻新的传奇
你听　长江高歌大地　你看　鲜血染红布匹
这艰难的遒劲的捺里　尽是光辉痛楚
起来　站
迈步　前
旧岁换新篇
泪眼长看百年
止涕换笑颜

临了却踌躇
画龙之睛难点
横竖撇捺俱备　只差一只眼
把这汤汤文明望穿
你若问艺术　它匿在里面　又写在外面
最后的落笔　虔诚而庄严　自豪并着祝愿
最后的一点
浓缩千万年
又着笔更长远

指导教师：朱旭

本文获省级一等奖

点 评

作者富有激情，诗歌的前半部分韵律铿锵，透出不俗的艺术感觉。优秀的诗歌写作者，会捕捉恰当的意象，通过对语言的分行、跳跃、停顿、留白来制造语境，借助比喻、夸张、通感等技巧，融入自己的情愫和感悟，引起读者的共鸣。倘若作者捕捉意象、表情达意的能力欠佳，内在情感和语境不能有机结合，就会让人觉得不知所云，更不用说触动读者的心弦产生共情了。初学写诗，不妨写短一点儿，待对诗歌的驾驭能力提高之后，再尝试写长诗。

（曲宗历 编辑）

听　弦

□ 江苏省常州市第一中学　崔逸涵

“你想好了吗？”他从成堆的刨花与木屑中抬头问我，柔软的灯光洒在他那卷曲干枯的头发上。高低错落的木板黏合后成为平滑的曲线，在沟壑纵横的工作桌上不着痕迹地流过。

“啊……我的意思是……”我从面前一排竖挂的小提琴中如梦初醒地回过神，“我感觉，每把琴似乎都可以，好像没有什么区别。”

他对着桌面怔了半晌，似乎没有听到我说的话，又低下头去锉那块木板——实在是厚得过头，可他还是执着不懈地刨着。那条曲线虽一点点变得贴合，可还是倔强地向上拱起，想要使其真的成为贴合的背板，实在不知道磨到什么时候。

就是这样一个挤在狭小公寓楼里的作坊——过去四年，我妈都锲而不舍地把小提琴的保养和修理都托付给这位靠谱的师傅。如今琴需要更换，她执意要我来这里挑选所谓的“纯手工制琴”。又贵又无意义，我是这么认为的，还不如去琴行里以相同价钱买一把“欧木高定琴”。

我的注意力再度被水滴迸溅发出的“嗞嗞”声拉回，外表冰冷的铁砧似乎也将要沸腾起来。他将长片的木头贴近炽热的金属表面，使它变得富有韧劲而易塑，最后形成窈窕的弧度，正好可以楔进角木块与侧板之间的毛面处。

“不是这样的。”他直起腰擦了擦沾满白色粉末的手，把工作台上倒影昏黄的台灯又向上调了调，好让人对周围的事物能辨认得清晰一些，然后慢慢地向我这侧的陈列架挪来，发梢掺杂的银白和眼镜框边缘的暖橙色在这一瞥之间亮起又暗下。他的声音像掺着一把秋天的朔风。

“譬如这把琴，你看它和外面琴行里的那些琴有什么区别？”他取下一把琴，然后将它递到了我的手里。

我愣了片刻道：“背侧板的顺纹很均匀，花纹也很漂亮，就是年轮圈密了些。而且它用的尼龙弦太软，经常要换，比较麻烦。”

“那这把呢？”

“好重，红木的面板很厚实的感觉。”

他呵呵笑了两声，然后从我手中捧回琴身，视若珍宝地将它们挂了回去。

“这就是你没有发现区别的地方，我见过太多像你这样的人，张口闭口就是要好木头、好弦、好漆。我都做了成百上千把琴了，怎么可能不懂这些外面大加工厂里的人都会的东西。可是你看第一把，”他吃力地清了清嗓子，极有热情地指给我看，“你看它的音孔和弦轴。”

我定睛一看，不由得赞叹了一声。纤长音孔栖身的边缘镂空处以及弦轴的旋钮上，都装饰着一朵蔷薇。

“这是我遇到的一个小丫头告诉我的，她说希望琴上可以有漂亮的花，而不是泛泛的木纹。尼龙弦的声音温和，叙事性更强，并且软硬，更加适合女孩儿的手。虽然就行业内的搭配来看受众不多，过于花哨，但我希望以后它能遇到一个和它一样快乐的姑娘。”

“另一把琴，”他停下稍稍喘了口气，“它为我认识的一位因病逝世的朋友而做，所以厚重悲伤是我想要表达的情感。”

“之所以一把一把用心做，是因为我‘想要’做这样的，而不是‘为了’做这样的。它们每一把都有自己的故事，又怎么会一样呢？”

这份艺术，在日复一日的打磨中，坚守于机器轰鸣的时代，终得幸存。而那些标准量产的琴，本身就被条框限制了感情，不管乐者如何赘述，也终究无法改变它循规蹈矩的音色。可这位制琴师，他不见层出不穷的业内变革和生意竞争，不听赛事评委对中规中矩的倾向，他只是为了一个简单的诉求、一个自然的愿望。他希望每一把琴，在注入了他与生活中各色斑斓勇敢的灵魂的温度之后，遇到真正的归属，发出独有的颂歌。

“那么你想好了吗？”他从身后的陈列架上取下一把泛着暖光的小提琴递给我，“试着拉一首什么吧。”

只是想要最简单的诉求，我默念着，架琴，落弓，为他拉了一首《在银色的月光下》。我仿佛看到一片无限蔓延的天空，波光细碎的海面上升起一轮清辉皎洁的月亮，月光落在每一个从这里流淌而出的音符。

指导教师：张玲

本文获省级一等奖

点　评

变化是时间的度量，万物生生不息地流转，然而匠心从未改变，这位制琴师用时光的曲线编织品味，用持久的情感打磨乐器，只为满足一个简单的诉求、一个自然的愿望。从工艺品到艺术品，是时间积淀的诗意；从不理解到心生敬意，是对手工艺人工匠精神的感佩。从平凡中看见珍奇，小事也可以温暖永恒。

（尤立增 特级教师）

我和我的娃娃

□ 陕西省西安市经开第三中学　赵萌竹

我到底在画什么呢？这个问题长久以来萦绕在我的心头，如同迷雾中的灯塔，指引着我回望那段与娃娃相伴的童年时光。那年，我不过是个小学二年级的孩子，对画画并无太多概念，只是单纯地喜欢用画笔在纸上勾勒出一个又一个漂亮的娃娃。父亲瞧我如此痴迷，便带我去学习画画，希望我能在这条道路上找到属于自己的天地。

由于父亲对美术的了解有限，在老师的推荐下，我选择了学习国画。自那时起，我的童年便多了一项任务——练习国画。初学时的内容是花鸟写意，我看不大懂，只觉得这些寥寥几笔的墨点似乎永远都画不好，别扭极了。与我曾经随心所欲画的娃娃相比，国画显得如此陌生又难以驾驭。我常常因为难以理解的审美、笔法和构图而感到困惑和抗拒，拿不稳手上的毛笔，脸上挂着泪滴，桌上堆满了不知道是第几张的作业，这些都表现出一个小孩儿对国画的抗拒。

一年过去，我终于对国画有了些自己的理解，也画了几幅卷轴。然而，老师告诉我书画不分家，既然学了国画，那书法也不能落下。面对老师的期望和父亲的支持，我又开始了书法的学习。日复一日，我忙碌于书画之间，与同窗们的距离也渐渐拉远，哪还有闲暇去画我心爱的娃娃。

转眼间我升入了五年级，开始学习素描。这又是一个新的挑战，我需要适应从典型的东方画法到西方理论知识的转变。黑白关系、焦点透视、近大远小等概念涌入我的脑海，这对我作画的认知与习性来说是一个不小的挑战。为了迎合升学的要求，那些本由国画书法占着的时间被素描顶替了。我从被鸟雀“啄”变成了被石膏静物“砸”，离画娃娃的梦想又远了一步。

到了初中，我的成绩并不理想，便想在艺术方面寻求突破。那几年，许多赛事取消或推迟，我错过了成为艺术特长生的机会。无奈之下，我只能考虑美院附中的招生考试。距离考试只有短短两三个月的时间，我却只学过素描，对色彩和速写一无所知。尽管如此,我还是决定一试。我埋头于一幅幅画作之中,重复着枯燥的练习。画娃娃的心早已不知去向,取而代之的是无尽的分数和功利心。

在高一的选修课上,我再次找到了画娃娃的感觉。美术老师需要一些简易人物的立绘。于是,我再次拿起画笔,描绘起那些熟悉而又陌生的娃娃。少时的光景在眼前一幕幕浮现,如今的我已经学会了许多东西方的绘画知识,回头再看这些娃娃,比从前多了许多不一样的见解与认识。然而,我也意识到,虽然我现在能画出更逼真的娃娃,却失去了当年那份纯真的情感和自由的创造力。我到底在画什么呢?真的是娃娃吗?或许不是。当年我画的是萌芽的梦想、一腔的喜爱和放飞的自我,不懂用笔,但每一笔都充满了情意和爱。而现在呢?我已经失去了那份纯真和自由,被满目的公式和比例所束缚。我多么想再看看当年的我与我的娃娃,哪怕只是远远望上一眼,但时间无情地推动着我向前奔去,我无法停下脚步回首过去。我似乎亲手埋葬了我和我的娃娃,那段纯真无邪的时光,只能永远留在我的记忆之中。

如今,我常常怀念起那段与娃娃相伴的日子。那时的我无忧无虑,只凭一腔热爱,就能画出心中所想。而现在,虽然技艺更加精湛,却再也找不回那份纯真的感觉。或许,这就是成长的代价吧。但我依然会珍惜那段美好的回忆,继续前行,在画画的道路上不断探索,不断追求。同时,我也明白了一个道理:无论岁月如何变迁,那份对画画的热爱和初心,将永远是我心中最宝贵的财富。

指导教师:但小杭

本文获省级一等奖

点评

这篇作文以“我和我的娃娃”为题,通过细腻的情感描绘和生动的叙述,展现了作者与画画之间复杂而深刻的关系。作者巧妙地以时间为线索,将自己的成长经历与对画画的认知和情感变化紧密相连,使得整篇文章结构清晰,层次分明。同时,作者善于运用对比手法,将自己童年时画娃娃的纯真与现在受公式和比例束缚的画画状态进行对比,突出了成长过程中的得与失,引人深思。此外,作者的语言表达流畅自然,情感真挚动人,使读者能够深刻感受到作者对画画的热爱和对逝去时光的怀念。整篇文章既是对个人成长经历的一次回顾,也是对画画艺术的一次深刻反思,具有一定的文学价值和思想深度。

(桑哲 高校教授)

从一片荷叶讲起

□ 内蒙古自治区杭锦后旗奋斗中学　柴多多

伞的故事，要从一片荷叶讲起——

这片荷叶似从神话中走来，或许周武王见士兵以叶遮雨，又或是鲁班受孩童溪边以叶遮阳的启发。它如一朵永恒的花，自春秋绽放，千年不凋，愈开愈盛。

给细竹条蒙上兽皮，样如亭，收拢如棍，张开如盖，这便是最早的伞。纸出现后，古人在伞纸上刷桐油来防水，油纸伞就此诞生。油纸伞的伞架由手工削制的竹条制成，伞面为涂刷天然桐油的皮棉纸，全部为天然材料，是中国古人智慧的结晶。传统的油纸伞工序极为繁杂，需要全程手工制作。民间有谚语："工序七十二道半，搬进搬出不肖算。"油纸伞的制作工艺历经千年沉淀，日益精熟，底蕴弥深。

"吴越春秋地，江南细雨靡。佳人油纸伞，青石小桥皮。"沿着古巷往深处去，湿漉漉的青苔、黝黑的房檐瓦片、蹒跚的乌篷船、满城烟雨，以及这散落满地的"撑花"——这是独属油纸伞的浪漫。古巷角落，一个杂乱而极不起眼的商铺里传出"叮哐"的尖锐声。老先生正劈着竹节，接着又将宽窄一致的竹棍削成伞骨。我蹲着看，竟也入了神。一盏茶后，老先生才瞧我一眼："囡囡，买伞吗？"我辨出了他口音浓重的话，点了点头。他停下手中的活儿，领我进屋——满屋子的伞令人目不暇接，不同花色，不同大小，与其说是店铺，我更像误入了古香古色的油纸伞世界。

挑伞时我在从与老先生的攀谈中得知他姓郑，小时候不幸身患小儿麻痹症，但这手艺是祖上传下来的，不能断，他便在十二岁那年拿起刀，接下了这炬"圣火"。我不禁颔首无言。话锋一转，他拿起伞给我介绍制作工序——钻线孔、拼伞架、穿饰线，几十道工序他几乎都要亲手完成，更令人难以置信的是，他已经做了几十年。说到伞时，他手舞足蹈，讲他是如何砍竹，如何浸竹，又是如何刷油定型的。他滔滔不绝，混浊的眸中星河璀璨——这伞是他的孩子。

老先生还说，古人就爱这伞，它象征着金榜题名，象征着夫妻恩爱，象征着节节高升。在我国古代，赴京赶考或赴任时，包袱里除书本外，一定会带一把油纸伞，即“包袱伞”，又称“保福伞”，预祝路途平安，高中状元。我握紧挑好的油纸伞，暗暗地祈祷它会为我带来好运。临走时，他激昂的语调骤然低沉，眼底星河晦暗。他长叹自己无儿无女，担忧这手艺失传。我安慰着他，却又有些心虚——我对如何解决这个问题无能为力。

与老先生道别后，我在头顶撑开这把油纸伞，整个人被笼罩在倾泻而下的桐油墨香中。我仍然在思考老先生的问题，但此时手中的伞给了我一个不太确切的答案——这千年的手艺不会失传，对吧？

对。

答案在短视频博主李意纯出现后明晰起来。

名为“李意纯”的博主手工制作中华传统物件，它们得以在信息繁杂的时代脱颖而出，油纸伞更是备受青睐。从亲自挑选用竹，到伞骨的一孔一槽，再到构树皮制纸、植物染料制作中国传统颜色等非遗技艺的活灵活现，这把身披霓裳的传奇般的油纸伞才得以从史册中缓缓走来。满堂穿花需要三千针。她耗时两个多月，用一针一线，拼凑出非遗与科技结合的影子。

至此，我终于有底气回应老先生的担忧——只要中华民族还在，只要吾辈青年还在，这手艺便会永远赓续。

有人说，雨是神的烟花。的确不错，但我把它理解为并非雨滴砸下的水花，而是雨落下时，大家将这油纸伞撑过头顶，花便散落凡间，正如中华文明这朵永生花——百年沐风雨，只手擎乾坤。

“万物有所生，而独知守其根。”吾辈青年，应不忘本来，开创未来。文化传承需汇百代之流，顺时应变，乘时代之风云，汲取千年底蕴，唱响文化繁荣新曲，以自信自强、与时偕行的崭新姿态铸就中华文化新辉煌。

指导教师：李丹丹

本文获省级一等奖

点 评

本文以一片荷叶为切入点，展开对伞的叙述，既富有神秘色彩，又散发着浓郁的文化气息。从识伞到做伞，从挑伞到讲伞……油纸伞带领“我”在古今长河里畅游，感受传统文化的魅力以及手艺赓续带来的自信。作者采用明暗交织的手法，使内容紧凑而饱满。油纸伞是贯穿全文的明线，文化传承是蕴含其中的暗线，一明一暗，使主题表达更加深刻。

（夏冬 资深编辑）

救猫还是救画

□ 江苏省江浦高级中学　周阳

我曾看到这样一个辩题:“有一天博物馆着火了，如果你只能带一样东西离开,你是选择救一只猫还是博物馆里的一幅画？”辩题本身是没有答案的,但倘若让我来选择,我会去救一幅画。在人类文明发展的长河中,那些画不仅仅是纸上笔墨线条的组合,更是一件件艺术品,有着不可估量的价值。

辩论本身是没有对错之分的,我选择救画并不意味着就是漠视了一个鲜活的生命。只是在艺术和生命不同的立场上,我愿意去探索艺术蕴含的价值。或许大家都会认为,不管蕴含多么伟大的艺术价值,一幅画作都不如一个鲜活的生命来得重要。艺术的价值是人赋予的,没有人给予的定义,艺术本身还有价值吗?如果大家吃不饱穿不暖,谁还会去欣赏艺术?如果人类饱受自然灾害与战争的折磨,又有谁会去在意那些纸卷瓦罐?我转念一想,如果艺术的价值仅仅来自人们的认知,那么传世的著名画作,比如大家耳熟能详的《清明上河图》、莫奈的《日出·印象》,又如何在漫漫历史长河中,经历无数自然灾害、战争而留存下来呢?所以,我认为艺术本身蕴含的价值超出我们的想象,是不可估量的。

最显而易见的,艺术富有令人着迷的观赏价值。例如《清明上河图》中,张择端细腻的笔触和线条,栩栩如生地描绘了北宋时期人们的生活场景。他笔下有故事,吆喝的小贩、嬉戏的儿童、游船上的旅人,北宋开封市民的日常生活跃然纸上,向我们讲述了其中每个人的故事;他笔下有神韵,下棋老人的思索和纠结在人物皱眉的线条中展现得淋漓尽致。一幅千年之前人们生活的景象图,就这样在我们面前生动展现,欣赏的人无不惊叹。仅是线条与墨的组合,就向我们讲述了跨越千年的故事,艺术的美让我们赞叹!

艺术传达的不仅仅是观感上的愉悦,更是一种人类思想觉醒的传承。我以前一直不理解,《蒙娜丽莎》画的只是一个妇人微笑的场景,为什么会这么著名呢?直到学了历史，了解了那段过去，我才恍然大悟。这是一幅诞生于文艺复兴时期的画作。文艺复兴时期以前，西方人崇尚神灵，教会拥有至高无上的权力，大家认为他们代表着神的旨意。人的私欲是对神灵的亵渎，教会则以神的名义惩罚有“恶欲”的人。那时的西方人不能有自己的欲望，要听从神的旨意，任何新的想法和探索的欲望都是对神的不敬。艺术的画作和雕塑都用来赞扬神的伟大，画中的形象主体是有着翅膀的天使，用着温柔的暖色。躲在角落中的暗色调，是渺小和服从的人类。文艺复兴时期，人们的思想开始觉醒，而《蒙娜丽莎》这幅作品的出现，第一次让人们开始注意到“人”。画中的蒙娜丽莎并不是什么明星或伟大的科学家，她只是一个平凡的人。画中只有她这一个形象，有着普通人的妆容面貌，带着温暖的笑容，只是静静地在那儿。这样一个温暖的身影，重重地敲击了那个时代西方人的思想。原来，一个普通人的样貌竟能这样美丽又震撼人心。她没有超越人类认知的超能力和改变世界保佑众生的力量，只是作为一个普通人被大家看到，被世界看到。普通人做喜欢的事，享受其中的乐趣，并不违背神的意志。高高在上的神灵并不会扼杀人天生的欲望和意念。我想，这样的艺术作品所承载的是一个时代的人们的意识觉醒，是时代文明的印记。

艺术不仅是人类文明、思想觉醒的见证，更是历史的火炬。在战争或天灾面前，无数前人用自己的汗水、坚持和信念，将艺术品保护完好，进而呈现在我们面前。它们不仅是供我观赏的一个个物件。在整个人类历史发展的漫漫长河中，每个人都显得如此渺小，但正是这样无数渺小的人类同胞，将它们带到了我的面前，我只有义无反顾地接续下去。我认为，这样的历史价值，不是由我来评价的，也不是由每个处在这个时代的人来评价的，我们都没有资格去评价它们。它们是我们和人类历史的过去联结的枢纽，是数千万年前的人们触碰过的艺术品，我也握紧了它们的手。我无法评判它们的价值，我能做的只有握紧，并把它延续下去。

跳出辩题，我不禁遐想，世界上总有一些东西重若泰山。在《月亮与六便士》这本书中，主角思特里克兰德穷其一生都在画画，尽管他的画并没有被人赏识，所有人都认为他的画不好。违背了一切世俗人眼中伦理道德的他，好像在乎的只有笔下的颜料。在生命的最后一刻，他用尽最后一丝力气画下的笔触，似乎在嘲笑死神的无能。“地下都是六便士，我却抬头看见了月光。”或许我们不能理解他的行为——画着不被认可的画，他人的唾弃、病痛的折磨都无法阻止他追寻心中的月光，艺术是他的人生追求。这是一种代表着人类反抗命运的艺术。他的行为会在人类历史长河中点亮艺术的星火，得以永久传承。

“救猫还是救画？”我所选择的并不仅仅是救下眼前的纸卷，而是搭起我的手，和无数历史前人一起举起艺术的火炬。我尊重人类在这世间留下的璀璨光辉，在历史的长河中永久闪烁。

指导教师：权娜

本文获省级一等奖

点 评

本文拟了一个选择性的标题，易于激起读者的阅读兴趣，而作者在开篇也给出了自己的选择。为什么要去救一幅画呢？文中，作者先将“救猫”与“救画”进行客观比较，再次表明自己的观点，强调了做出这种选择的必然性。接着，作者从三个方面进行剖析，做到了层次清晰、事例典型。一是艺术具有令人着迷的观赏价值；二是艺术所传达的是一种人类思想觉醒的传承；三是艺术更是一把历史的火炬。这三个分论点一脉相承又形成递进关系，有力地回应了“救画”的原因，并通过典型事例增强了论证的说服力。

（夏冬 资深编辑）

半面妆

□ 辽宁省清原满族自治县高级中学　刘东宁

镜中是被割裂的两个世界：一半纸醉金迷、金碧辉煌，是戏妆勾勒出的十里洋场；另一半清丽如初，是那个刚从山里走来的女孩儿的本真面目。坐在喧闹繁杂的后台，在紧锣密鼓的上妆中，我停滞了，迷茫了，灵魂似乎也随着岁月飘逝，一半留给未来的奢靡，一半追随过去的纯真。

一阵异于柔美的管弦丝竹声的喧杂打断了我的思考。一群日本士兵强闯进来，刚刚在周围阻拦的梨园打手们已倒在一旁。他们要干什么？恍惚间，为首的军官已冲至我跟前，要我为他们唱上一场，否则就杀了戏院里所有人。梨园飘荡着的脂粉香、柔情似水的丝竹声，连同十里洋场的纸醉金迷随着一语落地戛然而止。是苟且偷生，沉醉于浮华，抑或在风华正茂时溘然长逝，无人问津？大家都在期盼着我做出一个中国人应该做的选择。诚然，那一刻我犹豫了。我是懦弱的、贪慕享乐的，见过一个又一个师兄师姐因不为日本人唱戏而芳魂永逝，听过一位又一位前辈气节高尚一身傲骨，当选择到了我眼前，我却犹豫，不舍。可我知道，现在没有师兄师姐为我挡着了，该是我为师弟师妹做榜样的时候了。

那瞎了一只眼的军官告诉我，一个小时后，就是给我的最后时限。“希望你能做出合时宜的决定。”狞笑间，他转身而去。偌大的后台，只有我一个人，空空荡荡。

四周黑了下来，不甚明亮的烛影只照亮了我未施粉黛的半张脸。我还没在这十里洋场快活一番，还有儿时出人头地的梦在等着我。我曾幻想着做举世瞩目的明星，享尽世间的荣华富贵。原本犹豫的心沉静下来，因为我知道，作为一个中国人，我有着自己该有的气节与风骨。“天子守国门，君王死社稷。”这是我师父的喟叹与坚守。我只是一个戏子，没有皇帝公主般高贵的身份，无法留名青史，却也能让自己对得起师父的教导，对得起身上所流的中国人的血。

最后的一个小时，我没有留给未化好妆的半张脸（半面妆应付瞎了眼的军官与虚伪的日本人也是恰如其分)。这是我的时间。回忆中,一个骨瘦如柴的小女孩儿日日晨起吊嗓,跳舞练功。“兰花手,荷叶掌,握拳如凤头。”日日浸染,京剧已然融入我的骨髓。再向镜中望去,金冠战袍、玉带长枪,这将是我的最后一次出演。我默数着时间的流逝,还有几分钟,还有一场戏。锣一声响,大戏开场,人生的悲歌终于到了高潮。

当袅袅婷婷的身影伴着华服珠钗出现在台前的一刻,迎接我的是日本人的狂欢与国人难言的失望与悲愤。那些曾最喜欢我的老戏迷,我似乎没有看到他们任何人,水袖一抬,是穆桂英惊天动地的豪情;水袖一落,又是半面戏妆的无奈名伶。“想当年桃花马上威风凛凛,敌血飞溅石榴裙。有生之日责当尽,寸土怎能属他人?”一曲唱毕,那领头的日本军官为我送上一束花。我轻笑着,将花拢在胸前,也将匕首刺入他的心口。鲜血染红了匕首。人群慌乱间,我事先吞服的毒药开始发作,看到军官心有不甘地闭上眼睛,看到戏院中众人都已从密道撤离,我舔了舔嘴角的鲜血,低头望了望,我想我演出了真正的穆桂英。

视线随着时间流逝而逐渐模糊。都说人死之前会看到自己的一生,我现在才相信。我看到那个纯真的女孩儿在大山中的月光下许下了要荣华富贵、长命百岁的愿望,看到刚入戏班时师兄师姐的音容笑貌,听到师父“宁死不屈从日本人”的教诲,又回忆起一位位师兄师姐用鲜血捍卫气节与底线的场景。画面定格在最后,还是我刚开始学唱《穆桂英挂帅》。我的人生从此开始,也从此而终。戏台上流满了鲜血,为我最后的半张脸上了半面妆。

指导教师:高原

本文获省级一等奖

点 评

这是一篇主题深刻的小小说。艺术没有国界,但从艺者有自己的国籍。小说写一位伶人,宁死不屈,不为敌人演唱的故事。文章在结构设计上前后呼应,安排巧妙。以半面妆为线索,文脉清晰;以第一人称行文,方便解读人物心理。当然,如果在主人公的心理变化上,从犹豫到沉静,进而坚定,再写得确切、充实一点儿,文章会更丰满且合情理。

(尤立增 特级教师)

我是鼓

□ 江苏省邳州市明德实验学校　马瑜

“你是谁？”耳畔回荡着声响。

“我是……我是……我是谁？”

一

大漠茫茫——

残月，寒风，孤雁，黄沙。

苦！

“这儿是哪里？”我不知道，似曾相识，却难以忆起。

四周静得出奇，偶有几声呕哑嘲哳的嘶叫声。

“咚咚咚——咚咚咚——”

突然，四周有无数火光迸溅了般，一阵震耳欲聋的马蹄声从天边传来，震得大地颤抖；尘土四溅，滚滚涌动，犹如浩瀚海潮，令人望而生畏。旌旗在苍穹之下迎风飘扬，铠甲闪烁着耀眼的光泽，刀剑直插云天寒光闪烁，马蹄踏地发出隆隆巨响，真是势不可当。

“冲！为了胜利！”

“冲！为了家国！”

“冲！为了盛世！”

无不盛气凛然！无不豪情四溢！

伴着朦胧似雾的月光，我顺着响声传来的方向，看到了他的身影：体大似鲲，厚重如鹏。

早已按捺不住内心的躁动，我也跟随那股力量，在这茫茫天地间作唱。

纵然大漠荒野，纵然蓬断草枯，纵然凛若霜晨，纵然兽铤亡群，依旧于萧瑟中刚强，依旧于乱风中飞翔……

"胜利啦！胜利啦！胜利啦！"

你可曾见过这般气吞山河，你可曾见过这般万马奔腾，你可曾见过这般排山倒海？

我见过！我见过！我一定见过！

暗夜终有破晓时——

胸膛中的炽热尚未退去，泪，大滴的泪，不知何时早已夺眶而出。

"我，我是……谁？"

二

金钩细，丝纶慢卷，牵动一潭星。

"咚咚咚——咚咚咚——"

长街鼎沸，灯火通明，笙歌叠奏，人流如潮，街巷纵横，千回百转……

我穿过这茫茫人海，顺着这时光大道，心中期盼，可以寻到认识我的人。

"哎哟——阿娘——"

"慢些跑，慢些跑，孩儿。"

"阿爹在有咚咚咚声的地方等着我们哩！"

"好好好。"

是一个妇女和她的孩子，二人满面春风，自得其乐，恰与这光景相称。我循着他们的步伐前去。

戏台上，炸雷一样铿锵有力，流星一样光芒万丈，大山一样深厚峻拔，烈火一样焚入心头，闪电一样瞬息万变。

我看见他们一家三口相拥，我看见人们聚在一起载歌载舞，我看见明亮的孔明灯携着希望袅袅而去……

许是春光旖旎，许是夏风和畅，许是秋果硕美，许是冬雪纷飞，造就了这片"太阳城"吧？

你可曾见过这般花好月圆，你可曾见过这般乐不思蜀，你可曾见过这般国泰民安？

我见过！我见过！我一定见过！

我欲穿花寻路，直入白云深处，浩气展虹霓。

一抹泪滴悄然划过指尖……

“我，我是……谁？”

三

宽敞明亮的大厅，满是洁净的大理石瓷砖，波浪式的花纹铺满了整个地面。灯光明亮，空气清新。

“咚咚咚——咚咚咚——”

“它……象征着欢庆、吉祥、积极向上、不断奋进，是我们中华民族历史上最为优秀的传承者之一。”甜美的女声在我耳畔缓缓响起，令人心潮澎湃。

周围人来人往，男女老少皆有。我清清楚楚地从他们的面容上看到了我想要的答案。那是一种什么样的表情？似是月光照在路上微微泛起的光晕，似是初晨的露水在叶片上蒸发开来，似是夜幕中驶过的列车上闪烁着点点灯光……

我想，我是高兴的吧。像是穿过一条时空隧道，来路风景无限，悄然从我身边溜过鸟儿啼叫，蝴蝶翩飞，鹰击长空，鱼翔浅底，生活的浪漫和岁月的流转在我心中刻下种种烙印，忘不掉的！忘不掉的！

我望着我的四周——大好河山一片。我愿意用我的青春，用我的碧血丹心，继续镌刻我现在所拥有的世界和未来的世界。

你可曾见过这般似水流年，你可曾见过这般意气风发，你可曾见过这般心向往之？

我见过！我见过！我一定见过！

追风赶月莫停留，平芜尽处是春山。

我心头一酸，泪如雨下。

“我，我是……”

战场起舞是我！戏台传乐是我！历史传承是我……这千千万万个场景中，都是我！

我长长舒了一口气，笑了。因为，我忆起来了——

我，是鼓！

指导教师：袁层

本文获省级一等奖

点 评

作者的文字灵动独绝，文章妙思翩飞，其艺术魅力得益于拟人化、幻觉化和诗意化语言的运用。将鼓赋予人的灵性，能见证，能记忆；在时光流转中，作者浮想联翩，战场起舞、戏台传乐、历史传承，呈现出很好的线性思维。其特质在于故事性和流动性，有时如行云流水，有时如鹰击长空，有时如烟花绽放。

（尤立增 特级教师）

舞出自己的“千里江山图”

□ 天津市滨海新区大港第一中学　郝悦琪

如果理想与自我是小王子与玫瑰花，那么他人的玫瑰是否一样的绚丽多彩？

兴趣班大抵是每一个“〇〇后”童年的必经之路。但凡经济条件稍微富裕的家庭，总要为孩子报一两个兴趣班，内容包括但不限于绘画、街舞、雕塑、声乐。美其名曰“培养兴趣”，实则为升学靠艺术特长加分摩拳擦掌。我呢，则被鼓励接触形体舞蹈。

小孩子分两类——要么听话温顺，要么顽皮倔强。

我是前者。

本着听妈妈话的态度，我极认真地模仿老师的每一个动作，因而常被奖励小红花。渐渐地，我摇身一变，成为老师口中别人家的孩子，有舞蹈天赋。

孩子们总是天真的，小小的脑袋里装着大大的好奇，只知道做什么快乐便去做什么。顺理成章地，一个“舞蹈家”的梦想种子在一个小孩子心中萌生。

长大些，我开始发福。时间被学业无情地吞噬，练舞也只好靠边站。越来越低的配合度和体重秤上不断飞升的冰冷数字终于激怒了老师。尽管常常因训练熬到深夜，上台次数却越来越少，我开始丢失了那舞蹈天赋。母亲心疼，总在下课后找机会渗透一些想法：“舞蹈不能当饭吃，艺术是个骗人的帽子戏法，还是搞好学业为妙。”于是，我收起了曾经恨不能镶在皮肤上的舞蹈服，再不提和“舞”有关的字眼。

玫瑰含在口中。

在一些人的观念中，艺术似乎是对生命的辜负。我也曾期许与小王子的朋友同列，着眼于现实。成绩如愿名列前茅，却只是前茅。

好吧，好吧，前进，前进。没有风景。

向着那风景。

不敢觊觎那风景。

“风景不能当饭吃。”

我开始学会隐藏，戴上假面，与其他人一样站在道德制高点向“不务正业”之人嗤之以鼻，却仍会因邂逅优秀舞者而心中一颤——

“若那是我，便好了……”

暑期出行。打开玫瑰箱的钥匙似乎被找到了。

一个奇丑无比的街头艺人，满面雀斑，头裹头巾，穿一身皮衣，肩肘处的布料已经磨损。他在与路人跳华尔兹！他很胖，衣着不整，却也很优雅。

身旁之人都陶醉其中，随着节拍和艺人一起律动着。他很业余，舞姿也算不上优美，更无形体可言，却沉浸在自己的世界——他，舞出了自己。

原来，玫瑰是可以尽情绽放的。

原来，每一个不曾起舞的日子，都是对生命的辜负。

我常常想，艺术是阳春白雪，离我太遥远，但艺术，其实源于生活。舞蹈不一定能当饭吃，却是一个人的专属标签。就艺术而言，人人都不应受限——

他很高。她很胖。他的梦想有些疯狂……

他们，都是艺术家。

别人的玫瑰也许看起来有些丑陋，却不一定逊色于自己的玫瑰。

我仍会常常跳舞，学习编舞，抱着欣赏的态度观看演出，却从不参赛。当艺术登上了排行榜，被世俗的眼光肆意比较、贬低和评头论足时，便再无艺术可言。每一份作品背后都隐藏着不为人知的奇妙小世界，那是属于每个人的理想花园，值得被接纳、被探索。

我常常想，艺术完美诠释了创作者的见解与主张。不是为赋新词强说愁，而是随意自然的真情流露，是百花齐放，是和而不同、美美与共。

那么，我便不再假装隐藏。

我，或许很普通、很平凡，但也有着不普通、不平凡之处。

我平等地珍惜、热爱艺术诞生的过程，珍重自己种下的玫瑰，乐于欣赏沿途的小风景和大智慧。

即使理想与现实之间是无尽的深渊，我也以平和的心态去理解与欣赏艺术创作的每一天、每一分、每一秒，享受过程，无论结局。

我们终将舞出属于自己的“千里江山图”。

指导教师：赵永丰

本文获省级一等奖

点　评

本文取材于自己学习舞蹈的亲身经历，充满了学生阶段的生活气息，展现了一次心灵的成长历程。寻常中见深刻，活泼中见严肃。文章开头以问句引入，在见闻与思考中找到了答案——每个人、每件作品都有奇妙的小世界，都值得被接纳、被探索。结尾回归本我，使文章升华。这世界有那么多人，但生活终归是自己的，我们应站在最适合自己的高度，笑看细小风景与千里风云。文章融叙议于一体，倾深情在字里行间。

（尤立增 特级教师）

中国沙画之美

□ 黑龙江省牡丹江市第一高级中学　唐静轩

中国沙画，是一门极具生命力的杰出艺术。在具有质感的灯光映照下，沙画艺术家运用一掬细沙、一双妙手，瞬间变幻出五彩缤纷的图案，动静结合塑造万千形象，让沙画犹如向美而行的黑马，在艺术天地中自由驰骋。

中国沙画，美在手法的创新。它虽然面世只有短短几十年，但惟妙惟肖，深受大家的喜爱。沙画师在创作作品之前，会精心挑选大自然馈赠的礼物——天然彩砂。那些看似普通的彩砂，在沙画师手里能散发出奇特的光芒。沙画师首先会精心制作好不干胶模板，在模板上用画笔小心翼翼地作画；接着用美工刀一笔一笔地围着图画刻出轮廓；再轻轻地使用锋利的工具揭起沙画的每一部分，缓慢地将五彩的砂倒在模板上；然后利用神奇的灯光效应，放大明暗对比，以砂作画，勾勒出有形的自然意境。在一撒、一捽、一抹、一勾、一挑、一拍、一明、一暗之间，一幅幅生动唯美的沙画跃然沙盘上，尽显自然之美、时间之美、空间之美；在营造氛围的过程中，沙画饱含自然造化的写意景象，极其亲切；沙画中的灵感、激情、想象无限碰撞，极其生动；在方寸天地里，沙画中的点线面连贯变幻，极其震撼。动静融为一体，时空融为一体，虚实融为一体，让许多观众为之赞叹，让众多心灵为之震撼，让无数声音为之欢呼。

中国沙画，美在艺术的包容性。它最初只有单一的艺术表现形式，沙画师巧用一双妙手，在明亮的画板上用彩砂与画板底部光亮部分形成独特的影像，创作出一幅幅唯美的画面。随着时代的推移，中国沙画渐渐变成了一门多元化的综合艺术创作表现形式，融入了音乐、表演、文学等多种艺术形式，逐渐迈向绚丽的舞台。音乐与沙画主题所呈现的意境相契合，例如舒缓的轻音乐搭配宁静的画面，亢奋的快节奏音乐搭配热闹的场面，等等；沙画的投影表演效果、表演节奏以及独特的表演魅力会被着重强调；团队创作会融入生动的故事情节，生成引人入胜的故事。

因此,沙画不仅可以独挑大梁、单独成戏,还能与其他专业艺术表现形式跨界合作,联袂演绎,展现无与伦比的包容美,给观众带来前所未有的视觉享受和听觉盛宴。

中国沙画,美在文化的融合。它根植于中华民族几千年深厚的文化底蕴,成长为一股弘扬中华文化的生力军。中国沙画种类多样,固态沙画、沙动画、沙瓶画、沙版画、沙画疗愈等,无不饱含中华民族的文化传统与审美理念。如以经典神话故事为创作素材,从历史典故中汲取灵感,通过画面宣传真善美等。中国沙画是具有中国文化特色的艺术,它传播着中国的经典故事,讲述着中国的博大情怀,显示着中国的高端审美,透露着中国的典雅风格,打造着中国的壮观气派。其意之所达、心之所思、手之所触,无不使人身心愉悦,无不使人注重美感,无不使人更坚定文化自信。正如近代蔡元培先生所倡导的"纯粹之美育",中国沙画艺术,渐消人我之见、利己之见,培养人高尚纯洁的品格,创造着有利于中华文化传承的不可估量的价值。

中国沙画是一个具有手法创新之美、艺术包容之美、文化融合之美的和谐整体,妙趣横生,散发着耐人寻味的无穷魅力。我们要大力保护和传承中国沙画艺术,让中国沙画永远成为艺术殿堂中光彩夺目的明珠!

指导教师:刘刚

本文获省级一等奖

点　评

《中国沙画之美》一文最突出的特点是角度小、开掘深、结构严谨。文章在多种艺术形式中选取中国沙画这一形式,从手法创新、艺术包容、文化融合三个方面评述中国沙画之美,三个"美在"具有强烈的逻辑性和分明的层次感,使读者对中国沙画之美的认识全面展开,逐步深入。

(钟湘麟 特级教师)

伟大的作品

□ 山东省临沂商城实验学校　满秋实

老城的人都知道，北面巷子里的李老头儿是个“文化人”。

老城在黄沙漫漫的西北。从老城再往前走一段路，就能看到唐朝时期的古战场，人们随口哼几句秦腔，残阳里似乎也闪着旧兵器古铜色的光，李老头儿却仿佛这沙漠中的一片绿洲。他讲话，讲的是绵软而优雅的南音；唱的戏，也仿佛浸着岭南之地馥郁的热气，要融化这荒漠的寒冰。

没人知道他的来处，直到他去世的那天。整理遗物时，人们在他的桌子上发现了一篇长文，似在怀念他那传奇的一生。我辗转得此文章，感慨万千，特辑录于下：

我老了，我已能感受到时间在我的手中缓缓流逝。

近日总会想到十九岁那年。当我的第一部戏在宏泰戏院首演，我坐在台下，看戏中人物在台上演绎着那些从我笔下流淌出的悲欢离合，恍惚间自己好像打破了时空的结界。人生的戏，戏中的人，高尚与卑劣，平庸与困顿……这一夜，一场戏后，我成了粤中的名人。他们说我的戏好，洋溢着一股爽朗清越之气。青年才俊，倜傥风流，现在想来，那真是我人生中数一数二的好年华。

我常常想象，若我能逃离这尘世，附身在我戏中的人物身上，历尽他们的生生世世，倒不失为一件幸事。在此之后，我又写了几部小戏，戏院中依旧是高朋满座，然而，在戏院的大红灯笼中，我隐约看到了一点儿暗影——时间来到了 1937 年 7 月 7 日，日军的铁蹄开始践踏祖国的山河。彼时的粤中虽仍一片祥和，但我日日穿梭于众将军的官邸，陪着那些附庸风雅的长官饮茶谈话，无意间竟也听了些不可言说的秘密。

那时，我认识了两个人，一位姓孟，是本地得月阁的老板，他喜欢我的戏文。一位姓赵，叫赵默生，他自称是北地人，寓居岭南。他爱唱戏，日日与我切磋戏文，一起唱和。他的唱腔蕴含着北方特有的凛冽之气，再柔美的词，在他嘴里都有几分客居异乡的苍凉与空旷。我从达官贵人处得知了更多的秘密，我也发现自己当初的那些靡靡之音是如此聒噪喧嚣。彼时的我，只想写那萧萧秋风硝烟中的岳飞，写那不指南方不肯休的文丞相，甚至写那发誓不过江东的楚霸王。我恨那消极的空气，日日觥筹，痛苦却无处可逃。我想，也许我该做些什么，去守我的国土，护我的祖国。

默生很少回应我，但他似乎和我一样关心战事的情况，常常向我打听一些从将军官邸听来的消息。

转眼到了1938年的中秋，孟老板那晚约我出去。“纵马离了西凉界啊，”他的嗓音颤动了月光，他对我说了很多，“赵默生其实不叫赵默生，他的真名叫山田一郎，是日军驻粤情报组的一名间谍。他接近你，是希望获得更多的情报。”他的苍凉、他的孤寂，原来只是侵略者的伪装啊！抬起头，我看到月亮发出的荧荧的寒光。“请他尝尝我们中国的味道吧。”孟老板说完递给我一包月饼。山田一郎是情报组的支柱，除掉他，日军在广东的情报组织布局会严重受限。

我毫不犹豫地接过月饼，转身走入了黑暗的街角。

故事竟是如此巧合。在我那未完成的剧本《秦淮叹》中，亡国的名伶最终前去刺杀新君，后庭花未唱尽，殿中便开出了两朵血色的花。“戏是人的戏，人是戏中的人。”

坊间传闻，我死于1938年的中秋夜，一声枪响后，与敌人同归于尽。然而，我走了，侵略者的鲜血流到我的脚边，我厌恶地偏过头。孟老板告诉我，北方有延安，有闪耀着红色光芒的地方。

再到后来，我成了一个普通的老头儿，偶尔会哼几句乡人难解的南曲，命运让我重获了一段生命。此后，我再没写过戏。我想，我已经用我的一生，完成了一部足够伟大的作品……

后来，小城的人为李老头儿竖了一块碑。碑落成的那一天，人们筹组了个戏班子，唱了一天的戏。

指导教师：高同英

本文获省级一等奖

点 评

世事离戏只有一步之遥，人生离梦也只有一步之遥。人生如戏却不是戏，走好人生路，最重要的是做好现在。文艺创作就是耕种自己的园地，有意境的思维品质和审美取向折射出作者的文化底蕴。中国古典文学是我们文化的母体，是无法割裂的文化土壤，使此文具有了曲词般的意境与色彩。文章通俗直率，明朗畅达，且有其内在的节奏与韵律。

（尤立增 特级教师）

在字里行间，读懂你

□ 江苏省武进高级中学　顾芷涵

那时练书法，总会听到有人说一句“字如其人”，也许他们把这四个字肤浅地理解为字写得好看的人长得就好看，可在我看来，这句话有着不同的含义。

我去过西安，那个被艺术与文化包围的地方。那是我停止学习书法的第二年，连每周学校的书法课也不再练习。那时的我对书法当真没有太大的兴趣，直到隔着观赏玻璃，见到真正意义上的碑，而不是帖。青苔爬上那矗立的碑，没有添上一丝生机，却抹上了一种严肃。不同于帖，我从碑上看见字的起承转合，一起一落跨越千年，笔墨流转是时光飞跃。轻重与力度是纸张无法传达和表达的，仿佛那碑的作者就在眼前，书写着脍炙人口的佳作，历史的厚重感扑面而来。

这种厚重感从何而来？从历史而来。透过书法，我可以了解书法家是得意还是失意，是喜还是悲，了解他的生平经历。自此，我体悟了“字如其人”的另一重意思——透过书法家的字，跨越千年，跨越空间与其见面，看见其创作背景与境遇，了解其所流露出的精神追求。

中国最不缺的就是书法家。我的书法老师，也许你从来没有听说过他的名字，也没有看过他的作品，但从我第一次见到他起，他就给我留下了艺术大家的印象。那时的他还是中年人，有着不算圆润的啤酒肚，留着长胡子和长头发，还戴着奇形怪状的项链和独特的帽子，俨然一个艺术家的模样。我们许久未联系，只知道他有个女儿，现在还有个外孙。从前，他的身影行走在大大小小的课桌之间，穿梭于满屋墨香之中。现在，他将教书育人的工作传给了他的女儿，自己却悠闲地泡杯清茶，刻刻木雕，逗逗外孙，教他写写字，帮他磨磨墨。他依旧没有放弃那头长发和胡子，就像没有放弃书法一样。他好像生来就和书法绑定了系统。他教过学生，教过自己的女儿，教过自己的外孙，他将千年前的美传给我们。有时觉得书法早已如养料般融入他的血液，他就像书法一样，毫不吝啬地发挥自己的力量，去记录他人美好的瞬间，成就他人；他就像书法一样，保持本真，任时光流转，初心不改。他是一个好老师、好家长，也是一个优秀的艺术家。就像他给自己起的字——无香。墨字无香，却又有淡淡墨香。

人人都知苏东坡。有人记得他聊表乡思的《水调歌头》，有人记得他荡气回肠的《赤壁怀古》，人们总能从诗里读出他的游子之情、豪情壮志。透过天下第三行书《黄州寒食帖》，开头一句“自我来黄州，已过三寒食年”，书法与诗相得益彰，满纸倾露出身世颠沛之悲、天下不宁之沧桑。时运不济的苏东坡心中的悲痛与不满都暗含在字里行间，字字让人动容，笔笔令人落泪。因此，一个郁郁寡欢、仕途不顺的形象跃然纸上。他一心入朝为官，救济天下苍生，奈何官场沉浮，世事难料。他有一腔报国志，却一次次被泼冷水。他没有李白的豁达，从他不同时期的书法中可见，他也多次重拾信心，却遗憾地次次落败。被贬黄州时，他年仅四十六岁，本是意气风发的年纪，却写出了年老多病的无力感。书法记录了他人生的起起落落、跌宕起伏。在时而豪迈苍劲时而无力颓废的笔法中，苏东坡度过了自己传奇却又悲壮的一生。

簪花小楷的清秀，描绘了江南初春的烟雨朦胧；大篆小篆的庄重，反映了一统天下的始皇威严；行草交融，写下的是辛弃疾等人的报国情怀。书法从来不仅仅是书法，它可以像人的一生，也可以反映人的一生。它如细流，织就历史长河；它如人生简历，给短暂易逝的生命留下一段旋律。

书法是一门有温度的艺术，由人书写，也书写着人。“字如其人”从来都不仅仅是反映人外表美的说辞，“字如其人”极具穿透力，直击人的心灵深处，反映其精神。书法家笔端肆意落下的是他们的青春，是他们的抱负与志向，是他们的人生写照。后人在书法中摸索、拼凑、体悟前人的人生。

我们在书法中探寻的不仅是艺术，还是一个个鲜活的人的形象，比如一名严格的老师、一个慈祥的家长或者是一位传奇的名人。他们都值得被称为“艺术家”，他们用自己的一生去滋养书法，书法也给予了他们一生的馈赠。他们在书法的赞歌中看到了自己，看到了熟悉的字，他们会说什么？也许，是字如其人吧。

指导教师：朱敏菁

本文获省级一等奖

点　评

作者在学书法、赏作品的过程中，不知不觉受到了书法家人格境界的感染，在品字读人中感受到书法的气象万千。文中既有对书法老师日常生活的观察，也有对苏轼时运、心境的揣摩。无论今时人，还是往昔作，作者透过书法看到的是“人的形象”与精神追求。文章首尾呼应，表述流畅。此外，文中多穿插抒情议论句，具有画龙点睛的作用。

（尤立增 特级教师）

山河笔下现

□ 河南省郑州市第四高级中学　宋天熠

“你还能握起画笔吗？”

霎时间，林慕之不知道该向哪儿看，环顾四周，除了报道昨日七七事变的废报纸和手中捧着的一本有关绘画的小说，屋里再无任何有价值的东西了，更别说能发出声音的东西。她敲了敲脑袋，继续看书。

“你还愿意拿笔吗？”

这个缥缈却好似要撕裂林慕之内心的声音，让她不得不再次看向手中的书。她感到难以置信：书上本来整齐排列的文字逐渐散开，缓缓组成了一支画笔。虽然身为无神论者，虽然城外时不时传来枪林弹雨声，虽然她发过誓再也不碰画笔，但是林慕之的手还是鬼使神差地轻轻触碰了书上正跳动的画笔。

“啪！”那本书掉在地上。

再次睁眼，林慕之怔住了：墨汁乱染的宣纸，一张一张毫无顺序地杂糅在自己身旁。左边一支微弱闪烁的蜡烛正无声地嘶吼着，快要流光最后一滴烛泪。她欲起身，才发觉自己完全失去了行动能力。低头看，棕色坚硬的身体和白色柔软的末端，“我变成了一支毛笔”，本来要吼出来的话只能在林慕之心里爆炸。

穿越了，但成了一支笔。她本以为日军发动七七事变的丑恶嘴脸是最让人匪夷所思的事了，可竟然还有更离谱的事情发生。正当她陷入苦思、万念俱灰之时，一个身影走近桌边。黑色的长袍、凌乱的长发，时代的悲怆与喑哑的抗争，完美地从他紧锁的眉峰间迸发，蔓延至每一寸被烽火淬炼过的皮肤。只听他一声长叹，握起笔——不，握起林慕之——挥毫泼墨，挥斥方遒。林慕之只感觉脚快速移动在宣纸上。那一刻，纸上赫然出现一行大字：金人不灭，中原难安。原来是来到了南宋暮年，那个金人铁蹄踏破中原的耻辱年代。从抗日转为抗金，无异于从地狱进入深渊，林慕之想。

“可惜呀,我裴瑾若能有岳飞大将军的三分武力,也不至于任由金人肆意践踏我中原的大好河山,自己却只能在这阴暗的草堂中苟且度日。”原来面前的男人,是南宋的主战派裴瑾,因双腿不便,蜗居于此。林慕之很清楚这段历史:软弱无能的南宋朝廷与意气风发的金人,力量悬殊。“金人的火把正飞往这边,大家快逃啊!”草堂外,人们的惊呼声蓦然响起。咿咿呀呀,是小孩儿的哭声;呕哑啁哳,是老人的嘶喊声。慌乱的脚步声、叮当的兵器声,充斥着整个村落。唯独裴瑾无动于衷。窗外皎洁圆亮的月儿,面前这个黯然神伤的南宋遗民,以及全屋静止的事物,是林慕之目之所及。他怎么了?为什么不逃?林慕之心想。可是,身为一支笔,她什么也做不了,但她听得很清楚,金人的马蹄声越来越近,这座深山的村庄仿佛第一次苏醒。十几户乡亲在这大山的褶皱里,从春到夏,从秋到冬,默默承受着大山给予的温柔与暴烈。如今,这方山水就要沦为金人的战利品。

突然,一滴带有温度的水流到林慕之身上,那是裴瑾的泪。接着,林慕之的身体突然直立,一只颤抖的手正握住自己,再一次,她在宣纸上移动。首先,一座连绵雄卧的山脉出现在宣纸的上部;接着,郁郁葱葱的林木将整座山脉遮掩,几间暖褐色的木屋如星星般点缀在深邃的山间,山下有一条碧绿色的小溪……渐渐地,市镇、商人、马车、勾栏、瓦肆、孩童,一笔一笔,一画一画,魔术般从林慕之的脚下出现。林慕之只感觉脚下升温,越来越快地将不同颜色的墨汁洒满这张宣纸的每个角落。纸上是一幅正在被完成的山河安乐图,林慕之的心被震动了。她从未想到,自从九一八事变爸爸战死的那天,也就是她失去生命全部寄托的那天起,再次作画,竟然是以这样的形式。低头看脚下正生成的南宋山河,她不得不承认,无论是从绚烂的色彩搭配,还是从毫无复杂的构图来看,这幅画都是她所见过的最精彩的作品。画中,灿灿的日光洒向南宋大地,海晏河清,朗朗乾坤。这大概就是裴瑾几十年来梦中的场景吧?

啪!草堂的门被冲破,门外刀剑银光闪闪,火炬烈焰熊熊燃烧。裴瑾依旧舞动着手中的笔,全神贯注地绘制他所热爱的这片土地。兵器高举,然后,裴瑾倒下。

林慕之被甩在宣纸一旁,笔身依然留有裴瑾的泪水。几滴鲜血从裴瑾心脏迸出,喷涌到纸上那座奇丽的山脉之巅。

血染南宋山河,林慕之看见了世上最悲壮、最难以言喻的画。裴瑾死在了金人的刀下,她的爸爸死在了日军的枪下。哽咽着,挣扎着,林慕之又能如何呢……窗外,狼烟四起,血色淋漓。

再一睁眼,手中是小说,桌旁是报纸——林慕之又回到了民国。

裴瑾鲜血溅落的情景仍萦绕在她脑海里，身处战争年代，已经有两个生命真切地消逝在她身边。

林慕之的目光落在那支已经被灰尘浸染的画笔上，万般愁思涌上心头。

自己所热爱的山河正被日本侵略者蹂躏，父亲歼灭日军的遗愿尚未实现。从九一八事变到七七事变，一条条生命变为这片屈辱土地上的一个个孤魂。中华民族是否能延续？前途未卜。想到这里，林慕之死去的心终于重燃了。南宋覆灭的悲剧，绝不允许重演！林慕之落泪了，同几百年前落泪的裴瑾一样，胸怀民族大义，渴望国泰民安。

拿起画笔，为民族挥毫，为时代泼墨——这是林慕之画画的初衷，也是她将重拾的武器。

应尽便须尽，无复独多虑。胸中有丘壑，立马振山河。

指导教师：赵冬

本文获省级一等奖

点评

《山河笔下现》一文构思巧妙，虚实结合，以笔为媒介，以画为桥梁，将现实与历史穿插来写，赋予文章以深厚的底蕴、深刻的内涵、深广的价值。本文综合使用多种表达方式，记叙、描写与抒情紧密结合，将个人命运与国家命运紧紧相连，赞颂了中华民族自古以来不屈的抗争精神。文章注重典型场面的描写，长短句交错使用，整散句灵活变化，语言既细腻动人，又气势磅礴，意境厚重坚实，格调高扬宏阔，体现了作者深厚的语言功底。

（尤立增 特级教师）

一梦千年

□ 安徽省合肥八中教育集团铭传高级中学　周文欣

落日余晖下，一望无垠的大漠里，一个孤独的人影被嵌入死寂的沙海。那是一位老人，背着沉重的箱子，风不断冲击着沙丘，沙粒抹去了他的脚印，不留痕迹。

远方的梵音幽幽地传来，阵阵清脆的驼铃奏响，沉淀了千年的酒酿散发出醉人的芳香。老人一步一步地前进着，他饱经风霜，岁月在他脸上刻下道道深印，每一道痕迹都诉说着沧海桑田的变化，诉说着过去的梦想和无数的付出。他穿过河西走廊，经过鸣沙山的月牙泉，来到这座饱受风沙摧残的老墙。终于还是到了生命尽头，到底是撑不住了，在这座破败的古遗址上，老人倒下了。他用那仅剩的最后力气，打开了箱子，沉睡的弦凤首箜篌焕发出勃勃生机。老墙上，绝美的飞天舞女睁开了双眼，那隔绝千年的回眸，不知是谁入了梦。

在瑰丽绝世的敦煌飞天场景中，香音神乾闼婆，散花飞天，抱着各种乐器在空中飞翔；歌舞神紧那罗，冲出了天空围栏，亦飞翔于天空。两位天神合为一体，成了飞天——腰系长裙，肩披彩带，在云端翩翩起舞，身姿柔软。她们没有翅膀，也没有羽毛，凭借飘曳的衣裙、飞舞的彩带凌空翱翔。这十二身飞天，面容饱满，眉清目秀，上身裸露，身材修长，逆风飞翔，分别演奏腰鼓、长笛、横笛、琵琶、阮、箜篌等乐器。在氤氲的雾气中，飞天沐浴着金色的光辉，脚踏祥云，轻歌曼舞。罗裙旋转间，盛开朵朵莲花。素手纤纤，洒下人间最美的色彩，真是应了“飞天舞彩云间去，天外人间圆世界”这句诗。

恍惚间，世界陷入一片黑暗，清脆的乐曲被无情撕裂，欢声笑语的美好场面被打破，轻歌曼舞的画面支离破碎。数位飞天陷入昏迷，那位手握弦凤首箜篌的飞天跌落云端。黑暗中闯入了几个强盗，偷盗破坏了无数的壁画。在贪欲的指使下，窃贼接踵而至，抢走了经书雕塑，甚至用化学药品侵蚀精美的画作，肆无忌惮地掠取奇珍异宝。这是刻骨铭心的伤痛。飞天望着昔日的繁华转眼间灰飞烟灭，迫切地想要弹奏她的乐器，唤醒其他飞天，可是箜篌的弦已经断了。茫茫黑暗中，她不断地寻觅，想要修补乐弦，彷徨了百年，最终筋疲力尽，陷入了昏迷。她的脑海闪过无数的记忆碎片，回味这千年转瞬即逝的时光……

魏晋南北朝时期，她还年幼，懵懂地学习乐器，学习舞动着飘带飞上云端；随后百年，她与同伴交流乐曲，探讨舞蹈，学习来自各方的文化，从稚嫩的幼童变成了亭亭玉立的少女，在云端之上，弹奏着琵琶、阮、箜篌等乐器；到了唐代，她成熟了，有着令人无法抗拒的魅力。她逐渐褪去印度、西域飞天的风貌，展现出惊艳的中国姿容，飞翔在这东方净土的上方。她的美迷倒众人，诗人歌颂她“素手把芙蓉，虚步蹑太清。霓裳曳广带，飘拂升天行”。然而，历经五代十国、宋代、元代这些时期，她变得守旧固执，渐渐地，像一个提线木偶，依旧熟练地舞着，舞着，孤独而僵硬。“岁月不堪数，故人不知处。”她不再有活泼开放、谦逊优雅的模样，她不断地舞蹈，却觉身体越发沉重，凝固的飘带束缚着她，难以飞起，她已没有了当年的青春活力，逐渐呆板，姿态越发笨拙。曲终人散，她的美丽逐渐被人忘却，在落幕的舞台上，在荒无人烟的大漠里，她在历史的长河中被淹没、被遗忘。

岁月浮浮沉沉，她已感受不到今夕何年。风沙外面的阵阵钟声敲击着她的心灵，朦胧的声音从远方传来，若隐若现，呼唤飞天的苏醒。她艰难地动了动疲惫的身躯，努力睁开眼睛，迷迷糊糊间，耳旁传来陌生的词汇。她听到了信息技术“数字敦煌”为还原真实历史文化遗产，保护飞天文化的坚毅信念之声；听到了敦煌研究院付出诸多努力让飞天焕发生机，让千年敦煌不朽的决然的奋斗之声；听到了“一带一路”倡议让飞天破茧成蝶、涅槃重生的宏伟的引领之声。声音逐步向她靠近，飞天突然睁眼。众多飞天齐聚共舞，艳丽夺目。石窟瑰丽辉煌，经书成堆摆放，彩色飘带承托着对自由美好的纯真向往，飘逸的衣裙凌空翱翔，璀璨夺目，流光溢彩。

“万里敦煌道，三春雪未晴。”千年的夙愿挽留这场梦的终结。

大漠上如沧海一粟般的老人，拼了命地支起身子，混浊的双目紧盯着飞天神女，随后决然倒下。

漫天黄沙中，时间在他身上重叠。

指导教师：朱婷婷

本文获省级一等奖

点 评

瑰丽绝世的敦煌飞天，令多少人为之艰苦跋涉，竭诚而来。文章以宏大的气势、细腻的手笔，描绘了飞天多姿多彩的形象，控诉了珍宝被掠夺、破坏，回顾了这一艺术形成、发展、变革、凝滞的曲折过程，赞颂了它苏醒、新生、繁荣的辉煌现实。千年一梦，扣人心弦。作者驾驭和组织材料的能力得到很好的体现。

（钟湘麟 特级教师）

筝

□ 山东省北镇中学　张姿涵

我从七岁开始学琴。

每种乐器都有自己的名字，而我总是“琴”“琴”地叫，好像这么一个更为直白普通的名字，能掩饰我初次面对它时的慌乱。

古筝是很古典、很优雅的乐器。

老师也是很优雅的人。

她的细瓷杯印着和筝尾一样纤细瘦长的金枝玉兰。水汽氤氲，茶香芬芳，玉兰花和着弦声摇摆，嘈嘈切切，仿佛花枝转折处圆润的骨节。

乐声从自己手下流淌出来的感觉很奇妙。谱曲人给幼童准备的入门曲单调又简短。琴谱一页页翻过，音符慢慢变多，指法渐渐花哨，那份初见时的慌乱没有减弱。我在那间有些狭小的琴房里，漫步湘江，掠过草原，穿行林间，遥望彝族的篝火，逼近滩前的台风，游荡在寂寞的冥山。

乐声从自己手下流淌出来的感觉很奇妙。琴弦是分明的、锋利的、尖刻的，我其实有些怕。琴声又是神秘的、不羁的、灵动的。初见它时的那份慌乱，在这样的反差之下，愈加剧烈。我似乎听见心跳的声音，如鼓如雷，在胸腔之中嗡鸣。

老师从不吝啬赞美，她说我有天赋，听得到曲子的心声，听得到琴的心声。缠着胶布和指甲的手指摩挲着琴首略小一点儿的金枝玉兰，我有点儿心不在焉。

后来，我竟然真的取得了些许成就，老师的展柜里多了几个我的名字。

正是不大不小、颇为尴尬的年纪，我不太懂老师的欣赏意味着什么。有一天，老师和母亲在琴房外聊天，冥山的寂静遮不住门外的人声。老师问母亲，愿不愿意让我走艺术特长的路子，以后与琴为伴。

母亲说我志不在此。

母亲，母亲，我志在何方呢？

然而心里并无多少起伏，我只是茫然和疑惑，等到这个同样不大不小的事情消失，那一丁点儿的疑惑也慢慢消失了。

后来，琴谱变旧泛黄，音符崩解离散，指法最终荒废，取而代之的是新的人、新的事、新的更为要紧麻烦的任务。日子里其实也多了欢笑，多了经历，多了思考，我似乎拥有了很多东西——

只是缺一架蒙尘的“金枝玉兰”。

这样普普通通、单调又无聊的故事本该到此结束，留下一个稍显遗憾的开放式结局，可惜天不遂人愿，我还是听见了它的声音。

琴声混合着鼓点、电音，气势磅礴地顺着耳机撞进脑海，敞亮得让人发蒙。

某种初见时的慌乱，适时地从心间升起。我已年长些许，知道那其实不是单纯的慌乱，不是手足无措的不安，而是命中注定该有的心动。

古筝是很古典、很优雅的乐器。

古筝是很潮流、很时髦的乐器。

这足以得见我幼时娱乐生活的无趣。国风流行乐早已兴起十几年，我和我的“金枝玉兰”，守着有些苍白的清风明月，跨过了这本来就漫无尽头的旅途。

原本熟悉的乐声变得陌生、奇妙，恍若湘江两岸闪起彩灯，草原之上红旗招展，林间绿荫里鹿鸣重响，彝族少女的裙摆镀上了金边。

原本陌生的故事变得熟悉、奇妙。新潮的人们似乎并不厌弃琴声的古典，他们甚至心心念念，为此挖掘远比琴更老旧的传说。于是，秦俑车马奔逐在四海八荒，会稽的一砚春雪融入笔墨书帖，梅花岭的凄然月光也难掩满园春色，灿然的金光冲破乌云，唯余吾心光明。

一点点，一件件，一段段，慢慢，慢慢，从不知是谁的尘封的记忆里苏醒，在琴弦上流连，舒展，转瞬即逝，和着并不突兀的电子音乐，汇成一种畅意的帅气。

旧琴谱了新曲，新曲唱着旧人。

站在时空的一端，我突然意识到，我的志向在何方，于琴于我，实际并无差别。

不变的心动、不变的热爱、不变的肆意，无论我和我的“金枝玉兰”是演绎者、传播者，还是单纯的欣赏者，我们都是这浩荡洪流里的一浪，是无尽旅途上的一站，是层层递进中的一环。

未来未知未定，也许有一天，我的“金枝玉兰”将不再蒙尘，与我奏响下一篇章。

指导教师：李莉

本文获省级一等奖

点　评

王小波曾说:“人在写作时,总是孤身一人。作品实际上是个人的独白,是一些发出的信。”音乐亦是如此。作者经历了从琴谱变旧泛黄的搁置,到不变的心动与热爱的回归,让读者领悟到,无论是“独白”还是“交流”,音乐都能够帮助人们更好地享受或忍受人生。志向在何方并不重要,重要的是对音乐的爱,这就像呼吸一样自然,像植物开花一样自然,只是出于生命的一种本能,那么未来有一天,“金枝玉兰”将不再蒙尘,自会奏响下一篇章。

（尤立增 特级教师）

星夜芙蓉

□ 辽宁省大连中山高级中学　刘咏涵

“好,我知道了。”

开水溅到手背,咖啡溢出。刘楚君匆匆放下电话,下楼去接新员工——祝授。无二画室终于招到能给自己打下手的新人,这是很好的事。“终于有时间创作了!”心尖的八音盒被喜悦拧紧了发条。

“你好,我是祝授。很高兴认识你!”

“你好,小祝,欢迎加入无二!我是这儿的画师兼负责人,叫我楚君就好。”

“画室我已经了解,不用麻烦过多介绍了,给我分配任务吧!”

“那我就不费口舌啦!你主要负责画设计好的工艺稿,不着急,慢慢来。”刘楚君微笑着带它上楼,说道。

“好的。你的咖啡洒了,我帮你重新冲一杯吧!”

“谢谢,麻烦了!”刘楚君不好意思地笑了。

祝授精准撕开咖啡包装袋,将咖啡粉放入杯中,然后匀速注入开水,咖啡溶解,色泽愈来愈深,却保持着镜面般的平静。

刘楚君继续创作自己的《星月夜》。油画浓厚的色彩在笔尖绽开,画布上细密的横纵纹路极具颗粒感。笔触衔着笔触,藕断丝连,有轻有重,节奏如同心脏的咚咚声,生命在此相融。

“任务已完成,十四张工艺画都绘制完毕,接下来有设计和创作的工作也可以交给我。”祝授捧着完成的工艺画汇报,然后问道,“你在画什么?”

“《星月夜》。”

“可你画得不像凡·高的,有需要的话,我可以提供帮助。”

“不用了,把工艺画放在画台上吧。其实绘画无关像不像,而是讲究其中的神态,是某一瞬间的感受。”刘楚君无奈地摇头笑着,向它解释。

“我不理解。”祝授眼中浮起罕见的茫然，这激起了刘楚君讲解的热情。

“你看，这幅《星月夜》中每一个笔触的提起、落下，都是云在星空下的呼吸。它们的舒卷带动着作画者的心跳，这是人与画的双生。我心中所想与凡·高不同，自然是不同的感觉。在凡·高的世界里，他的夜空是一片灵魂的动荡，仿佛要爆炸的星星下，小村庄宁静祥和，丝柏树如火燃烧，与天地相连，象征死亡。可他对死亡的感受却不一定是哀痛。星夜之下，他思念着远方家乡荷兰的教堂，思念着尖尖的塔顶，而我怀念从前孩子们在星空下尽情地玩耍，拂手便可触碰到一丛柔软的野花，所以我眼见的星夜，像绕着人家的炊烟，是自己情感的寄托。绘画的意义或许就在于，每一笔都含着属于自己的文思和想象。”

“但不是所有艺术作品都是所见之景，想象的画作也是这样理解的吗？”祝授眨了一下眼睛，问道。

“当然不是，恣意张狂的绘画世界绝不如此单一，况且我也没有资格下一个定义，我只是一个绘画的忠实信徒。‘木末芙蓉花，山中发红萼。涧户寂无人，纷纷开且落。’小祝，你会怎样用画来表现王维的《辛夷坞》？”

“就是画山间的一些芙蓉花开了，又落了。用红色和青色来体现色彩的对比。”祝授平静地回答。

“没错，可我真正在意的不是芙蓉花楚楚动人的嫣红，而是它背后的幽深与轮转。这是与自我生命相关的世界，是我用画笔感受着生命的自在和愉悦。因此，我用欧碧、姚黄铺就青山，以朱草、珊瑚赫等传统中国色点染芙蓉。”刘楚君注视着窗外，痴迷地讲述。

“可我还是无法完全理解。”祝授认真地重复着。

“嗯，你是无法理解的，祝授。有的时候，我倦了，随手涂抹一笔，这就是某一时刻生命的痕迹。也许，当时我都不知道自己在想些什么，但那抹颜色真诚地回应着我，证明我存在。我通过绘画思考，明白了我的存在。我想笛卡尔表达的真正含义也许如此，不只是我思故我在。这难道不是现在这个逐渐冰凉的世界最珍贵的东西吗？你可以画出世界上最精美的图画，一笔一画没有分毫偏差，但不会创作出属于自己生命感知的画作。你缺少了与纸面电光石火、心神悸动的一刹那，缺少了绘画过程中那种在旷野上无端变化、难以捉摸的奇妙体验，以及那种让人不能自拔、无法言说的深刻感受。坦白地说，你无法取代我，取代与画心灵相通的、独一无二的画家与热爱绘画的人，也永远无法取代绘画与艺术本身。

“因为你是世界上最卓越的模仿者，祝授，你是我们的助手。

"你洞悉一切,却又一无所知。"

刘楚君依旧微笑着,一字一顿地说。

现在是 2188 年。

祝授是第 164 代人工智能绘画仿生人。

指导教师:肖帅

本文获省级一等奖

点　评

情景式开头成功地把读者带入未来的生活场景。流畅的语言,偶有泛起活泼的涟漪,透露出作者在增加语言张力方面的尝试;具体的动作描写,使现场感十足,令人有亲临其境之感。作为一篇科幻小说,文章虽情节简单,稍显稚嫩,但足以彰显作者的想象力与创造力。仿生人能否全面取代真人?作者针对这一主题,从绘画的角度点明,真实独特的生命体验是艺术创作的灵魂。这是人类独有的天赋,也是仿生人的局限所在,无论科技怎样发展,仿生人只能是人类的助手。

(曲宗厉 编辑)

戏影里的璀璨灯火

□ 安徽省铜陵中学　朱轶萱

"梦短梦长俱是梦，年来年去是何年。"笛声悠扬，萦绕着清淡的水磨腔，白色的绣衣翻卷，丝绸上的奇花异卉忽隐忽现。戏影婆娑，灯火阑珊，道不尽的是唱腔戏词的温雅婉转，诉不完的是英雄佳人的思绪万千。

戏曲里展现着形形色色的表演技艺。锣鼓声响起，帷幕拉开，舞台上的布景亦真亦幻，时而小桥流水，时而曲径通幽，一扬旗便是千军万马，一挥鞭就是山迢路远。演员登台：粉色的颊，黛色的眉，翻转的水袖，流水般的台步，一颦一笑都带着别样的风味。戏剧不仅是一种娱乐方式，更是一种艺术形式。剧情的跌宕起伏、演员的全情投入、舞台道具的精细布置，这些都是一部好戏必不可少的部分。以经典的戏剧作品《茶馆》为例，它通过老北京茶馆老板的一生反映了半个多世纪中国社会的历史变迁。它剧情紧凑，情节跌宕，折射了一个时代，其深刻的寓意不言而喻。此外，演员细腻的表演不仅将角色的情感和内心世界表现得淋漓尽致，而且将整部戏剧推向情感共鸣的高潮。舞台设计、音乐、灯光等其他元素的配合恰到好处，营造出一种怀旧、伤感的氛围，让观众仿佛置身于那个时代。

戏影里演绎着耐人寻味的人生故事。"倩影镜花前，未曾走远；谁的眼波，醉了水中莲"，这是粤剧《白蛇传》里的唱词；"菩提树檐葡花千枝掩映，白鹦鹉与仙鸟在灵岩神岘上下飞翔"，这是京剧《天女散花》中的戏韵。古色古香的词、悠远绵长的韵，会把整个舞台渲染得如梦似幻。故事情节的起承转合，在一句句戏词戏韵的旖旎腔调中舒展开来。若说情节如同徐徐展开的画卷，那角色便是其中晕染的水墨。在戏剧中，角色通常具有鲜明的个性特征，富于情感变化。他们的悲欢喜乐以及在磨砺中的成长，使我们感触良多。让我们感动的不仅仅是这些小人物的悲欢离合，更是他们的内心世界，以及他们所折射出的一个时代、一个社会。以现实主义戏剧作品《平凡的世界》为例，正如一位哲人所言："心有一隅，房子大的烦恼就只能挤在一隅中;心有四方天地,山大的烦恼也不过是沧海一粟。”孙少平的心中便有着四方天地。他是一位对苦难有深刻认识、对生活有深邃理解、对精神世界有深刻追求的人,他有铮铮铁骨,有强大的精神力量,有巨大的勇气。从学生时代的“非洲人”到成年时代的“揽工汉”,他的人生奋斗历程艰苦卓绝,然而在痛苦与磨砺中,他形成了一种对苦难的骄傲感、崇高感。我欣赏他的苦难哲学,钦佩他对劳动的认识,更赞赏他对生活的理解。不光他,还有身肩家庭责任、担当从不言弃的孙少安,有热情似火却牺牲在抗洪前线的田晓霞……这么多形形色色的人物,让我们能够更好地了解那个时代人们的生活状态和内心世界。同时,《平凡的世界》也传递了一种积极向上、自强不息的精神,激励着人们不断追求自己的梦想和人生价值。

戏影里辉映着其心可鉴的赤子之诚。看完《穆桂英挂帅》我热血沸腾,因为我看到了对家国的一片赤诚;欣赏《红鬃烈马》时,我潸然泪下,因为我感受到了传统文化中人们对爱情的那份坚贞和执着;回顾《四郎探母》时,我眼眶发酸,那是三千年来刻在中国人心中的一份感恩和热爱。

每一代人,都从历史中走来,又向历史中走去。中华文化源远流长,而戏曲便是历史长河中一颗璀璨的明珠。当今中国处于百年未有之大变局中,挑战与机遇并存,在接纳新事物的同时,不能忘却传承。我们不仅要在新时代弘扬戏曲文化,更要推陈出新。“戏曲艺术是从过去来的,但它活在今天,而且我们也非常希望它能够走到未来。”作为传承国粹的佼佼者,王珮瑜通过新时代多样化的平台和渠道,演绎和讲述着京剧故事。她以传承戏曲艺术为己任,不媚新亦不迂旧,不管通过何种表现形式,都是为了让更多人爱上京剧。传统与现代的碰撞,成就了一个惊世绝艳的王珮瑜,也成就了戏剧国粹生命力的延续。如今,国潮风起,新中式备受推崇,作为青年,我们更要站在时代的风口浪尖,让戏曲文化、戏曲品牌“走出去”,向世界展示中国自信。

“一点深情,三分浅土,半壁斜阳。”走进戏影里的灯火璀璨,体悟人间百态;蓦然回首,应是路远梦萦。

指导教师:赵亚平

本文获省级一等奖

点评

“戏影里的璀璨灯火”是什么?是“形形色色的表演技艺”,是“耐人寻味的人生故事”，是“其心可鉴的赤子之诚”。本文以点面结合的方法，从艺术形式、题材内容、思想价值以及传承现状四个方面对戏剧进行了评述，使读者对戏剧有了真切的感受。个别段落还可以进一步充实。

（钟湘麟 特级教师）

世界的遗书

□ 山东省济宁学院附属高级中学　苏冰清

他们说，像他这般不识趣的人，一辈子很难有交心的知己。

没承想一语成谶。

他的失踪似乎早在意料之中，无人赡养的母亲不得不找来我们，老人家伶仃无依，倔强了这么多年，可算舍得卖掉他的故居了。

推门而入，房间风格与他大相径庭。尽管居室已无人气，略显拥挤，但所有物品摆放有致，书房甚至不落尘灰。

我捡起桌上散落的记事本，林林总总几十册，每一本被画得满满当当。画作算不上好看，几乎都是残稿。这些被他珍视如命的作品，实在与艺术品挂不上钩。

不知不觉翻到最后，应该是他已故的妻子。整幅画黑白色调，画中的女人赤身裸体，唯有胸前巨大的胎记被渲染成了红色。他给这幅画命名为《真心》。

妻子恐怕是唯一支持他从事艺术的人。她对他有求必应，只可惜英年早逝。好像他的奇怪，也是在妻子亡故后才显现的。

那年他召集众多亲友，扬言要孑然一身周游各地。他神情严肃，而我们只劝他安分，毕竟艺术艺术，终究易输。

他不予理会。

如今我看着他仓促写下的笔记：在敦煌，游客摩肩接踵，打卡令人瞠目的珍宝，而他，却独自一人伸袖拂去斑驳的蜘蛛网，在面目全非的佛像前虔诚参拜；人们聚在拉萨的垭口祈福，而他强忍着高原反应带来的不适，割破食指，用鲜血滋养了即将凋零的格桑花；他在稻城亚丁的酒馆外听民谣，在大理洱海畔给赤脚的母女写生……

他咒骂人生苦短，艺术的创作始终犹豫不决，唯有死亡一锤定音。

太多人笑他疯魔。他们未曾目睹他在失修的佛窟里长跪不起，也不了解他在萧瑟的街头宿醉不归，单凭他凌乱的胡茬儿、及肩的长发，又有谁没有以戏谑的口吻招呼过一声“来了啊，大艺术家”？

只有他自己清楚，那些灵魂深处的悲鸣，是连血液都无法流淌的自由。

我不禁陷入回忆。

许多年来，他销声匿迹，离开了亲朋的视野，无人知晓去向何方。我想他一定去看了佛罗伦萨的钟楼，淋过伦敦漫长的雨，亲自站在卢浮宫前，双手插兜，凝视着嘈杂的人群，然后决然离去。在某个深夜，打起寒战的他，遇到了一个同样落魄的男子，那男子沉默地递来一根发潮的烟……

他比任何人都懂得，艺术的真谛，在于那些阴差阳错间，灵魂意外地惺惺相惜。

我盯着手里被捏皱的画稿，一时语塞。也许上天早知他的妻子这一生都无法说尽对他的爱，才留下形似心脏的胎印，让他每每疲倦时依偎在她怀中，感受到有颗心脏始终为他而跳。

他的妻子的生命已然结束，为何残稿里的心脏，仍让我觉得狂跳不止？

记得最后一次见到他，已是时隔多年。失去经济来源后的他骨瘦如柴，一双眼睛却异常明亮。有人在背后窃窃私语，说他真像回光返照。

原来，一个真正“可远观而不可亵渎”的人，早已不属于这里。

此后老友每次相聚，茶余饭后聊起他，仍会提起那件穿到褪色的旧夹克和不知戴了多少年的鸭舌帽。他的样子早已模糊不清了，恍然间竟似他曾凝望的佛像——容貌在岁月中褪色，却在我们的回忆里越发鲜活。

像一幅残稿。

却是艺术品。

举世无双的艺术品。

他活在每一个被铭记的日子，被人民敬仰，被人民供奉，活在每一次被忆起的瞬间。就如同当年他仔细擦拭落灰的边角，等待注定焕然一新的刹那。

于是不明所以的人们终于彻悟，为何他口中呢喃“艺术，艺术”时总要面朝大海，为何他总是在展柜应接不暇的聚光灯外摇头默哀，为何他总待坐大雨将至的房檐下，面对黄昏流泪……低头赶路的人永远不会明白，天空竟也曾高举云层的绘笔，松绑晚霞的缰绳，万丈光辉在失序的瞬间肆意驰骋。

他在用自己的艺术打破世界的常规运行。

我终于理解他的眼泪——晶莹的、真挚的眼泪。

真正的艺术是永远都留不住的，所以艺术家更容易察觉到破碎与残缺，无数人前仆后继、呕心沥血才把握住的片刻，却被观者视为艺术的全部。他无数次面向大海，却只能听见悲鸣；无数次抬眼望向黄昏，却频频看到消逝…

世界是他的艺术，而他是世界的遗书。

指导教师：杨宝芝

本文获省级一等奖

点　评

《世界的遗书》着力刻画了一位虔诚追求艺术却不被世俗理解的艺术家形象。作者运用蒙太奇手法，通过剪辑组合、时空交错、镜头缩放等一系列操作，让艺术家的形象呈现在故居陈设里、画作残稿中、他人置喙里、“我”的想象中……看似碎片化的描述，却能够让读者拼接出一个完整的、和谐自洽的艺术家形象。用艺术化的手法塑造艺术化的形象，正是作者对艺术的理解。本文的语言较为华美，虽有斧凿的痕迹，但亦可视为作者艺术化表达的一次有益探索。

（劣雅丽 特级教师）

榫卯赋

□ 辽宁省沈阳市第二十中学　玉楚赫

树高十丈，天地育之，雨露灌溉之功也。楼高百尺，无寸钉接合檩柱，矗于风雨而不畏者，何也？曰：全在榫卯也！

榫，剡木入窍。卯，以虚入盈。凹凸交叠，是谓榫卯。其艺华美，极尽大观。交木叠涩，尽错综之美；桁檩交横，穷技巧之变；接合檩柱，不畏风雨经年；扬举庑拱，如翚斯飞重檐。

余姚先民，文明曙光；河姆渡址，榫卯沧桑。首创智慧犹在，七千年文明流芳。华夏火种燎原，中华儿女满堂。榫卯之艺，薪火相传，源远流长，自远古仍为崭新。

鲁班巧夺天工，墨翟巧致其艺，上收先古，承儒中庸，继道阴阳；下开新势，宫室营造，殿宇固基；贯通古今，连缀始末。榫卯殿间，运筹帷幄佑天子；枘凿宇下，饮食起居护黎民。竟无胶糨，遑论销铆。九州尽用，别具一格夺天工；四海相瞻，今传古艺极大观。

南北朝时，悬空寺建，半崖峥嵘，层楼高悬。曲榭斜倚，如临虚空。叠攀竞上，天下巨观。

辽宋相峙，应县木塔，云梯穹窿，上下玲珑，器宇轩昂，肃穆庄严。尖指青天，拱斜若翅。榫卯之韧，刚强不屈，坚挺如故，历千年更显巍耸。

明清之世，紫禁城兴，红墙黛瓦，威势尽收。砖石转接，四矗角楼，繁锦如簇，纹云圜覆，楹额连缀。横竖携挟，上下扣啮。榫卯之美，器宇轩昂，华美多姿，经百世尤见奇峨。

观七千载建筑史，承万斤之重而成惊艳之作，何也？曰：全在榫卯也！历春秋，换旌旗，斯成古今；筑城郭，起高楼，是为岁月。为政者叹得失兴亡，君子寻格物致知，皆可由之。

管子曰："榫卯之妙，在于无声。"何也？制榫之法，全在耐心，沉敛静气，精益求精。《说文》云："匠，木工也。"工匠精神，如切如磋，如琢如磨，严丝合缝，方能炉火纯青，造就艺术大观。今人以榫卯之本观之，应引以为戒，天下大事必作于易，天下大事必成于细。唯秉匠心而为，方有披荆斩棘、攻坚克难之势。方中华盛世，究细节而为工匠，是国之大者！

卯而不榫，不固其根本。君子之气，当推榫卯。紧密啮合，刚柔并济，有宽和包容之心；缓和冲击，能屈能伸，不为威武富贵所制。有所为有所不为，达则兼济天下，穷则独善其身。君子处世，应如凸榫，刚毅坚卓，正直不阿；君子为人，应若凹卯，厚实和顺，容载万物。

榫卯之态，在乎精美。一雕一凿，亮中华之彩。一梁一柱，耀东方之姿。然君子观榫卯，非徒观其形善，更应通具本性。华美之外固重，终不如朴而不屈内涵。去浮华而修己身，是君子之要也。有言曰："榫卯不得雕琢，以其本朴，所以能临危不惧。"大哉斯言！千年君子之清韵、正直不阿之本性，存于榫卯之间。榫卯之术，在乎匠心。一合一扣，呈精密之态；一凹一凸，铸工匠之神。古今匠心之独具，见微知著之智慧，存于榫卯之间。榫卯之艺，在乎传承。一古一新，重盛世之态；一分一合，道世间之律。半榫格榫燕尾榫，榫榫有智慧；套卯挂卯龙凤卯，卯卯彰匠心。新旧交替之传递，文化正源之溯寻，存于榫卯之间。

巧夺天工，蔚为大观。中华文化之载体，建筑艺术之本源。君子品行铿锵浩然之气，中华文化璀璨不朽之魂，兼得匠技之精，而取文源之意。其艺之实，甚切而恰。榫卯之风采，复古楼之峨，现宫殿之华，显文化之美，扬匠心之工，继传承之艺。吾辈当莫忘榫卯之重，奋起而传之，继往而开之，蕴而扬之。揆诸历史，忆榫卯曙光照耀东方；立足现世，看匠心文化艺术相得益彰；放眼未来，吾辈唯有传承创新，夯实中华制造之基，化为中华创造之力。以榫卯为鉴，通晓古今之道；借榫卯之力，奋发凌云之志；由榫卯立志，铮铮昂扬之气。新时代新元肇启，万里途万象更新，千川渊渟汇海阔，风正舳舻好扬帆。今日吾侪，尽榫卯之天工，铸盛世峥嵘之豪情；扬榫卯之壮志，谱高山仰止之华章！

指导教师：李桂莲

本文获省级一等奖

点　评

榫卯结构是中国古代建筑艺术的精粹和灵魂。《榫卯赋》选用文言文形式，运用铺采摛文、体物写志的手法，对榫卯结构进行了精辟的诠释，对榫卯结构运用的历史进行了系统的回顾，指明了它在七千年建筑史上所具有的独特地位，并由此深刻地阐发了它所蕴含的工匠精神和文化品格，把传承榫卯技艺提升到发扬民族传统文化的高度，发出了“以榫卯为鉴”“借榫卯之力”“由榫卯立志”的呼唤。这是一篇有激情、有深度、有力量的好文章。

（钟湘麟 特级教师）

寻它千里江山

□ 安徽省宣城中学　王佑美

一

“公元1113年，十八岁的王希孟绘就《千里江山图》，宋徽宗大为赞赏，从此王希孟名垂中国画史。然而，我们不知道他是否死于靖康之变，只知他一生只有这一幅画。可以说，这幅画成就了他的一生。也可以说，他一生似乎都在为这一幅画而活。这是他艺术生涯的起点，却也是终点。”

小女孩儿奋力挤进涌动的人群中，她要亲眼看一看这幅《千里江山图》。

看到画的一瞬，她为之一震。

群山涌动，江河浩荡，其间夹杂的或亭台楼阁，或平沙泊舟，无不明丽灿烂。开阔的空间里是纯净的青绿，仿佛在一场浩瀚的旅程中，行者做了一场惊世之梦，醒来后，世界回到了它原初的状态。玻璃罩里清幽的光不仅照亮了画，也仿佛照亮了古老的中国。

她怔怔地站在那儿，感叹道：“真美啊！”

二

她要画这幅《千里江山图》。她想象着自己挥毫泼墨，让鲜活的人物跃然纸上，市井的喧闹、宫殿的繁华、雕花檐角古朴的美，都将通过一张四尺宣纸展现得淋漓尽致。

可当毛笔笔尖触纸，留下的只是笨拙的线条，江南水乡的秀丽在纸上成了黄土高原一般的粗犷。一画终了，她发现心中对古时京城的想象最终只能留在心中，一旦落笔，那一份意蕴就荡然无存，叠加的墨线像是一堆干枯的树枝叠在一起，毫无生机。

怎么会这样？是掌控不住毛笔吗？

于是她练控笔，学习如何落纸才够细腻；练侧锋，学习如何才能将墨水铺展。

可是越练，画面反倒越僵硬，她渐渐失去了对画画最初的感知。画面越铺越乱，令她烦躁不已。她索性摔了笔，墨汁迅速渗透到毛毡里，很大一块，像是无声的哭诉。

她懊恼得直跺脚，再次朝博物馆飞奔而去。

三

她要去寻它，那幅《千里江山图》。

它端坐于玻璃展柜中，光华流转，举世无双。在清幽的氛围中，小女孩儿烦躁的心情渐渐变得平静，她开始屏息凝神，认认真真地看画。她看到画中隐隐约约有一个人在微笑，在朝她挥手。她有些惊异，上前两步，伸出手，想要仔细看看那个人。

那个人也伸出了他的手，不同的时空通过双手交会。

于是，画中走出了那个十八岁的王希孟，而她走进了千年前的时空。

千年前的汴京故里，富贵迷人眼，快意驰骋，盛世风华。

千年前的王希孟，幸而得丝为卷锦，泼墨染青绿，玉树挥笔，群峰壮阔。

小女孩儿怔怔地看着王希孟，看着他的笔随衣袖飘飘欲飞，挥毫泼墨。神游之间，他的笔已追寻青绿走过四季变化，青绿交织相舞，铺就千里江山。

“王君，你为何能画得如此美丽？”

眼前的青年停下了笔：“画？”

过了一会儿，他笑了：“美的不是画，是我大宋啊！”

随即，他的脸上现出难以遏制的自豪：“你知道吗？当我落笔时，笔就在我眼前消失了。我所看见的，只有眼前绵延的群山。你看，这就是我大宋江山，何其秀丽！我大宋，必将壮哉千古啊，哈哈哈！”

爽朗的笑声回荡在馆内，是自信，是张扬，是无所畏惧。

眼前是真正的大宋江山，与画中无二。

她看他入画为仙，为千里江山之美而付出一生。可惜，大宋江山青绿不曾长存，最终化为历史的尘埃，悄无声息。

然而，《千里江山图》还在，大宋的江山依然留在纸上，仿佛也在印证他的话：

“我大宋，必将壮哉千古！”

远处传来一个邈远的声音：“艺术是历史的载体。”

另一个人说：“我们用艺术记录历史的狂欢。”

仿佛是王希孟在对她说。

她在画中苦苦找寻，王希孟、大宋、汴京，都已不在了，有的只是那幅《千里江山图》，在玻璃罩灯光的照映下，散发着青绿色的微光。

这是梦吗？

四

书房的灯亮了一宿。

小女孩儿铺开一张四尺见方的宣纸，将羊毫笔蘸满墨水，在纸上试了试，不浓不淡。她微微一笑，满意地点点头，然后闭上眼微微想了一会儿。再睁开眼时，她深吸了一口气，接着运转笔尖，在纸上留下匀称的线条。

执笔有力，简单的线条也有了几分意蕴，每一处画面的处理都没有过多的犹豫或停顿，只是稍稍顿一顿笔，然后转笔，飞驰进入下一处空白。她画得走心入神，没有遗憾。

她默默地离远了几分，从远处看着画，然后把笔递给身旁的老师。身旁的老师微微补了几笔，微笑着点点头。

那幅画闪着光，画上的山河熠熠生辉，这是我们的千里江山。

五

艺术的狂风暴雨，是灵感的喷涌而出，而这份灵感，源于对祖国山河的无限热爱与赞美。

吮毫挥笔，神与心会；心若有画，画自成。

指导教师：张岚

本文获省级一等奖

点　评

《寻它千里江山》讲述了一个小女孩儿描摹北宋名画《千里江山图》的故事，其中虚构的小女孩儿与《千里江山图》作者的奇妙邂逅尤其浪漫而神奇。篇末点明了全文主旨，是本文对艺术创作者与艺术作品之间关系的真切认识。

（钟湘麟 特级教师）

且听戏韵

□ 福建省厦门英才学校　周雨珊

莲步轻移，自成小桥流水、鸟语花香；回眸巧笑，便是风华绝代、仪态万方。开嗓乍唱，倾泻一斛清泉；水袖一甩，搅动万顷碧波。戏幕起，笙歌婉转，霓裳翩翩；戏幕落，看客嗔贪痴恋，似成戏中人。

我见过的最爱看戏的人，是我的祖父。他是个老戏迷，只要戏班子一到村里，他总是第一个赶到戏楼。除了看戏，他也爱哼戏词。望着天上成对的飞雁，他会高吟“碧云天，黄花地，西风紧，北雁南飞”；听着秋天凄凉的鸦叫，他会唱“只见古树枯藤栖暮鸦，嗟呀，遍长途触目桑麻”。嗓音高亢嘹亮，唱腔流利婉转。那时的我天真稚嫩，听着戏词，望着陶醉其中的祖父，不明白其中之意，但对戏剧萌生了爱慕之情，那是一种说不清的情愫。

与京剧初次邂逅，是在那灯火阑珊处，只惊鸿一瞥，便惊艳了我整个童年。村子里来了戏班，我满怀欣喜地随着祖父一同去看戏，进入戏楼，等待戏剧开演。渐渐地，台下的看客越来越多，一群大人簇拥在前面，我看不见戏台，只能用力踮起脚，从人群的一点儿缝隙中去看，像从门缝里看风景。不知坐了多久，蓦地，灯光骤亮，只见一袭水袖丹衣登场，肤若凝脂，气若幽兰，踏云步，袄裙软垂流缨，兰花指，转手腕花繁密。清越的京胡声劈面响起，演员们咿咿呀呀地唱着：“他教我收余恨，免娇嗔，且自新，改性情。”高昂的嗓音夹杂着胡琴的低吟，细而慢，似从远方迤逦而至的溪水。从这个与众不同的视角看戏，好像进入了山重水复的世外桃源，这里的人吊梢凤眼，千般柔媚，万种风情，一颦一笑都饱含着无限韵味。

“好个《锁麟囊》，人生难料啊！”祖父轻轻拍拍我的头，那被风尘浸染而失去光华的眼中似有泪光盈盈。我似懂非懂地点点头，只觉热闹，却不知此刻心中对京剧的热爱已如波涛汹涌的海浪，在内心深处激起最美的浪花。

从此，佝偻着背、蹒跚地走向戏楼的祖父身后跟着一个垂髫小儿。我随祖父细品这一曲曲京剧，在倾听中感受它的魅力，在观赏中品悟它的轻巧与千姿百态。我总觉得这戏台上的人，这戏台的幕布后，这戏剧与祖父之间，还有更多不为人知的秘密。

后来，我远走他乡求学，离开了这个小小的村落，辞别了祖父、戏剧，不承想这一别竟是与祖父的永别。妈妈痛心地向我诉说祖父逝世的事实：患心脏病的他常常拖着虚弱的身子去看戏，一次归家的途中，不小心摔倒了，于是永远留在了戏中。踏进祖父房间，里面空空如也，只有抽屉内满满存放着泛黄的戏词本。我看着这些祖父视若生命的珍宝，泪水不经意间滴落，除了深深的悲痛和留恋，我对祖父又生出了几分敬佩。他穷其一生，追寻自己热爱之事，燃尽生命之灯，点亮戏剧之魂。不知为何，我总觉得，能与戏剧相守终生，能永远留在自己最爱的戏楼旁，这或许是祖父最好的归途。从前的看客已成了戏中人，曲终人散，而离散的不是戏中人，不是归客，而是祖父逝去的一生，是一个繁华灿烂的时代，唯有一片痴心长存于世。

多年后，再看京剧，从前成对做伴的老人与小孩儿，如今只剩下小孩儿。我怀着沉重的心情，踏进这熟悉又陌生的戏楼。看戏的人寥寥无几，戏剧的辉煌仿佛随祖父一起离去。京胡仿佛凄厉地喊着："看大王在帐中和衣睡稳，我这里出帐去且散愁情。"《霸王别姬》！虞姬为霸王歌舞助兴，水袖起，兰花指捻，舞蹁跹。竹扇合，衣袂潋滟，眸底暗。蛾眉微蹙，眼中无限悲情。她只是缓缓地唱了句"猛抬头见碧落月色清明"，霸王便明白她胸腔里流血的心，声声啼血，句句断肠。一转身，她便倒在了千年前冷冽的剑锋下。戏楼风冷，油灯下，影子修长，京胡苍凉，琴声呜咽，何其悲壮，何其凄美！

"红颜叹，此生足矣，缘尽又何妨！"此刻我看见的不是表演，而是艺术与生命的融合，是一个穿越时空的幽魂重现历史的悲情，是无奈与叹息。台下，我衣衫已湿，忽品出许多苍凉，恍惚间听到祖父说："真的，这戏如人生，总是离人泪，难料啊！"泪水止不住地流，我要像祖父一样，怀着真挚而炽热的心，做戏剧的观赏者与支持者，在戏剧的星火逐渐黯淡之际，成为守望在台下的点灯人……

此后，我又观赏了电影《霸王别姬》，窥见戏台上的大师们矢志不渝地追求艺术的完美，探寻着艺术生命的本意，用纯粹打造出惊世骇俗的作品。这戏台大幕后的秘密已被揭开，祖父与程蝶衣一样，戏剧与他们的生命相互成全。在他们的生活里，戏剧艺术就像乌云缝隙里的一道光，治愈了他们的苦难，而戏剧也正因为有他们在坚守，才得以延绵传承。戏剧艺术已然渗透进他们的生命，而他们的生命也已然活在对艺术的至高追求与热爱之中。

“是谁活在戏中，人戏痴迷已成疯。”戏台上，人们用艺术创造生命；戏台下，人们用热爱感悟艺术。这段戏韵摇曳的青春岁月，是艺术在发扬生命，在延续生命，在拓展生命……

且随戏韵浅唱低吟，醉在这情深似海的戏中，找到生命的归属……

指导教师：张玉山

本文获省级一等奖

点 评

“戏韵”是艺术之韵，更是生命之韵。“戏台上，人们用艺术创造生命；戏台下，人们用热爱感悟艺术。”这是作者从“祖父”到“我”的坚守和传承的经历中提炼出的真切体会。本文不仅主题深刻，而且文采斐然，句式整散结合，长短相谐，叙述婉转，议论隽永，似悠悠的岁月长河中流淌着典雅戏韵，通篇耐人咀嚼，余味绵延。

（钟湘麟 特级教师）

临水宫记

□ 福建省宁德市古田县第一中学　叶均逸

这是我第一次站在这座庄严的宫庙前。目之所及，是沉思漫步时的红墙黑瓦，是光风霁月下的飞檐翘角，是两岸同胞绵绵不断的牵挂，是我们永远读不尽的世代芳华。

在我的家乡，民间流传这么一句话："海上拜妈祖，陆上陈靖姑。"临水夫人便是我自幼偏爱的神明。伫立良久，仰望星移斗转，下见八卦铺张。作为妇幼守护神，临水夫人陈靖姑在两岸及各地信徒的追随下，朝拜她的香火弥漫了千年。

作为国家首批涉台文物，临水宫这座建筑史上的艺术精品，以它恢宏的气势向我张臂而来。唐贞元八年至今，即使遭清光绪年间烈火焚烧，数次翻修后它依然以顽强的生命力在时间的淬炼中益彰其华，俨然成为地方宫庙中的至尊。

每一位朝圣者都怀着庄重的心情，接过前人手中的香火，步入迷蒙烟雨中。俯仰之间，早已醉入临水的世界。这座宫殿式建筑，依山而起，不失唐人恢宏开朗的大气，在你拾级而上的步履中将岁月的变迁娓娓道来。抬梁穿斗相结合的木架构是古人智慧的结晶，横窄纵深的空间结构是宫殿等级森严的体现。傍山兴起的各殿错落有致，层层迭高，依中轴线左右对称分布。其中展现的天人合一的建筑理念，不失为历代效仿的典范。

踏入正门，迈上象征临水夫人陈靖姑出嫁与罹难的十八级与二十四级石阶，心怀沉重，读完她伟大却匆匆的一生。不经意间仰望，天高云淡，飞檐凌空于外墙之上，向你细数着过往。诗云："如鸟斯革，如翚斯飞。"飞檐作为古建筑的标志，是实用性与审美价值的有机结合。面对临水宫的单檐歇山顶，尽管我对建筑艺术一窍不通，也会由衷地赞叹先人的智慧。视线越过外墙，殿内古戏台单檐歇山顶与拜亭的重檐歇山顶相呼应，层层飞檐，宛若雄鹰展翅，蓄势待发。正殿两侧的单檐二坡顶在飞檐的反衬下略显板正，少了几分桀骜，但也恰为歇山顶飞檐的不羁平添了几分沉稳，使整座宫殿在屋顶的形式变化中，将多样化的建筑设计理念演绎得惟妙惟肖。

正门内还设有仪门，仪门作为礼仪之门，是封建社会中建筑特殊地位的体现。“庙貌壮千秋鼎新有象，母仪昭百代坤厚无疆”，仪门楹联上端正俊朗的楷书，记载着临水宫灿烂辉煌的过往，更抒写了临水夫人悬壶济世的崇高情怀。门楼上浮雕镶嵌，双龙戏珠，流畅线条的动感和工匠透雕、圆雕等高超技法寓示着临水夫人在民间的神圣。“敕赐临水宫”五个金字在青龙浮雕的映衬下昭示着皇帝对临水夫人的加封赏赐，更托举起她那份沉甸甸的大爱。纵然星燧贸迁、春秋代序，而她护佑苍生的功德在代代相传中永恒。天灾地变远去，大爱无疆留存。回首千年前的大唐，时光镌刻着她的模样。“会大旱脱胎往祈雨，果如注，因秘泄，遂以产终”，史书寥寥数语，微言大义。此刻的临水宫，固然已“庙貌鼎新”，但正是这“母仪坤厚无疆”造就了它“壮千秋”而“有象”。

穿过仪门，手擎香火进殿朝拜，古戏台迎面而来。人们往往赞叹于它的古老与浮雕的精美，谈论它能与北京颐和园内戏台媲美的辉煌，却忽视了头顶的璀璨——那美轮美奂的藻井。“渭水寒光摇藻井，玉峰晴色上朱阑。”藻井作为古代建筑中常用的装饰，体现着古人天圆地方的宇宙观。穹顶之上，藻井中央，一朵莲花绽放，穿越千年，在流动的岁月里凝成悠远绵长的诗篇，守望下一个众人朝拜、香火袅袅的季节。四周浮雕涌动，层层叠落，只为守候这朵莲花在工匠雕笔下历经千年的温柔。这样的莲花纹样曾被认为是五行之中水的象征，故独受古人钟爱，用于克火。而临水夫人正如这莲花，走过千年，在波澜不惊的时光里熠熠生辉。这荡涤千年的大爱，是她“吾死后不救人产难，不神也”的毅然，是千年间临水祖庙“妇人妊娠者必祷焉”的香火不绝。

戏台的正前方便是正殿，正殿内的神像是庙宇中信仰的神圣载体，而民间对临水夫人肉身神像塑造的精湛工艺更显敬意。正殿中央神龛之上，临水夫人端坐，眉目安详，林夫人、李夫人神像左右相伴。信徒叩拜之间，不灭的是信仰；而让慕名而来的游客惊叹的，是其肉身塑像的高超工艺。在爱与罪恶交织的国度，陈靖姑施法斗妖，脱胎祈雨，用血沾染无声日夜，用生命拥抱世间黎民。神明也是凡人修，古田民间百姓感动于她的舍己为人、惩恶扬善，把她的肉身用麻布和木炭层层包裹，施敷细泥而塑形。补灰、上漆、贴金，千年前一道道工序在我脑海中演绎。最终陈靖姑的真身得以保存，作为神圣的信仰世世代代传承。

回望临水宫，整座古庙依山傍水，坐北朝南，仿若皇宫，寓在于谐。它所展现的艺术内涵，不仅在于飞檐、仪门、藻井等传统建筑要素的精美绝伦，以及浮雕、塑像等古代民间工艺的炉火纯青，更在于临水夫人所反映的信仰和人文精神。这种保护妇幼等弱势群体、无私奉献的品质，正是中华民族扶弱济贫、惩恶扬善精神的具体体现，是每一位中国人刻在骨子里的舍小家为大家的家国情怀。而这种信仰，联结着两岸同胞血浓于水的深深眷恋，化为别具匠心的飞檐、浮雕，化作艺术的璀璨。

浅浅的海峡，隔不开的距离，割舍不断的牵挂，等下一个春暖花开。临水宫的亭台楼阁、雕梁画栋依然在艺术的星空里闪耀，在静谧的时序中永放光芒。

指导教师：陈晓妹

本文获省级一等奖

点　评

对于一件艺术品的鉴赏，不仅要品其貌，识其形，更要会其意，得其神。本文写临水宫这一建筑，作者循着"站在宫前—踏入正门—穿过仪门—回望临水"的线索，概括地回顾了临水夫人陈靖姑的事迹和临水宫的历史，生动地描述了临水宫层楼叠阁、庄严神圣、多彩多姿的结构，深情地赞颂了临水夫人护佑苍生的功德，无私奉献的品质，扶弱济贫、惩恶扬善的精神，点明了临水宫在维系、增进两岸同胞情谊中的作用。

（钟湘麟 特级教师）

明与暗

□ 贵州省贵阳市第一中学　朱易航

艺术犹如一面镜子，既能反射光明，也能映射黑暗。在光与影的交织下，镜子中便浮现出画面。人们内心的明与暗从此处显现，隐隐地诉说着他们的过去与未来。

莫奈曾说："画的立体，来自它的阴影，人也是如此。"一幅画是否完美在于光影与色彩、构图之间的比例。画布上的颜色会因为时间的流逝而慢慢褪去，但明与暗的光影效果却能保存下来，展现出它过去的辉煌。身为法国乃至世界上最伟大的画家之一，莫奈用他的印象派绘画风格将光影中的明与暗描绘出来，也因此留名于世。所谓的明与暗就是指光影，任何一幅艺术作品都会存在明与暗。如若没有这些光影，画就不会立体，而显得平面化；失去了明与暗，画面就显得单调无味。

我也学过绘画，对素描的感受最深。都说素描是最能体现绘画功底的一种绘画形式，确实如此。一幅画只能用一支铅笔，靠着自己的理解，将彩色的物体变得灰白，将立体的物体画在一张平面的纸上而不失去透视关系，这真是一门深奥的学问。素描中将一个又一个面分开来的线称为明暗交界线，它是不同色块之间的分界线，区分了明与暗。每个人也一定存在着所谓的明暗交界线。

那一个人拥有阴影到底是不是好事？有人会将阴影解释为内心的阴暗面，认为这是为人光明磊落的绊脚石。实则不然，没有黑暗，何来光明？明与暗本就是相对的概念，超脱于阴影的高光根本就不存在。所谓人的阴影，就像素描中画的暗部，没有了所谓的阴暗面，人与画都不再立体。为什么画几何体要加阴影？当然不仅是为了好看，还为了展现几何体的立体感。不加上阴影的三维画作被认为是平面画作，正是因为没有阴影衬托出它的立体感。这就像所谓的降维打击一样，画面顿时损失了一个层次。为什么一个人一定会有低谷的时候？因为如果没有这黑暗的时期，你人生中的光辉就不能体现出来。

假设你就是一张白纸，白得不能再白的纸，如果不在上面写字，结果就是被扔进垃圾桶被人们遗忘。如果你有由书法名家写的千古名句,人们便会对你刮目相看,从此你将名垂青史。一句话就能对你的人生产生如此大的影响,这是为何?因为你把一部分的白用暗遮住了,人们看不到你的颜色,于是你就显得没有那么单调,一切便有了意义。再说,这终究只是一个假设,可是若只有明亮照耀你,没有黑暗的衬托,就不会有人注意到你。以上只是一张纸的人生,对于人来说亦是一样。如果你的人生只有光明的包裹,而没有黑暗的斑点,只有波峰而没有波谷,那不就是一张纯白的纸吗?只有挫折弄皱了你,才能让你的皱纹显现,你便会有更多的暗部来衬托你的明部。这和美术中的几何体是一样的。

我们发现,经历过挫折的人往往比生活一帆风顺的人更成熟。人生总要经历一些黑暗才会迎来光明。明与暗交织,便形成一个完整的人。所以回答上面的问题:一个人拥有阴影到底是不是好事?我可以肯定地回答,对当下没有好处,但对未来一定能起到好的作用。从长远来看,现在经历黑暗就意味着未来光明将更早到来,明与暗就是这样交织着出现的。

《当幸福来敲门》中有一句话:“即使无意跌落至渊谷深处,也要竭力寻找那蜿蜒绵长的藤蔓,奋力一搏,寻求光明。”人即使面前有无数座陡峭高峻的山坡,也要步履艰难地走完,去寻找那幸福的彼岸;即使身处黑暗的困境,也要竭尽全力地忍耐,去叩开那光明的大门。

世界拥有光明,也拥有黑暗,正如有阳光洒落就会有影子出现一般。明与暗从不绝对,也从不完美,就像温暖永远与寒冷纠缠一样,光明永远与黑暗交织。我们生活在明与暗的边缘,躺在草地上仰望天空,尽管空中布满黑暗,但也有点点繁星照亮黑夜。光与影的交织,成就了这一切。艺术是如此,生活亦是如此。

指导教师:龙圣武

本文获省级一等奖

点　评

《明与暗》一文,从素描的“明”“暗”元素入手,写出了二者不可偏废,更写出了“暗”的重要作用;并以此为起点,跳出绘画领域,展开关于人的复杂、人的完满与人的价值的思考;并又推而广之,进行关于社会的发展、世界的多元的思考。本文文笔质朴无华,但哲思深刻。

(尤立增 特级教师)

窗上繁花

□ 西北师范大学附属中学　邵佳宁

我的眼前飘来一片红色的云。

云锯齿状的边缘轻轻挠过我的手掌心。我揪住不让它溜走，转头却看见不远处几只红色的喜鹊扑棱着翅膀，叽叽喳喳地飞过来，用嘴衔住红云的另一端。我着急了：怎么还和我抢起来了？于是我闭着眼睛使劲儿扯。刺啦一声，云被扯破了，我也晃晃悠悠地飞出好远，直到衣角被红月牙儿钩住才停下……

一阵鞭炮声将我从梦里拽了出来。清晨的阳光在窗纸上洇开，半透明的质感像衣兜里那块芝麻糖蜡质的包装纸，好像再过一会儿铺天盖地的温暖就要渗入屋里。大红的窗花迎着暖阳在窗棂上绽放，红喜鹊、红月亮、红云朵投下的影子正映在我的枕巾上。奶奶早就起床去忙了，炕头上，我的棉袄、棉裤、棉帽子早已整整齐齐地摞着。

乡下的年味总比城市的浓。对联早就写好了，腊月二十那天，爷爷早早地端出砚台，我磨墨抻纸，看爷爷提腕顿笔，红纸上便走了横竖，坐了撇捺。吃食也早就准备好了，丸子在油锅里炸出金黄色的酥皮，然后被奶奶用筷子搛起来码在瓷盘里，或者进了我的嘴里。窗花也早就贴好了，是我和奶奶一起贴的。

窗花之于过年，就像玉净瓶之于观音菩萨、炼丹炉之于太上老君，没了它，过年就不能算作过年。村里贴窗花的可只有我们一家。从什么时候开始贴的——奶奶说她的奶奶教她剪窗花贴窗花，更早之前她说不清。至于为什么要剪窗花——奶奶说是为了让年过得更喜庆、更热闹。每次跟着爷爷他们去家家户户拜年，大人们对别家镶着合金边框的玻璃窗赞不绝口，我却对此不屑一顾——在我眼里，光秃秃的玻璃窗是没办法和我家嵌着窗花的木格窗相比的。

爷爷写完对联，不急着收纸——接下来的工作属于奶奶。大幅的红纸在桌上铺开，折几折，之后在刀下被裁成一格格正方形。奶奶戴上老花镜，拈起一格纸，叠两下，然后用粗粗的铅笔头在纸上描画出纹样来。线条从笔下伸出，像地球仪上交织纵横的经纬线，却比经纬线更舒展流畅，拐着弯，画着圈，藤蔓一样长满了半张纸。在这座郁郁葱葱的丛林里，我看出了隐在叶间的鸟、系在枝头的月，还有缭绕在莲叶周围的云雾。画完收笔，奶奶拿起桌上的尖头剪刀，“咔嚓咔嚓”地剪起来。

纸屑窸窸窣窣地落在桌上，奶奶宽大的手掌握住刀把，就像外科医生握住了手术刀，只不过医生是为了治病救人，奶奶是为了迎接一年里最盛大的节日。她手里的剪刀一张一合，咬着炭线，吐出碎纸。刀尖游动在纸层间，比缸里的泥鳅还滑溜。奶奶一手持剪，一手捏纸，不时地掉转着纸页的方向，拉来又推去，红色的页角犹如蝴蝶振翅，在空中盘旋、起舞，划出一道道弧线。纸自然挡不住锋利的剪子，被齐齐剪开时“咯哧咯哧”单调的声音却不显得枯燥，因为手下的图景极为精巧。此时，黑亮的铁剪刀、大红的纸窗花，还有奶奶指节粗大、布满老茧的手，共同构成了一幅奇异而和谐的图画，这是彼时尚未长大的我心中关于“年”最深刻的印象，也是我长大之后听到“美”时，脑海中掠过的第一个镜头。她剪得投入极了，老花镜镜片后的双眼闪着灼灼的光，仿佛将全部的心血都凝在手中这方小小的红纸上。

刀口开合之间，荷花开了，石榴笑了，梢头飞来了喜鹊，大红底子上游来了鲤鱼。密密匝匝排列的锯齿是蟠桃上的茸毛，我总疑心孙大圣会前来摘走这只饱满的桃儿。铰下边角，剜出空隙，奶奶将一纸镂空的红窗花从四四方方的纸笼中“救”了出来。剪完了，她放下剪刀，揪住窗花的两个角徐徐展开，我便目睹了红纸幻化成的盛景：蟠桃扁，石榴圆，喜鹊登梅，蝙蝠对飞，月上柳梢，鲤下荷花，繁茂的桂树枝像网一样织起，还有缕缕祥云萦绕在侧。把这样的美景留在窗子上，会不会引得天上的神仙动了凡心，下界来寻呢？奶奶可不管这些。她把自己对新的一年的期盼剪进窗花里，不求富贵，只求儿孙平安、阖家幸福。

我们把剪好的窗花挨个儿展开，抚平折痕，再细细地刷上糨糊，粘在桃木窗格间，最后糊一层宣纸作底。两天的工夫，三间老屋的窗子上都开出了花。青瓦白墙，黄窗红花，好看得很。

贴好窗花的第二天就是腊月三十。那天飞了雪，檐下的窗花在漫天白雪里愈燃愈烈，仿佛能将这一场乱琼炙烤成来年花团锦簇的春天。我和奶奶踮着脚，盼回了踏着雪回乡的家人。

窗花每年都要换一次，我也每年都要长大一岁。但不管年岁如何增长，我都始终如一地钟情于窗花——即使我进城上了学，也不曾错过一次看奶奶剪窗花的机会。只是后来又去了更远的地方读书，对联、丸子、剪刀、窗花、爷爷奶奶，有关家乡的一切渐渐模糊在车窗外飞逝而过的景色中。因为学业，我两年没能回乡和爷爷奶奶过年，也就两次错过了窗花的“花期”，错过了奶奶用纸和剪刀为我建造的酣梦。去年，奶奶做了白内障手术。她的声音从听筒中传来，大概是因为信号——我真希望是信号的原因——听起来沙哑了许多：“可惜奶奶今年剪不了窗花喽！”我故作轻松地安慰奶奶，挂断电话后却掉了眼泪——奶奶也知道我有多喜欢她剪的窗花。

对我来说，窗花从什么时候开始便不仅仅意味着窗花？在炉火噼啪作响的冬日清晨，我的记忆早就一笔一画地涂抹出奶奶披着一身晨光剪窗花的样子，那是我心中最美的工笔画。小时候的我只知道过年应该剪窗花，贴窗花，只觉得红窗花漂亮，却没想到奶奶早就亲手把一幅窗花贴到了我心口的窗子上。我总要透过这扇贴着窗花的窗观云听雨，在夜深人静时遥望回不去的故乡月明——见之不忘，念之不寐。当我在窗花下翘首以盼时，我不知道自己后来会变成风雪中未归的人；在我凑近观察奶奶剪窗花的时刻，我也从未预料到将来有一天，会把有关的回忆取出，掰碎，细细研磨，再用如水的时光冲泡成一大碗醇厚的茶汤，在短暂的苦涩里想念，在悠长的回甘里热泪盈眶。

窗花是我西游路上的大唐。

它不是一个符号——符号太过单一和生硬。它应该是一棵树——根扎入我的情感，虬枝盘结；枝伸进我的记忆，阡陌交错；叶铺满我的双眼，荫蔽一片。我从此不怕情感单薄，不怕记忆匮乏，也不怕被刺眼的世事灼痛眼睛。那些藏在时间里的爱和美好，是人生逆旅中永远充盈我心的不老泉。

窗花的存在不依赖理由——它的绽放早就成了我人生里的日出。

美术课上老师提到了窗花。他问：“哪位同学了解过窗花？”我举起手。世界重回安静，所有纷扰变得轻盈，时光从我眼前呼啸而过——我回到了千里之外的家乡，奶奶微笑着注视着我，而我的面前正是窗花，那红得像枫、像火、像我胸膛中这颗跳动的心脏一样的红窗花。

“这位同学，你是通过什么途径了解窗花的？”

我笑了。

“老师，我能讲一个很长的故事吗？”

指导教师：李双义

本文获省级一等奖

点　评

窗花是我国传统民间艺术之一。《窗上繁花》以此为题材，以家乡年俗文化为背景，生动地描绘了奶奶剪窗花、家人贴窗花的情景，写得细致逼真，引人入胜，并深情地赞美了窗花对于传承传统艺术、传递骨肉亲情、丰富人们精神生活的意义。围绕窗花展开的回忆和抒情，是一曲乡情和亲情的赞歌，是一段美好的人生轨迹。文章的结尾也很巧妙，让主题再次呈现，令读者回味悠长。

（钟湘麟 特级教师）

他们在乡野耕种艺术

□ 浙江省衢州第一中学 屠琬婷

绘画将艺术定格在纸上，是水墨写意的中国画，抑或是抽象浪漫的西方油画。在衢州余东村，我邂逅了别样的绘画艺术——热情质朴的农民画。

余东村早就美名远扬，但我还没有去过。有一次偶然途经此处，我深深爱上了它。我惊艳于墙头门板上的鲜艳画作：热闹欢腾的舞龙舞狮、欢声笑语的果园采摘……一切都是生机勃勃的。原来并不是只有在高雅的美术馆才能感受到艺术的魅力。我边走边欣赏，山水四季、小桥流水、牛羊鸡狗、民风民俗、劳动场面都成了余东村绘画的主题，一幅幅画和村里的青山绿水相映成趣，仿佛人在画中游。

更令人惊奇的是，这里居然有一座中国乡村美术馆。原来这里的人是“白天扛锄头，晚上拿笔头，卧室当画室，门板当画板”。从二十世纪六十年代伊始，余东村的农民画家在一方山水之间耕种艺术，用一笔一画细细绘就生活的诗意盎然和对这片土地最深沉的热爱。随着时间的流逝，这一幅幅农民画汇聚成的绵绵画卷在浙西大地上徐徐铺展开来，诉说着江南这座小城“望得见山，看得见水，记得住乡愁”的浓浓风情。我惊讶于这画与乡村自然的美完全融为一体。

余东村农民画，美在浓郁饱满的色彩里，每一处着色都带有深深的情感烙印，充满了浓郁的生活气息与乡土情感。《山村之春》里青山如黛，绿水似碧，渔夫泛舟在倒映着蓝天白云的溪水之上，远处是青砖黛瓦的村舍和漫山姹紫嫣红的野花，画出了人间最美四月天。《大吉图》上红冠金羽、油亮发光的大公鸡神采奕奕，仿佛透着余东村村民骨子里昂扬向上的精气神。《土灶头“十大碗”》中红彤彤的辣椒、黄澄澄的玉米、绿油油的青菜、金灿灿的蒸笼、白蒙蒙的炊烟，那久违的土灶里的柴草烟火味扑面而来，让人不禁回忆起童年里欢悦的乡间时光。

美在多姿民俗的生活里。余东村农民画是带有泥土芬芳的艺术，充满着美丽乡村的生活味和时代发展的幸福感，《过大年》《逛庙会》《赶集市》描绘了热闹非凡的节庆场景，《农家乐》《踩高跷》《赛龙舟》记录着璀璨多姿的民俗活动，《美丽乡村赛事多》《喜迎亚运》《亚运欢歌》充分展现了余东村村民对亚运的真挚祝福，传统文化与时代叙事在余东村村民的画笔下交相辉映。在画中，鸡鸭成群、牛羊满山，丰收嫁娶、庙会集市，还有下围棋、磨豆浆、打年糕、贴春联、剪窗花等场景，它们鲜活地跃然墙上，绘出了这片土地的烟火蓬勃、欣欣向荣。

美在朴素真挚的情感里。余东村的农民画家或许没有渊博的知识，但他们深深植根于乡村，从他们热爱的土地上汲取灵感，以他们的视角阐释着生命的韧性和生活的美学。余东村村民用饱含热情的画笔将天马行空的想象落于纸上，将自己的生活画成艺术，用粗糙的手画出最细腻真挚的感情。余东村用《九龙下海》《农民运动会》《共同富裕》等百余件画作献礼建党一百周年，从勤劳致富的奋斗芳华到文化赋能的乡村蝶变，画出了余东村村民对新时代的声声礼赞，表达了浙西橘乡农民对党和国家的朴素情感。

美在画里画外的幸福里。走进余东村，墙面彩绘随处可见，彩墙黑瓦与蓝天白云相映成趣，绘画馆、文创店、咖啡屋、竹编馆等新业态为村庄注入活力，农民画协会、竹编社团、画瓷社团等二十多个社团组织在余东村百花齐放，整个余东村就是一幅最美的实景农民画。艺术的种子在余东村这片沃土上生根发芽、蓬勃成长，现今已长成一棵参天的“共富树”，农民画不仅是余东村村民宝贵的精神财富，更绘就了未来乡村共富图景。

当我走进余东村一个朴素的小院，门厅里面摆放着一张大大的画桌，上面铺满了刚完成的画作，调色盘中还有大片鲜艳的颜料……这户看似普通的人家，五十多年来祖孙三代都坚持绘制农民画，上到六十九岁的老人家，下到十七岁的外孙女。他们把绘画种在土地上，种在日常生活中，也种在自己的梦想里。新时代里，余东村农民画走出了乡村，走进了北京恭王府博物馆，走上了阿曼马斯喀特文化艺术节的舞台……过去的余东村，用中国农民最质朴的笔触，画出了一个“中国民间文化艺术之乡”；未来的余东村，必将画出一幅更加动人的图景！

指导教师：方程丽

本文获省级一等奖

点评

本文立足当下，立意高远，文脉顺畅，表达得体。在新时代乡村振兴的历史语境下，作者将乡村建设视为一种艺术创作：农民即画家、劳动即艺术创作、民风民俗即素材、生活即艺术。这样的乡村艺术在形式上质朴而热烈，传统与现代相结合；在精神追求上朴素真挚，具有创造性，拥有源源不断的艺术动力。作者对乡村振兴的敏锐感知，对艺术的深切体悟，成就了这篇文章的大格局。此外，本文的现代视野还体现在用词上："生命的韧性""生活的美学""赋能""蝶变""新业态"等极富时代特征的词语的选用，与本文所表达的现代乡村的精神风貌相得益彰，提升了情感表达的力度。

（尤立增 特级教师）

笛音出逃指南

□ 浙江省元济高级中学　姜心悦

牧羊人喜爱在草地上吹笛，而出生在江南水乡的我，喜欢坐在水田旁吹笛。悠扬的笛音盘旋在水稻上方，混杂着风吹过稻穗。沙沙的声响，是人与大自然深深的融合。

我生活在农村，围着一个小小的县城。在我刚学会吹竹笛的那段时间，我们一家搬到了城里。我的眼中不再有辽阔的稻田，只留下窄窄的街道。竹笛不再是我可以随心所欲玩耍的乐器，笛音被局限在了街道上、乐谱中、指法里以及老师的声声教导下。

刚开始，我不愿意用规定的指法吹响它，也不愿意按着乐谱演奏它。我如果这样做了，就觉得它好像不再是独属于我一个人的艺术，不再可以逃向水田间。然而，当我第一次按照老师所教的指法，对着乐谱吹响一首新的曲子，一种说不清、道不明的情绪，从我内心生发出来。笛音似乎逃了出来，我却不知它逃向何处。朦朦胧胧间，我想，这样也好，笛音不再属于我，我也不再是那个独坐在田埂上随心所欲的小孩儿。

城里的生活，满是冰冷的器械。竹笛，无可避免，遭受冷落。我身边的同学，学的都是西洋乐器——钢琴、小提琴以及和竹笛很像的长笛。他们拿出那泛着金属光泽的乐器，穿着晚礼服、西装，骄傲地站在学校晚会舞台上演出。而我只能坐在观众席上，看看手中那根竹木制成的笛子，内心涌现出一阵低落。为什么用金属制成的乐器反而比纯天然的东西更让人痴迷？朋友是长笛手，邀我共习。金属按键不需要太费力气便可操作，而竹笛的按孔需指尖严密贴合。可能是竹笛配不上洁白的晚礼服吧，抑或是一人的独奏比不上金属管乐的合奏。我再次回想起水田边的自己，那时的笛音是吹给自己听的。现在的笛音不再纯粹，它再次被禁锢，是我将它禁锢，而且禁锢在我小小的心里，逃也逃不出去。

我的竹笛学习迎来了考级。平日里吹得很好的曲目，在我看到考官那一刹那，变得磕磕绊绊，勉强吹完，只拿到一个及格的成绩，但好在总算是通过了考级。我不想再学下去。竹笛似乎无法吹奏流行乐曲，只能在古曲中探寻一方天地。我的表演迎来的不是掌声，而是观众不解的眼光。毕竟，连我自己都不知，笛音该逃向何方。可当我拿起竹笛，手指轻触笛孔，连音、颤音、吐音一一呈现，指法灵活转变，音量渐强渐弱，炫技随之展开。有时是少数民族的舞曲，有时是太湖的音浪，有时是游子的思念……没有流行音乐的喧闹，没有巴洛克、阿卡贝拉、嘻哈的独特，有的却是中国音乐所特有的韵味。我好像知道笛音逃向哪里了。

我没再想过放弃，而是坚持了下来。有人问我会什么乐器，我不再吞吞吐吐地回答笛子。他们通常所想的笛子是竖笛或长笛。而我所学的笛子是竹笛，是那个有着水乡气息的竹笛，不是牧羊人放牧时所吹的短笛，也不是在杨柳依依下所吹的箫，更不是那早已很少出现在中国人眼前的尺八。我学的是竹笛。我仍在不断地学习，不断地考级，笛音早已冲破我心中的禁锢，在不知不觉中，飘扬到了新疆，回荡在了黄河之上，最后回到了我的故乡。

随着年龄增长，一切似乎都在变化。不知从何时起，民族音乐再次走进了大众的视野。当我和另外三个女孩儿一起，穿着国风服饰，站在舞台上吹响竹笛的时候，笛音穿透串在笛尾的中国结，带着我们飘向那水田间。开头一连串的长音，是微风拂过成熟的稻穗；中间连续的十六分音，是农忙时大人在抢收稻谷；然后来到切分音的领域，是丰收时众人欣喜的心情；最后再次回到一大段一大段的长音，是微风再次吹过，田野上只留下光秃秃的稻秆。中间穿插的许多颤音，仿佛是农忙时出现的小意外。一首乐曲结束，没有人不解，更没有人睡觉。迎接我们的是一阵掌声。我看到民族乐器再次回到了人们的视线中，看到笛音又在水田间回荡了起来。我还是那个独坐在水田旁快乐的人。

城市的拆迁越来越多，不知何时，老房子将会被夷为平地。但在我的心中，笛音早已游遍整个中国，早已响彻故乡的水田，早已从我曾经自卑的心里逃出……

它早已逃向远方……

指导教师：徐晓琦

本文获省级一等奖

点 评

单看题目《笛音出逃指南》，便感觉非常有趣，引人遐想，但读过全文之后，方觉与其说是笛音出逃，不如说是自我出逃——逃离城市，逃离冷漠，逃离循规蹈矩……看似是笛音出逃，实际上是自己在迅速变化的时代中迷失了自我，渐渐生出了自卑心，于是想要逃离。可逃离之后呢？文章并未止于逃离的自我伤悼，而是升华在笛音出逃之后，找回了自己，抛却了自卑，找回了初心。全文构思巧妙，以笛音作为载体，串联起自己吹竹笛、学竹笛、竹笛考级、竹笛演奏等几个生活片段，融入自己的所思所想，描写细致入微，感情真挚动人。

（劳雅丽 特级教师）

画中有真意

□ 黑龙江省哈尔滨工业大学附属中学校　宿艺璇

画是流动的诗，把跨越千年的美，点化成流不尽的意。

四方砚台，一泓墨池，丹青起落，揭开东方古典之美的面纱。悬腕，提笔，走线，笔尖掠过纸面，如游鱼戏水，留下一片墨色；墨笔一挥，便是一片花鸟风月、山水人家。轻触纸面，那或浓或淡的墨迹仿佛散发出温度。透过薄薄的宣纸，我感受到了市井的烟火：《清明上河图》将千年前的市井风韵讲成鲜活的故事，从郊区的春暖花开，到虹桥的高潮喧闹，再到井然有序却不失热闹的街道；看东头，彩旗飘绣，阵阵声喧，男女老少，熙熙攘攘；向北行，春花初绽，与友同行，细细低语和鸟鸣。我感受到了江南山水惊艳辽阔：《千里江山图》中，水榭亭台、渔村野市与崇山峻岭相映，流溪飞泉，波涛烟霭，渺渺茫茫，变化无穷；最美莫过于那片亮眼的青绿，山石青如玉，上深下浅，交错相衬，是百年不变的惊艳；几点飞鸟翱翔其中。我感受到了奇异浪漫的千古惆怅：《洛神赋图》中，鹿颈羊身的海龙、豹头的飞鱼，是珍禽异兽；浩浩荡荡、轻盈飘逸、嬉闹着的，是众神仙；飘忽若仙、凌波微步的，是洛神，颇有李白梦游天姥"虎鼓瑟兮鸾回车，仙之人兮列如麻"的奇幻绚丽。手执妙笔绘山河，多少风流人物、秀丽江山……

一张画布，漫卷云天，色彩交叠，打开西方美学的神秘之窗。笔尖在调色板上轻轻转动，层层色彩交错，染出一片梦幻。凡·高怀揣着理想和追求，用对艺术的忠诚与热情，画出了《向日葵》，将阿尔八月的阳光留住。十四朵向日葵色彩强烈，蕴藏着热烈与狂热。《创世纪》诉说着西方宗教世界的宏大壮阔，整幅壁画三百余人物，无论男女，都有着壮硕又不失优美的身躯，出自米开朗琪罗一人之手。这是一种力量的美、一种天真烂漫的美、一种优雅奢华的美。米开朗琪罗将西斯廷教堂穹顶的空间无限延伸，直至幻想中的天堂。《拾穗者》描绘收获中的劳动者，背景是来往的人群和高堆的麦垛，而主体只有三个普通的农妇，穿着粗布衫，弯腰在大地上寻找剩余的麦穗，体态并不美好。阳光照在她们身上，与麦田相映一片金黄，显得庄重又平静……油画正是用真实又浪漫的笔触，描绘着生活中的温馨、壮阔、狂热与愉悦。

一沓白纸，钢笔挥洒，线条错落，开启新时代的艺术之门。夸张的变形特征使漫画在萌芽期就成了独特的武器。作为一种绘画形式，它简单明了，而作为一种故事的表述方式，又没有识字的门槛，不同阶层的人们都能轻易读懂。正因如此，革命期间，宣传也少不了漫画的影子。后来，各种漫画形式如雨后春笋破土而出。《父与子》《三毛流浪记》等早期多格漫画，无须一言一语，便能使人意会；后来的连载漫画，也成了无数人童年的回忆。漫画不再是搞笑与讽刺的代名词，而成了一种新的绘画艺术形式，几个画面便能讲述出一个生动的故事。如今，尽管市面上的漫画质量参差不齐，纸质阅读的地位也逐渐衰退，但也不乏好的作品问世，给人新的感悟……漫画用自己的方式见证着时代变迁，记录着喜怒哀乐。

东方的国画、西方的油画，甚至今天的漫画，同为艺术，它们都在用各自不同的方式展现独属于自己的文化底蕴，记录着兴衰变迁。

人类缓缓走过历史的长河，画笔不停地落在纸上，记录下一个个绚丽又温暖的百态人生。生命不息，艺术不止。

指导教师：董国祥

本文获省级一等奖

点　评

《画中有真意》是一篇纲目清楚、结构严谨、例证丰富的艺术短文。文章抓住绘画艺术中形与意的关系，从东方古典绘画、西方古典油画、现当代漫画三个方面铺开，阐述了各种绘画艺术“都在用各自不同的方式展现独属于自己的文化底蕴，记录着兴衰变迁”，给人以生动的艺术享受和深刻的思想启迪。

（钟湘麟 特级教师）

相遇在春野

□ 江苏省外国语学校　商诚飞

又是严冬，天空泛起一丝绯色，寂静的阳光悄无声息地透过薄雾，铺染了整座苏州城，没起大风，也未落霜雪，无形流动的空气寒冷彻骨。还好，已经放假了。

我家开的咖啡屋，名字叫“春野”。如今放假了，我可以常来，和我的伙伴们一起。我最得意的是店里那面墙，上面挂着琵琶、古筝等乐器，都是我和我的伙伴们拿手的，进店的人无一例外会被它们吸引。我爱喝咖啡，可我的朋友们有的喜欢喝茶，所以我在店里还放了一张小茶桌。

我裹着外套进了屋。临近下午，来客人了。

“你好，请问需要点儿什么吗？”我迎上前去。这是一个瘦瘦的女孩子，穿着很厚很暖和的毛衣和修长的白裙，头发很随意地用一根簪子盘起来，肤色很白，两颊微红，或许是被风吹的。她脸不大，一双漆黑的眼眸泛着点点星光，很清冷。她要了一杯清茶，就在一旁坐下，静静地观赏这面墙。兴许是被她的气质所吸引，我对她多留意了些。

她似乎对这面墙很感兴趣。而且，我注意到，当她望向琵琶的时候，眼中似乎闪过一丝惊喜。我便主动开口搭话：“姐姐，这些都是我的拿手乐器。要听听吗？”“嗯，可以啊。”她看着我，若有所思地点了点头。

我取下墙上的古筝与琵琶，叫上我的好友，一起演奏起《行者》。我收起平常散漫的样子，立马进入状态，格外严肃认真起来。古筝首先发声，琵琶随之响起，曲调古朴悠扬。这位姐姐渐渐地入了迷，也同我一起享受其中。一曲奏毕，她缓缓回过神来，下意识地抿了口茶：“还不错。可以再用力点儿，别那么急。”我好奇又疑惑地笑着：“姐姐，你知道这有多难吗？站着说话不腰疼啊。”

她不语，只是问能否借用一下我的琵琶，我同意了。她从我手里接过了琵琶：“这是我自己写的曲子，我取名叫《不惧》，听听怎样？”她重新把头发绾好，重重地呼了一口气，随后眼神变得坚定从容起来。她面容清冷如流光，轻轻落手声起，音符如流水般从指尖流淌出来，有轻有重，弦的情愫似在清风明月间娓娓飘散，一段惊世情缘的故事伴随琴音，激越而悠扬。

草长莺飞，惶惶春又降
你依旧是少年模样
天高地厚寒夜思绪长
…………
他想翻过这座山
他依然是那个孑然一身的少年
…………

曲终，我久久才睁开眼，惊艳地看着这位姐姐。除了我和我的伙伴们，我第一次感受到还有人这样热爱着这些中国传统乐器。

“手生了，太久没弹，别介意。”她不好意思地笑了一下，对我们说。

“姐姐，怎么称呼你？这家店名叫‘春野’，朋友都叫我小野，弹古筝的是春春。”

“林书染，叫我书染就行。”

林书染与我们聊起来。我这才得知，她从小就热爱琵琶，也曾和她的好友们一起演出。可种种原因，她的好友陆续放弃了，她也坚持过一段时间，可最终还是收起琵琶，当了一名兼职音乐教师，赚取生活费。说到这里，她的眼眸黯淡了不少。

我忙问：“姐姐，能留个联系方式吗？我们想向你请教！”林书染思索了一下，同意了。我们约好，每周五晚在店里弹琴，品茶，聊天。

我很喜欢林书染原创的《不惧》，听的次数多了，我逐渐记住了旋律的流动。当她再次奏响此曲，我突发奇想，抱着吉他跟了进去。她先是一皱眉，随后很快恢复了往日的宁静。

琵琶徐徐营造出了一种古朴而沉静的意境，吉他的旋律在暗中闪烁着轻盈的光泽，忽远忽近，追随着琵琶声。这首曲子已不再是为了演奏而演奏，我们的脸上都显得异常祥和，比最初多了几分清冷，静谧的尾声随着最后一下拨弦在空中弥漫。林书染放下琵琶，心满意足地睁开眼。我们不约而同地望向对方。

林书染看了看时钟，简单地道别之后走了，说是要给孩子上课。我心里一直疑惑：这样有自己原创作品的才女应该被更多人认识，怎么会默默无闻呢？于是我上网查询了一下，然后震惊了。

原来，她曾是一名乐者，当年凭那首《不惧》红遍大江南北，随后，不知为何，她的人气越来越低，逐渐淡出了人们的视野。最近几年，人们确实对传统乐器的关注度越来越低，我想她一定很失落吧。从万人追捧到籍籍无名，她又该是怎样的心情呢？兴许是迫于生计吧，她只好去当了音乐教师。她仍然对琵琶抱有信心，只是她对人们失去信心了。她每天仍与琵琶相伴，只是，不愿在人们面前展现了。

接下来的时间，林书染常常到我们这家咖啡店来，她的笑容变得真挚起来。林书染说，我们很像以前的她。她看着我们，眼底的情绪有羡慕，有开心，也有一丝难过。我脑子里涌出来一个强烈的想法：回来吧，书染姐，重新抱起琵琶，和我们一起，去做热爱的事情，用一份绵薄的力量，把这些传承下去。

我没有提前告诉她我的想法，擅自在微博和朋友圈做了一些宣传："我们春野咖啡店周五晚上有演出！欢迎大家来捧场！"我激动地告诉林书染这个消息，可她似乎不太感兴趣。

"算了吧，他们不会喜欢的。没人会来看的。"她低着头重复道。在我的好说歹说之下，她终于妥协，来了句："行行行，不过我要看情况。"我立马点头答应了下来。

周五傍晚，我望着缓缓落下的夕阳，心里抑制不住激动。到场的人不少，大多是来捧我场的老顾客，还有少数的生面孔，应该都是喜欢音乐的人吧。到我们表演的时候了！

万事俱备，只欠东风。我望向那个无人的座位，心里空落落的。林书染还没来。我不放心，尝试着拨打了几个电话。

"您拨打的电话暂时无法接听……"

我缓缓放下手机。

她还是不愿来，终究为心魔所困，她害怕空无一人，她不想再去感受那样的孤独与凄凉。

看着店门外那些满脸期待的朋友，我叹了口气，抱着吉他走到聚光灯下，露出一个灿烂的笑容："大家好，感谢大家来捧场！"十指拨动，我缓缓开口：

草长莺飞，惶惶春又降
你依旧是少年模样
天高地厚寒夜思绪长
…………

这首《不惧》我只练了几天，不承想台下掌声雷动。间奏时，我望向漆黑的天际：书染，你看到了吗？这么多人都喜欢你的歌。天空应景地下起淅淅沥沥的雨，我加快手中拨弦的频率，雨也循着我的节奏落得越发猛烈。

忽然一声巨响，音乐戛然而止，场上静得出奇。耳机里那人着急地问："怎么办？音响断电了。"我一慌，窘迫地看向台下的朋友，正思索如何开口解释时，一道琵琶的惊鸿之音划破了淅淅沥沥的雨水声，像是千年历史中流淌出的岁月，像是悠悠岁月里晃出的日夜，像是漫漫时间内飘出的醇醇温柔，灯火阑珊，悲歌幽深。

他想翻过这座山
山下有人不怨不悔予我所求一马平川
春风，抬头看
看我孑然一身痴痴惘惘却等梨花开
流年，敢回转
那流年待，一人一马破城为你来
…………

天籁响彻全场，蓦然回首，女子正是林书染。琵琶不需要音响，她十指疾速拨动，战栗的音符迸发而出。

原来她一直在台下，从未减少对琵琶的热爱，原来她已经走出了心里的那道坎。这一次，她为了琵琶演奏，为了喜欢琵琶的人演奏，为了曾经的自己演奏。此时，她一改往日的沉重，像是迎回了从前热血澎湃的自己。旋律也变得充满希望，仿佛在奔赴未来。那部分沉重的她已经被彻底抽离，消失在这个无名的雨夜里。我也起了兴致，抱着吉他走上前，加入这段绝美的旋律中。

吉他的狂放和激荡，琵琶的沉鸣与激昂，竟毫无违和，同时呈现了出来。我们同时开口：

草长莺飞，惶惶春又降
你依旧是少年模样
啊，问斜阳
斜阳不语青苔漾

想，伏难关

难关有人为我挡风寒

愿我们永怀少年心，壮志凌云意如铁。愿我们烈日常遇甘泉，冬夜总有暖衣。风吹不散，雨淋不倒。

指导教师：李聪聪

本文获省级一等奖

点　评

小小说《相遇在春野》讲述了“我”和琵琶演奏者林书染在春野咖啡屋相遇、相识、互相交流的故事，表现了音乐对于凝聚人们思想、改变人的情怀的强大力量，表达了当代青少年“永怀少年心，壮志凌云意如铁”的精神风貌和希望“烈日常遇甘泉，冬夜总有暖衣”的美好愿望。作者的文笔优雅自然，如潺潺流水从容舒缓，又不乏涟漪扣人心弦，带给读者愉悦的享受。

（钟湘麟 特级教师）

星月夜

□ 天津市第一中学　郭美麟

我像个干瘪的塑料瓶，灵感已然竭尽，脑袋空空如也，望着挂在墙上的这幅《星月夜》，久久出神。一棵苍劲有力的褐色松柏直直地扎向暗夜，团团星宿正一动不动地凝视着我。暗淡的月光为沉睡的村庄蒙上了一层神秘的面纱，遽然，我仿佛为这汹涌诡谲的深蓝色星云所吞噬，被裹挟着，进入了一个不知名的世界。

日光很是刺眼。此时此刻，我正身处一个莫名的午后。

远处走来一个人，一头红发，一顶草帽，浑身褶皱，夹着一大块画板，不时停下来望着村庄与麦田。待他走近，我见是个约莫四十岁的男人，有些秃头，眼里闪烁着飘忽不定的光，可当他望向远方，拿起画笔，却目光炯炯，俨然油画里的主人公。

看到他被割掉的左耳，我笃定了心中的猜想：这里是距离法国阿尔二十五公里的圣雷米。离开惬意舒适的阿尔，凡·高曾自愿在此接受精神治疗。

我略感惊叹，随即壮了壮胆，走上前去。

"您好，凡·高先生。"我试探着喊。

他循声望来，用被阳光灼得发红的眼睛正视我，带着些许疑惑，似是没想到有什么人能喊出他的名字——此前，他还没有卖出任何一幅画作。

"您好，请问您是？"他卷起裤腿坐在山坡上，远处的稻穗散发着金黄色的光芒。

"我是来这里取景的，只可惜没什么灵感，辜负了这么美的风景。"我顿了顿，"凡·高先生，您也是在这里写生吗？"

他有些半信半疑："是的，孩子，这里风景很美。在我清醒时，我总是希望在我的画布上多留下些颜料。"他有些自嘲地笑了笑。

"您的画作，总是能够撼动人心。"我斟酌道。知道他已命不久矣，哪怕这一切终化为泡影，我也想试着让这位伟大的艺术家不那么悲哀："您的绘画技术如此纯熟，人们羡慕不已。如果时间宽裕，我能否邀请您陪我走一段路，一并向您请教绘画的奥秘？”我抓住一切机会，想要多了解这位艺术家。

“哦，当然，孩子。虽然不知道你从何得知我的画作，但我仍要感激你对我的赞誉。”他站起身，大摇大摆地往前走了几步，似是想起什么，又忽然回头，严肃地注视着我。

“不过孩子，有一点你说错了。”

“人们为我的笔触惊叹固然是好的，但我更想用我的艺术，触动人们的心灵。”他眯着眼，看向蓝天，“我更希望他们这样评价我：‘他所思甚深，所感甚柔。’”

我怔了怔，若有所思。我知道，他是在用心去思考，用心去感受，用心去创作。一路无言，夏日的风总是带着些沉闷，就如此刻，我想到不久后的他将会溘然长逝，留下传世佳作却一生默默，不禁扼腕叹息。

漫步许久，我突然发问：“即使不被发现，即使不被看好，即使籍籍无名，您仍愿意继续作画吗？”我实在想听听凡·高先生的亲口回答。

“当然，孩子。”

“但我仍愿意相信，总有一天，我会找到一家咖啡馆，展出我自己的作品。”

接着，他又说：“孩子，你也一样，你要梦想着绘画，画着你的梦想。记住，爱之花开放的地方，生命便能欣欣向荣。”

我有些哽咽：“会的，凡·高先生。岂止咖啡馆，我敢保证，您的画作一定会遍及大街小巷。”他当然不知道，一年后他将卖出他的第一幅画作，价格四百法郎；更不会知道，他死后的百年，现在别人眼中红色头发的疯子，将成为世上不可多得的天才画家。

恍惚间，我发觉，自己灵感枯竭的哀伤早已在凡·高先生的寥寥数语前遁逃。他让我明白：生命只是一个播种的季节，收获并不在这里。就如凡·高的一生，好像并无所获，但只有他自己知道究竟收获了什么。在旁人看来万般遗憾的人生，凡·高却能自得其乐。

不知不觉，我们走到了原野上。绿油油的麦田泛起层层波浪，像把羽毛扇轻扫心间，拂去丝丝尘埃，让一颗充满热忱的心得以一尘不染。身旁添了几分幽幽月色，湿漉漉的风掠过脸颊，我仿佛再一次置身于星月夜中。

“孩子，谢谢你。谢谢你的欣赏与陪伴。”他缓缓道，“你问过我，关于作画的秘诀。没什么别的，只有一点。”

“哪一点，凡·高先生？”我虔诚地发问。

先生温和地微笑着，头顶上是闪烁的繁星和流动的云彩，他紧握着我的手，还是悠悠说道："谢谢你，孩子……"

我的视线越发模糊，天上的星星与云朵也扭曲起来，变成粗糙狂躁的线条，耳畔回荡着凡·高先生的不断致谢。他的声音越发悠远，像是呼唤，跨越百年，轻轻地传到我耳边。

"凡·高先生！"我急得大喊，我知道一切快要结束了，迫切地想要知道这位天才的答案，"凡·高先生！答案是什么？"

"凡·高先生！"

…………

我睁开眼。答案是什么？暗自思忖，我想，我的心中早已明了。

指导教师：牛建国

本文获省级一等奖

点　评

作者选择名画《星月夜》这一巧妙的切入点，设计灵感枯竭的自己和天才画家凡·高的邂逅，引出有关绘画奥秘的话题。通过交谈，作者懂得了只有不急功近利，"用心去思考，用心去感受，用心去创作"，才能画出真正触动人们心灵的佳作。这一心得，隐匿在凡·高的话语和作者的思考之中，不注意的话很难发现。文章结尾的留白，有一种无声胜有声的效果。这篇文章构思精巧，语言富有张力，作者的思辨为文章增加了深度和广度。"生命只是一个播种的季节，收获并不在这里。就如凡·高的一生，好像并无所获，但只有他自己知道究竟收获了什么。"这两句话是作者对凡·高最深的理解，堪称本文的点睛之笔。

（曲宗厉 编辑）

藏在母亲针线中的深情

□ 贵州省铜仁第一中学　毛佳丽

母亲没事时,手总是闲不住,就会拿起针线,眯着眼,在一块布料上钩针刺绣。每完成一件作品,她总会平整地铺开,细细地审视每一个图案,待到满意之后,就欣慰地笑笑,折叠好,小心翼翼地放进柜子,然后对我说:"等过一段时间,选一件,我把它洗干净,挂在客厅。"她完成了一件又一件,却一直没有挂出来。

我不理解母亲这么折腾的原因,常常问道:"为什么要弄这个?""因为我想把它挂在客厅……好看。""那我可以学吗?""可以啊,但你现在要好好学习。"母亲随便回答了几句,一直弄着手上的东西。

有一次,我好奇地打开母亲收藏作品的柜子,看看里面是些什么宝贝。我发现有一块布被母亲折得特别整齐,便把它从柜中取出,蹑手蹑脚地打开,迫不及待地想要一探究竟,看它到底有什么魔力。我将它放在沙发上铺开,靠近仔细看。映入眼帘的是一棵松树,硕大的树冠使放在布料上的我的手显得如同一颗小苹果,各种各样的彩线在布帛上交相辉映,粗大的树干支撑起如云的树冠,彩线在母亲的针尖下融合得恰到好处。

忽然,妹妹伸过手,要把我看的布抓过去,披在身上跳舞。"妈妈,您管管妹妹,她又在捣乱!"我叫道。妹妹毫不示弱,更加疯狂地挑战我的忍耐。而母亲一面绣着,一面说道:"好了好了,别闹了。"见我们还在争执,她并没有直接阻止我们,而是始终笑着,绣着几个大字。

父亲常把怒火发在母亲头上:"天天只知道绣你那个破玩意儿,这有什么好的!随便去买一幅水墨画,或请人画个墙画,哪个不比这好?天天弄这个,浪费时间!"他一边说,却一边给母亲端来一杯热茶。母亲只是转过身子,继续绣着。

我叹了口气,盯着那几个大字——家和万事兴。这几个字放在画面中确实显得格外突兀,有几分丑陋,但我也发现了它的几分美。黑色的线条在这几个字中穿梭自如，本是毛笔字，却用针把它绣了出来；本该是笔墨的潇洒与豪迈，绣字却有坚挺牢固之美。别看这是针线绣出来的字，却别有一番风味。

我细细品味着这幅作品，看着布料上相互交错的彩线，仿佛能看到母亲的手拿着针，在上面不断地来回穿梭。偶尔有一两处空点或接头，那是母亲绣错时拆掉重来的痕迹，这时，我便看见她轻轻皱起眉头，小声"啧"一声，然后再重来。重新取线时，她总会轻抿嘴唇，把线放在嘴里含一会儿，然后再把线快速地穿过针孔，整套动作一气呵成。又或是几处染有淡淡的血迹，在线与线之间，构成了另一种美。我知道，那晕染处，正是母亲的手被扎破留下的痕迹。

综观整体，这是多么完美的一幅画啊！黑的、红的、绿的……各种各样的彩线，在布料之间有序穿梭，神态活现。虽然是用针刺绣，却给人笔画的遐想，有锋有收，恰到好处。这松柏挺拔直立，精神抖擞，不禁让我吟诵起"后来富贵已零落，岁寒松柏犹依然"。或许母亲都希望儿女能成为像松柏那样正直坚强的人吧？

我五味杂陈。想到昨日我与妹妹的嬉笑打闹，想到父亲的粗中有细，眼泪无声无息地掉落在衣间。"家和万事兴"五个字，蕴含了母亲对整个家庭的希望和祝福。我也不知道她到底花了多少时间，也不知道这到底要付出多少耐心，更不知道该用怎样的言语来形容母亲对家庭的照顾和关心。如果仔细观察的话，你会发现，生活中处处都是母亲的影子，是衣间的小图案，是手缝的香包，是被子上独一无二的花。

以前不明白她为什么总爱摆弄针线，后来明白了，每一幅画都有着她的心思。刺绣不仅仅是母亲的手艺，更是她对家庭、对生活真切的爱，对中国传统文化的传承。我懂得了藏在她的针线之中的深情。

指导教师：龙玮

本文获省级一等奖

点　评

艺术距离我们每个人并不遥远，可能就在我们身边，就在我们家中。《藏在母亲针线中的深情》讲述的是作者母亲喜欢刺绣的故事，将母亲刺绣的辛劳、作品的精美、与之相关的家庭生活琐事娓娓道来，生动细致。更为可贵的是，文章不仅尽力写出了"怎么样"，还努力写出了"为什么"，这就使文章的表现力提升到一个新的高度。

（钟湘麟 特级教师）

大地艺术

□ 四川省邛崃市第一中学校　刘小宇

地，黄土地，绿土地。

麦，黄小麦，绿小麦。

稻，黄稻谷，绿稻谷。

青黄交替的色块，拼接成了一幅浩荡且极具冲击力的画作。

这是我第一次看见这样奇特的风景，我不知道人们是如何将这全然超乎自然的景象创造出来的，或许这片土地本就有着无穷的秘密。

我来到这个美丽的世界已经数日。村民们似乎完全忽略了我的存在，只顾着自己手里的活儿。他们开垦着荒地，大片的黄土地换上了绿色新装，沉甸甸的稻穗和麦穗骄傲地望着远处的太阳。

我站在田间的一处树梢上，向一位女孩儿发出咕咕咕咕的叫声，想让她给我说说这眼前的图景是怎么完成的。

她望了我一眼，又低下头，缄默不言。

正当我以为她不明白我的意思时，她缓缓开口：

“我们在完成一件前无古人后无来者的巨作！这份作品，是我们送给这片土地的礼物。

“你知道《拾穗者》吗？那是一幅油画。画面中，劳动妇女弯着腰，捡拾着田野间被人遗忘的麦穗。那是多么美的一幅画啊！劳动妇女的身躯与身后金黄的麦田浑然一体，人与自然碰撞，共同创作出这样一件伟大的艺术画作。”

女孩儿的一席话直击我灵魂深处，还未完全消化她的话，我只听她继续道：

“我们农民，靠山吃山，靠水吃水，每个村庄都有各自的使命，而我们就是要对这片黄土地进行一场翻天覆地的改造。”

“在我们历尽沧桑的双手下，大片翠绿的庄稼扎根土地，从嫩绿再到金黄，是自然物的奇妙所在，也是人类智慧的体现。人与自然相互依存，各取所需，共同创造出这个世界最伟大的大地艺术。”

“你不要惊讶于他们的疯狂，他们只是对这片土地爱得深沉。世界上从不缺艺术家，可也从不嫌艺术家多。他们也是艺术家，他们所创作的，是奉献给这片土地的艺术品。

“你看——”

沿着女孩儿手指的方向望去，我看见了那幅伟大的作品。

麦穗比天长，稻谷比山重。

这是无数劳动人民创作的杰作，名为《大地艺术》。

清晨，我驻足于少年书房的窗前。

房间内的一抹亮光吸引了我的注意。

在电视屏幕上，一幅完整的《拾穗者》呈现。

“无数个春秋压在农民身上，逼走了许多人，却始终压不垮农民心中的拼劲。他们以天为被，以地为席，以日月为精气。他们在为传承大地的艺术而努力……”

听完这段叙述，我长舒一口气。

我要为这伟大的作品歌唱，我要让更多的人画下更多更美的大地艺术。

风轻扬，麦微动，我飞过一望无际的田野，歌声飘向远方……

我是森林中的布谷鸟
家住在美丽的半山腰
看太阳落下去又回来
世界太多美妙

指导教师：陈容

本文获省级一等奖

点评

亿万劳动者以长年累月的艰辛劳作、与大自然的和谐配合，创造着最伟大的作品，他们称得上是伟大的艺术家。《大地艺术》一文运用高超的浪漫主义手法，借助丰富大胆的想象，通过一只布谷鸟的所见所闻——在空中俯瞰劳动人民耕耘的壮观情景，在树梢听女孩儿讲述劳动和艺术中的创造，在窗台看《拾穗者》的展示——赞美劳动者，赞美艺术家。文章集绘画的壮美、音韵的柔美、构思的精美、情感的纯美于一体，耐人寻味。

（钟湘麟 特级教师）

决赛佳作

清风徐来，水波不兴。

——苏轼

高一高二组 A 卷第一题

□命题

真正的艺术都是相通的。苏轼说:“味摩诘之诗,诗中有画;观摩诘之画,画中有诗。”西方美学家说:“音乐是流动的建筑,建筑是凝固的音乐。”我们用心欣赏艺术时,总能从诗歌中感受到生动形象的画面,从图画中体会到深远幽静的意境;从静态的建筑中感受到和谐与变化,从流动的音乐中发现对称与层次;从绘画的色彩与明暗中感受到音乐的律动,从舞蹈的肢体动作中发现书法的气韵与力量。

日常生活中,也总有一些人、一些事、一些场景,能给我们带来艺术的感受:晨读的少年、拾荒的老者、风雨中相拥而行的伴侣、田地里挥汗如雨的农人、天桥上弹吉他的歌唱者,甚至小区里的流浪猫……对于具有艺术敏感的我们来说,这些都是可以画成画、谱成曲、塑成像、写成诗的题材。

请写一篇文章,表达你对艺术共通性的感受,或者为生活中的人或事“画画”“塑像”“谱曲”。题目自拟。

□点拨

这个题目其实可以分为两半。前一半的核心是“艺术”的共通性,即要求学生理解和表达不同艺术形式之间的关联。这种关联突出表现在以下几个方面。

同样的题材、主题可以用不同的艺术形式来表现,比如拉奥孔的故事可以是诗歌的题材,也可以是雕塑甚至绘画的题材。

欣赏艺术作品时的感受是相似的,例如题目中所引用的苏轼对王维作品的评价:“味摩诘之诗,诗中有画;观摩诘之画,画中有诗。”这里的“诗中有画”

不是指真的图画，而是指生动的形象，就是说王维的诗歌具有突出的形象感，正如梅尧臣所说的“状难写之景如在目前”；而所谓“画中有诗”则是指绘画中有诗的意境、氛围。

艺术创作的规律有相通之处，例如题目中所提到的，音乐讲究节奏与和弦，建筑要求比例关系的和谐；建筑讲究对称与层次，音乐同样也有自己形式整齐、抑扬起伏的要求；舞蹈是动态的艺术，书法艺术也会在静态中体现动感；如此等等。

从某种意义上说，真正理解一种艺术的表现，就是能够融会贯通，用隐喻的方式来搭建起它和另一种艺术（事物）的关联。所以，只要真正地了解、掌握了一种艺术，就不难换个角度，用另一种艺术的术语来解读它、分析它。

对学生来说，如果选择这个角度来写，那么最重要的就是要了解艺术的基本规律，掌握美感、情感、形象、个性乃至艺术的技法在不同感觉形式（听觉、视觉、语言等）中的共同表现。既可以写艺术欣赏时的理解，也可以写艺术学习中的感悟。

后一半的关键是用艺术的方式来再现生活中的感触。题目中涉及的这些场景、人物都是日常生活中人们习见习闻的，对于大多数人来说甚至是毫不在意的，只有具备良好艺术修养的人，才可以从这些现实生活的素材中受到艺术的触动，找到可以再现它们的角度和方法，创作出富有感染力的艺术作品。

而对于这个题目的写作来说，就是要用语言来展现作为艺术家（包括诗人）可能采取的技法，例如绘画要讲究视角和比例，讲究前景和背景，甚至投影和高光；例如谱曲要确定调式和节拍，要选择和弦和配器，要有一个旋律的基调；等等。写诗也有诗的形式，如押韵、节奏、句式等等。而选择怎样的技法，都应该有着一定的道理可说，一篇作文的妙处也就在于说清楚为什么要这样画、这样演。

换句话说，所谓的“画画”“塑像”“谱曲”都不能只是泛泛而谈，而应该是在一定专业素养和艺术敏感力的基础上，专注于某个生活的细节，将其放大，用特定艺术形式的技法进行表达。

总之，写好这个题目的关键是要体现出艺术的技法，不管是写艺术的相通性还是对生活场景进行艺术刻画，都需要体现出对相关艺术技法的运用，否则就不算真正扣题。

高一高二组A卷第二题

□命题

现代汉语中,“品味”一词的本义是品尝滋味,引申为仔细体会、琢磨。在艺术鉴赏的过程中,人们总需要细细品味,才能更好地感受艺术的形式之美,进而理解艺术形式背后的意境、趣味、内涵之美。此外,“品味”也可以作名词,指一个人的格调、趣味。真正有品味的人,必然也是有艺术修养的人。

请以“品味”为题写一篇文章。

□点拨

相对来说,这个题目的指向更为直接,即使没有材料提示,艺术感觉好的学生也能很好地理解题意,写出合乎要求的文章。为了降低审题难度,强调其与艺术的相关性,我们给出了上述提示。

这个题目可以有两个写作方向:一个是以艺术鉴赏为题材,所谓“品味”就是通过反复思考、玩味,感受艺术作品的美感,理解艺术作品的意境、趣味、内涵。

如何表达这个过程呢?我们的设想是,学生可以再现自己对一个艺术作品解读的过程,从形式技巧到情感内容,再到哲理内涵,逐层深化;也可以从若干不同的角度、不同方面来对同一个艺术作品进行解读,表现自己的感受和感悟不断深化的过程。

这个题目还有另一个解题方向,那就是把“品味”作为名词,写一个有品味的人,表现一个人的生活品味。真正的品味不是品牌,不是价格,甚至不是用品本身,而是生活的艺术化,是讲究格调、意味、文化的生活方式,是更注重内在修养的生活方式。穿金戴银、宝马香车未必比荆钗布裙更有品味。照这个方向写作，同样要有艺术化的思维方式，展示描写对象的艺术特质。

概言之，这个题目的关键在于围绕一个对象（艺术作品、人物）的艺术特征（形式、情感、个性）等方面进行深入的刻画。泛泛而谈、贴标签式的概述，不是合适的文字。

高一高二组B卷题目第一题

□命题

习近平总书记有句名言:“江山就是人民,人民就是江山。”表面上看,这只是形式上的回环,仔细琢磨,就能发现其中蕴含深意:前半句是说,国家的根本是人民群众,得到了江山就是得到了人民,就要服务人民;后半句则是说,有了人民的支持,就有了靠山,有了力量。这样的表达既有形式上的音乐感,更有内容上的意蕴美,体现了一种非常巧妙的语言艺术。

汉语中还有不少类似的句子,例如:

快是慢,慢是快。

人生如戏,戏如人生。

诗中有画,画中有诗。

信言不美,美言不信。

长相知,才能不相疑;不相疑,才能长相知。

有的人死了,他还活着;有的人活着,他已经死了。

请根据某个回环句式(不限于上述例子),结合自己的生活、学习经验写一篇文章。题目自拟。

□点拨

这个题目的基本意图,是希望中学生关注生活中特殊的言语修辞现象背后所隐含的深刻哲理。王力先生指出,语言的形式之美(即音乐美),表现在三个方面：整齐之美、抑扬之美、回环之美。所谓回环修辞，即两个句子的成分是一样的，而语序前后颠倒，构成一个循环往复的“环”，因而典型地体现了回环之美。

回环句式中两个句子的成分相同，而位置相反，从一般的语义逻辑上来说，多数情况下这样的两个句子是不能同时成立的。要使句子成立，就需要变换角度来理解。

例如习近平总书记的名言：“江山就是人民，人民就是江山。”其中的“江山”就只能用两种方式来解读：一指国家政权，二指靠山。这样的理解就使两个简单的判断句变为了具有深刻哲理的警句。

同样的，“快是慢，慢是快”中的“快”“慢”也分别有不同的含义，一是指做事的细致程度，二是指所花费的时间。

“人生如戏，戏如人生”也应该从两个角度解读，前半句是讲人生充满戏剧性、不可知性，后半句是讲戏剧本身是严肃的、丰富的，需要认真对待。“诗中有画，画中有诗”在A卷中出现过。前后两个分句都可以从艺术实践或欣赏的角度进行解读，这同时也是对“艺术”主题的呼应。

“美言不信，信言不美”中，两个分句可以同时成立，一般认为，两个分句的表达重点不同。前者重点在于强调好听的话往往是假话；后者则强调真话往往不中听，即所谓忠言逆耳。

“长相知，才能不相疑；不相疑，才能长相知”是曹禺的名句，反映了人际交往的规律。一方面，人与人之间相处久了，彼此了解深入，知根知底，才能互相信赖，相互托付；另一方面，只有相互信任的两个人才能长相厮守。何为因、何为果，似乎也得看具体情况而定。

“有的人死了”这句出自臧克家纪念鲁迅的诗，该诗被选入语文课本，学生自然很熟悉，也比较容易找到相应的实例。

总之，这个题目是比较开放的，可以写的话题非常多。扣题的关键在于理解警句所蕴含的哲理，对同一个现象从不同的角度进行观察、描述。

高一高二组B卷第二题

□命题

“韵”是中国传统美学的一个重要概念，与之相关的术语还有“韵律”“韵致”“韵味”“神韵”等等。南朝画家谢赫提出的绘画“六法”中，第一个就是“气韵生动”。宋代范温指出：“有余意之谓韵。”“韵者，美之极也。”意思是说，如果作品能于具体的形式、言语之外让人有所思考、有所感悟，就是有韵，就是最高境界的美。现代画家齐白石说：“作画妙在似与不似之间，太似为媚俗，不似为欺世。”这里的“似与不似之间”其实也是“韵”的一种表现。

请结合你在艺术欣赏、学习时的经验，甚至是日常生活中的感受，以“韵”为题写一篇文章。

□点拨

这个题目的限制性比较强，要求参赛者围绕“韵(味)”这个具有鲜明中国特色的审美范畴来展开。

材料中，除了提出“韵”的相关概念之外，还借范温的话阐明了“韵”这个美学范畴的含义，即“有余意”。换句话说，作品的美感不是非常外在的，而是需要慢慢体会、反复玩味才能领悟的。这也是中国传统艺术的审美追求，无论绘画、书法、音乐、戏曲还是文学都是如此。

为了进一步阐明“韵”的表现，材料中还引用了齐白石的名言“似与不似之间”来说明“韵”的表现。“太似”本质上是直白，没有玩味的余地；“不似”在一定意义上是晦涩的，令人无法理解，也就无从感受其美感。

对于这个话题，大多数的高雅艺术，恐怕都可以从韵味的角度进行解读。

参赛者如果真正了解艺术，就不难结合自己的实际经验写出好的文章。

此外，题目还有一定的开放性，可以跳出艺术作品，写现实生活中的其他内容，如人的韵味、话语的韵味等等。

这个题目的关键是要通过刻画不同的艺术形式，表现出它们外在形式背后的内在意味、情感，体现“韵”的本质。

高 三 组

□命题

俗话说:“外行看热闹,内行看门道。”在艺术领域,这常常是说,一般人能感受到的往往只是艺术作品的美感、趣味,而受过训练的内行人却能发现造成相应艺术效果的原因和规律。在内行人那里,音乐不只是好听的曲调,更是传达情绪的节奏与和弦;绘画不只是好看的图样,更是意境和思想的形塑;电影不只是角色的输赢斗争,更是巧妙的叙述和传神的细节……

其他领域也有类似的现象:外行人看到的是宇宙飞船一飞冲天的“热闹”,内行却更关心飞船运行的轨道、参数;外行人看到的只是鲜花盛开的“热闹”,内行人更关注的也许是花朵下面叶子和根系的生长状况;外行人能感受到菜肴的色、香、味,内行人却更想了解原料的搭配、烹饪的技法……甚至在日常学习、生活中,这样的现象也比比皆是:肤浅者看到的只是最终的分数与排名的“热闹”,善学者注重的则是解答每道题的“门道”;你看到的是他与人相处左右逢源的“热闹”,我看到的却是他谦虚宽厚、待人以诚的“门道”……请根据你在艺术活动或日常生活中获得的经验,选择一个话题,以“门道”为题写一篇文章,也可在紧扣题意的基础上自拟题目,文体不限。

□点拨

单就“门道”这个题目本身来说,其实并不怎么新鲜。正如题目所给出的提示,所谓“门道”,也就是规律、技巧。选择这个题目的主要目的是希望引领中学生将写作和思考结合起来,在作文中呈现自己对于某些具体问题的深入思考和独到发现,并尝试用艺术的手法表达自己的思想与感受。

“门道”这个题目要求写作者对某个问题有比较深入的了解,甚至发现别人没有注意到的独特规律、现象。对于一个高中学生来说,这样的要求也许有点儿过高,但考虑到本届大赛的省赛阶段就已对写作的题材、领域进行了限定,要求参赛者写与艺术相关的内容,要对相关艺术形式有比较深入的了解,而正常情况下,省赛优胜者应该已经具备了较好的艺术经验,能够了解、掌握一定的艺术规律与技巧。也就是说,此次决赛的题目实际是省赛要求的延伸与深化,在难度上应该是参赛者可以接受的。

为了进一步降低审题难度,帮助学生打开思路,题目中提供了看起来比较烦琐的写作提示。这些提示从三个方面列举了可以选择的题材范围:一个是艺术领域,列举了绘画、音乐、电影等艺术门类;第二个是科学及其他领域,列举了航天、生物,甚至烹饪行当;第三个领域涉及学生的日常生活,如考试成绩、为人处世等。关于这三个题材范围的提示,我们是有所考虑的——

第一个领域艺术是省赛题材的延续,也是“内行看门道,外行看热闹”这句俗语最常见的使用场合,如上所述。

第二个领域的提示主要是为了开拓学生的思路,使他们认识到任何一个专业领域都有着自己的内在规律,只有深入学习、研究,掌握了规律,才能使我们对事物的认识不再浮于表面,做到既知其然,又知其所以然,进而创造出令其他人感到惊艳的辉煌成就。这里我们特别提到了“烹饪”,主要用意在于提醒学生,所有的行当都有自己的规律、学问,写文章更不一定非得将眼光投向那些看起来高大上的话题,在那些不起眼的百姓日常事务之中,也同样有着很深的“门道”。

第三个领域的提示主要在于引导学生关注和思考自己身边的日常生活。很多学生总会抱怨生活平淡,每天就是上课、考试那点儿事,感觉“没有什么好写的”,殊不知,只要勤于思考,善于发现,就能够从日常琐事中找到许多有意思、有价值的话题,就能够写出一些很新鲜、很深刻的文章。

需要指出的是,我们特别在这一段提示中列出了一条待人处世方面的“门道”。这样做的目的,一方面是提示学生要注意到,人际交往也是十分讲究技巧的,正如《红楼梦》中所说的,“世事洞明皆学问,人情练达即文章”;另一方面,我们也试图告诉学生们,与人相处的真正“门道”并非很多人所信奉的八面玲珑、虚伪狡诈,而是谦虚宽厚、待人以诚,只有宽厚真诚的人才能真正得到别人的喜爱,获得他人真正长久的友谊与信任。

要清晰地表现出作者对于“门道”,也就是某个领域所特有的规律、技巧的理解,要做到以下几点。

一是要尽可能地围绕所要表现的规律、技法来组织全文,不能只把“门道”作为文章的点缀。

二是对观点的表述要清晰明确,不能打哑谜。有的学生往往叙述了很复杂的故事,所要阐发的道理却令人雾里看花。我们的建议是:不管所提出的观点多么深奥、专业,语言的表述一定要清晰明了;不能将深刻的道理说得简单明白的,不是好的文章。

三是在具体表达上,最好能换个说法,用“规律”“技巧”“道理”等词语来表示“门道”。如果只会用“门道”二字,说明作者很可能并不明白“门道”的含义。

从文章构思来说,题目虽然是“门道”,但通常来说,如果要严格扣题的话,还是要呼应一下“热闹”,因为题目中专门引用的就是俗话“外行看热闹,内行看门道”。而所谓“热闹”,并不只是字面的热闹,而是艺术作品的整体效果或特定行为、事件的最终结果。一般来说,最终效果的呈现总是与某种内在动因相关联的。而所谓“内行”,也就是能够发现造成这些效果的内在原因的人。因此,我们认为最扣题的构思方式应该是这样的:既能对最终的效果或结果有足够的渲染,又能落脚于对于内在规律、技巧的探究与发现。如果对最终效果的“热闹”描述不够充分,也很难认为是最好的构思方式。

以黑白作画

□ 山东省济南市历城第二中学　薛钰炜

指尖按下的那一刻，空气也被上了色。

今天是她拿到钢琴十级证书的日子。父母很高兴，一定要带她出来庆祝。等着上菜的工夫，忽而飘来一阵琴声，她耐不住性子，想去寻个究竟。只见不远处，有个女孩儿，穿着粉裙，盘着公主头，还戴着一顶小王冠，在单手弹着最简单的《小星星》。她露出两颗小虎牙，眼睛眨着，倒真像小星星。

回到家，瞧见屋里的琴，她的脑海中浮现出那个女孩儿明媚的笑容，鬼使神差般，她打开琴盖，也奏了一曲《小星星》。不，不对，她这样想着。明明和弦更复杂，弹奏更流畅，却不如她听到的美。她不信邪，又把考级曲目翻出来弹，还是一如既往地熟练，但也仅此而已。她试着回味刚才的曲子，脑中一片空白，那些音符好似临时堆叠起来的纸桥，轻轻一拂便七零八落，再不复之前的模样。她又尝试新的谱子，眼神一行一行地扫描着，附点、升降音、休止符……手臂配合得很好，抬起又回落，精确得像设定好的程序，可还是找不到那种感觉，那种好像眼前真有一个人，真有一处风景的感觉。她有些绝望地合上眼，将手边的证书随意一丢，却不小心碰到了手机上的播放键，刚才没听完的《梁祝》缓缓响起，琴音流泻而出，较泉水更清，比微风更柔。她看到梁祝的反抗，看到二人化成蝴蝶自由起舞，看到他们飞向充满鲜花与阳光的世界。一曲终了，她抬眼看向琴键，忽然想起一句话："钢琴键是黑白的，但在你的脑海中听起来像是一百种颜色。"这一刻，她才真正找到了黑白外壳下的五颜六色。

收起十级证书，没了考级的压力，她终于可以随心所欲地弹奏。早晨，她邀请柴可夫斯基共绘《四季》；中午，贝多芬会来做客，用音符画出他不幸的《命运交响曲》；傍晚她去寻肖邦，他们会赞美皎洁的月光，聆听优美的《夜曲》。又或者，她会在一个阳光灿烂的下午，即兴创作几个小节，不需要纸和笔，只凭心意，用大调和弦绘出金色的光线，用轻快的跳音为轻风着色。这不是一首曲子，甚至算不上一段完整的旋律，只是几串音符，就画出了一个明媚的午后。

后来母亲偶然听到一次，笑着打趣道："你这考完级反而弹得好听了许多，这是要成为钢琴家呀。"她回以一笑：她算不上钢琴家，但她想成为一个画家——将这清晨的鸟鸣、夏日的鲜花、夜里的星空、冬天的霜雪勾勒出来，以黑白键盘调染人间的喜怒哀乐。

钟敲针走，日升月落，又到了钢琴考级的日子。只是这一次，她心中不再是沉甸甸的比试，而是夏日雨后的彩虹；音符不再是演奏的工具，而是缤纷的颜色；她也不再是旁观者，而是执笔人，用黑白勾勒，以心灵着色。她笔下，是简简单单又独一无二的生活。

指导教师：李焕琨

本文获决赛特等奖

点　评

作者以思绪的自然流动、感知的纤微变化为观照对象，通过简单易懂、态度鲜明的语言，向读者传达着个人对艺术的见解。文章不仅敏锐地捕捉到钢琴和绘画等不同艺术的共通性，还尝试超越横亘在不同艺术之间的形式阻隔，在日常生活中发现潜隐在伟大艺术背后具有某种普适性的价值：真正的艺术能够感染人心，陶冶性情，可以令人切实感受到前所未有的放松和愉悦。只要心中充满对艺术的真诚渴望，黑白相间的琴键也可绘出色彩缤纷的绚丽画卷。

（刘振 高校教授）

于乐中漫溯，于画中观游

□ 山东省济南市济阳区第一中学　洪孟彬

十二岁那年，为了庆祝钢琴十级考试通过，我的老师赠给我一本《世界名曲全集》，并附了这样一句话："乐曲之韵，如景似画。请你尝试品味它的美，于乐中漫溯，于画中观游。"

时隔五年，当我再度翻开此书，一股清流漾起，将我的心绪卷入漫长的时间之河中……

"叮——"

曾侯乙编钟那清脆澄澈的音色，令我心定神安，如一潭沁凉的泉水，涤除心头蒙上的尘埃。山寂月明，蝉噪鸟啭；古琴悠悠，鹤鸣渺渺——恍若置身仙境之中，轻棹小舟，梦入芙蓉浦！倏地，一股苍劲的涟漪荡起——我看到了，看到了那位才高八斗、鄙视权贵的嵇康。于是山水亦作赤烈之焰，云海亦作圣洁之光，于《广陵散》中涅槃重生。噫吁嚱，壮哉！

教堂的钟声将我从东方带到欧洲。羽管键琴那古典亦略有肃穆庄严之味的音色，如同神父所执的手杖。在巴洛克风格彼此呼应交织的复调前奏曲中，我仿佛置身于幽深的连廊，两侧挂满了圣母和神明的壁画。那对仗工整的音律，俨然行走在对称标致的古欧式建筑之中。当旋律走向高昂，教堂变得明亮；当旋律渐渐低沉，教堂又晦暗下来……我惊叹于巴赫的鬼才音感，亦惊叹于这乐韵与画面的契合，一种难以言述的契合。妙哉！

时间长河滚滚流逝，无数瞬间，我与万人共舞：在莫扎特的《香槟》中欣赏众宾欢宴图，在贝多芬的《月光奏鸣曲》中邂逅凡·高的《星月夜》，在李斯特的《钟》中感受音符描绘画面的生动与传神，在舒曼的《梦幻曲》中品味层次的变化与起伏……在文艺复兴后的日子里，我在流动的乐律中发现了艺术之美，于乐中漫溯，于画中观游。

“咣……”

沉重的锣声将我的思绪拉回古老的东方。二胡向我微笑,阮琴向我点头,竹笛向我招手……一曲《二泉映月》将阿炳悲惨的人生描绘得淋漓尽致,令人恍若看见一个茕茕孑立的流浪者,在明月皎白的湖边叹息;一曲《扬鞭催马运粮忙》让我回到二十世纪的农村,人们脸上的喜悦构成一幅壮丽的秋收画卷。

作曲家王建中改编了《彩云追月》,以起、承、转、合构此佳作,使之成为不朽名曲。中秋月夜,嫦娥于广寒宫中思念地上的夫君。颤音吟唱,婉转如鸟雀轻啼;琶音修饰,瑰丽如仙人下凡。音韵流转似水,正合情思缱绻。主段迅捷灵动,高潮雄伟辽阔,颇具彩云“追”明月之神韵。好一个人在画中游!奇哉!

无意间翻到了十级考试的曲目《山泉》,旧日被其支配的恐惧依然占据我心。“尝试闭上双眼,想象着一幅山泉水墨画,让每个音句在你指间流动起来!”老师的话在耳畔闪过……放下书,起身,于琴前坐下,我缓缓地掀开了久覆灰尘的琴盖,准备再次感受那首绝妙的名曲。深吸一口气,闭眼……

苏子曰:“清风徐来,水波不兴。”起手,平静如镜,亦诗亦画。音符间是画语,画面中有音韵;旋律陡转切峻,如泉瀑涌流,跌下高崖,似古筝的连琶音,将这一乐章诠释至极致之境;最终,曲调重归平静,唯有涓涓细流,周而复始……

曲毕,余音袅袅,绕梁不绝。那一瞬,我感觉自己不再是演奏者,而更像是一位乘舟览景的文人,将风光寓于画中,藏于诗中。嗟乎,美哉!

蓦然回首,一切皆归乎书中。望着那一曲曲逐渐变得亲切的音乐,再顾吾师予我之辞,心自愀然而有所悟也!

诚哉斯言,乐曲之韵,如景似画。每一个音符都像是一幅画中重要的一笔,每一个乐句都像是画作的一处工笔勾勒。旋律与节奏更是乐曲的血肉,赋予其美学之灵魂。

终于明白了艺术的共通性,即在于令人陶醉,令人感受到美的力量。在这样的陶冶之下,我们会对艺术有更加深刻的理解。

于乐曲中恣意漫溯,聆品类之奥妙!

于图画中徜徉观游,赏万物之永恒!

此即从艺之义其一也。

指导教师:王丽

本文获决赛特等奖

点评

文章以文雅流畅的语言展现了音乐与绘画之间的共通性，言之有理有据。两种不同的艺术形式在某种契机下实现了彼此的观照与交融，它们不再只是某种外化的具体艺术形式，而是指向乃至回到了更具普遍性和更加纯粹的艺术本身。然而，作者对艺术的理解和诠释最让人眼前一亮的，还是对不同乐器表现手法的体悟。从敲击曾侯乙编钟发出叮叮音色，到欧洲教堂响起钟声，再到咣咣的东方锣声突然惊醒梦中人，读者跟随文字的流动，以音乐为翼，遍览了古今中外的艺术盛景，美不胜收。

（刘振 高校教授）

品 味

□ 山东省济宁市育才中学　王心路

仇师傅说："真正听得懂戏的，必是有品的人；真正有品的人，必是唱得来红绳的人。"

天津卫的人就信这个。过年时，放生一条活鲤鱼，要在背鳍上拴条红绳做个记号，为的是行善举，求好报；倘使第二年打上来这种鱼，那便再拴一条。若是鲤鱼背鳍上的红绳达到了三条，那了不得啦！这是要跃龙门的；谁打到它，这人一辈子的福禄寿财就全来了。

仇师傅放生的情形，三鲤现在还记得：第三条红绳往鳍上一拴，锣鼓便是锵的一响。鲤鱼被丢进河里，尾巴一甩，仇师傅饰演的刘世昌便徐徐登场。

三鲤人小，身量也小，左游右游从人缝中挤到前排，抬头刚好赶上一句"刘升，带呀路"。一阵紧锣密鼓，周遭鸦雀无声，所有人屏息凝神，怕是绣花针掉地上都听得清晰。仇师傅穿着厚靴，戴着髯口，一个干脆利落的前空翻落地，动作漂亮极了。尤其是正宫调唱大段反二黄，从行路到公堂，润亮有余，一气呵成。三鲤朝四周一看，大家皆在摇头晃脑，身边的几位竟是连眼睛都闭上了。

三鲤鬼使神差跟着去了后台，定定地看着仇师傅："我想跟你学戏。"

仇师傅卸着妆，看都未看她一眼："从来听男子作闺音，倒未有女孩儿歌雄曲的！我虽不拘男女，却也只收有品的人、肯品的人。你若能唱来尾红绳鲤鱼，我便收你为弟子。"

他未明说品是什么，三鲤也不知如何去品，只是心中暗暗较上了劲儿：仇师傅走东，她绝不跑西；仇师傅唱寇准，她成日念叨"尊一声将军请安静"；仇师傅唱"落一个骂贼名儿扬天下"，她也跟着把鼓敲得咚咚响；仇师傅到城门上拉嗓，她便跑到永定河旁念念有词："俺闻你衔将红日掉长空，鳞鬣知从瀚海东……"

仇师傅说："驿寄梅花，鱼传尺素。鱼都唱不来，还好意思唱什么戏？有品的，会唱,亮堂,当大爷坐着;没品的,窝囊,靠边站着。龙王爷也爱听戏!他听迷了戏,认可了你,自会托鲤鱼用红绳给你报信,你这才上得了台!”

如此日夜学着唱着,龙王拜着,那些晦涩冗长的戏词三鲤竟背得滚瓜烂熟,唱调也练得如玉滚珠。谁承想河龙王没显灵,反而井龙王显灵了。这天三鲤帮她娘打水,心却还留在戏台子上面,一失手将木桶打翻,里面竟蹦出条鲤鱼来!那鱼足长三尺三寸,脊背比磨刀石还厚实,瞪着的圆眼比灯泡还亮,几绺红线拧成一股,在鳍上打了个漂亮的万字结,见过的没一个不夸没一个不赏。三鲤抱着鱼招摇过市,逢人便炫耀:“我娘生我时就梦见了三尾鲤鱼,我命里也带鲤!瞧瞧!我这还没学呢,鱼就来了;若我学了戏,这三绳也不是那么难唱!”

仇师傅果然守信。一盏茶二炷香后,三鲤就成了仇师傅的弟子。这年头儿,徒弟出去唱戏,好坏打的都是师傅的招牌。仇师傅第一次教女须生,不敢懈怠,还专门请了两个琴师为她吊嗓,每天雷打不动两出戏,一出西皮一出二黄。那时候伶人授艺全靠口口相传,师傅诵念戏词,徒弟默记于心。仇师傅拿着旧制的铜钱,唱一遍放一枚铜钱在桌上,叠到铜钱倒下为止。

三鲤是天生唱须生的料。

常人七八遍记下的戏词,她念两遍就能记住,唱调更是能学个七七八八。她对仇师傅说:“你别叠啦!我会唱了。”

“会唱?你能一个人挑大梁唱一出?”仇师傅说,“那好,你要是能唱来尾二绳鲤鱼,你就出师,正式登台。”

鲤鱼,到处都有;拴红绳的,却无处得见。一绳偶尔还能看到,二绳看不到,三绳,别说钓鱼的没见过,就连撒网打鱼的都没见过。除了仇师傅放生的那尾,三鲤从未见过二绳鲤鱼,这回再怎么练腔调、拜龙王也无济于事,但她放出过厥词,好上了面子,自个儿偷偷买了一尾鲤鱼,拴上红绳,养在井里,准备登完台拿出来,给大伙儿亮亮眼!

舞台是仇师傅家的戏台子,剧目是他亲自挑的一出《落马湖》。三鲤第一次正儿八经化妆登台,穿上厚靴,戴上髯口,真真是气派极了。师兄弟们听说小师妹要独自挑大梁唱戏,纷纷赶过来凑热闹。三鲤饰演的黄天霸音色嘹亮,腔正声圆,引得一片喝彩。她越发得意,念完白便要将腰间垂带踢上肩头。哪知她向来怠于拳脚,腿上无力,几次三番也未做成。台下众人纷纷笑了起来,大声叫唤着:“好功夫!”她臊得越发厉害,匆匆念完剩下的几句词便下了台。

她没好意思拿鲤鱼出来,准备偷偷放了,却发现本该在井里的鱼荡然无存。她心下惊疑不定，也不敢声张。

她不敢再托大，每日老老实实随师父练功。平八字、反八字、拿大顶、硬僵尸，丝毫不敢懈怠。暑去寒来春复秋，她十七岁这年，仇师傅端来了一盆鲤鱼——两条红绳穿鳍而过，她一下子认了出来。没顾她惊诧，仇师傅只笑着说："龙王爷赏识你，托鲤鱼送信让你上台呢！"

这便是三鲤的打炮戏——全本《探母回令》。永定河有多长，三鲤送鱼就送了多长。

她饰演杨四郎，穿着厚底靴，仍比铁镜公主低了一头。可她扮相端庄，处处有神气，四音俱备，膛声宽厚，愈唱愈亮，台下掌声雷动。

仇师傅说："肯下苦功琢磨戏的形式，你才入得了戏的门；琢磨不能只琢磨形式，品味到谦虚、诚实的意蕴，你才登得了戏的台面。只有品戏，才能懂戏，才能唱戏。山不到顶，就一直爬，等你什么时候真从永定河里唱来了三绳鲤鱼，那你的戏品就登峰造极了，你的戏也如臻化境了。"

指导教师：孙英霞

本文获决赛特等奖

点　评

文章文笔流畅，从一个寓意美好的民俗传说切入，以戏剧这种充满浓厚传统文化意蕴的艺术形式的传承为依托，展开了一段关于民间艺人三鲤拜师学艺的故事，阐述了关于品味的艺术与人生哲理，平淡却意味深长。三鲤的成长进步与广为流传的民俗传说相映成趣，读者在见证三鲤成长的过程中，体会到了劳动付出的艰辛与遭遇失败的心酸以及风雨之后终见彩虹般由衷的愉悦，再次确认了俗语所说"台上一分钟，台下十年功"的颠扑不破。

（刘振　高校教授）

品　味

□ 山东省滨州市第一中学　赵欣雅

田晴是艺术学院大四的学生，她对自己的毕业作品很是头疼，精雕细琢的油画却被教授评为“没品味”。她带上画具，决定回乡下走走。

田晴坐上了回乡下的火车，端详着手中那幅已完成的油画。金黄的麦穗、细致的勾勒、错落的构图、渐变的色彩，这画技已经精湛到一定水平了，怎么会被评为“没品味”？田晴心中越想越不解：自己好歹也是专业学生中的前茅，艺术品味怎会差到如此地步呢？

她一边看一边想，忽而被一片金黄占领了眼睛的余光。正值初秋，田野中的麦子已被染上鲜活的亮色。田晴望向窗外，视线整个被夺了过去。列车持续行驶着，车轨像是为麦田描了边勾了线。好一幅美丽的图画！田晴又看向自己手中的画，与窗外的麦田图对比着，总觉得少了些什么。

列车新上来一位大叔，头发糟乱，农民装扮，胳膊下夹着画本，手里握着一筒彩铅。田晴看着这位既像农民又像画家的大叔，心中不免疑惑。只见大叔向窗外看了几眼，直接拿彩铅起稿，大手一挥，左右执笔，不一会儿就宣布完成了画作。田晴询问大叔是否可以看一下，他很爽快地递过了画作，脸上满是尘土和皱纹，眼睛却笑得明亮极了。田晴接过画时，她的眼睛也骤然亮了，她从未见过这样的画——没有细致的勾勒，也没有专业的手法，只见画中大片的麦田微微模糊，似是列车驶过时产生的拖影；看不清具体的麦穗结构，但在这模糊之间，却映出一幅鲜活的麦田来，与从车窗里看到的一个样。

田晴很是惊叹，她问大叔是否也是来乡下寻灵感的艺术家。大叔摇摇头，说自己只是这儿的农民，连这画本和彩铅也都是小孙子的，自己只是喜欢画，爱画，随便画画。

模糊的画面，淳朴的感受——或许绘画的真谛并不在于写实，更不在于炫技，而是回归那一份最原始的心灵的触动。田晴这么想着:毕竟眼中最直接的观感往往是最生动的艺术。

田晴恍然明白了教授的那句话:“没品味”并不是说自己的艺术修养差,而是说自己没有用心去品味感受呀! 农民大叔没有受过艺术教育,却能绘出这样生动的画,恰恰就是因为他懂得品味艺术,品味生活。

到了村庄,大叔邀请田晴去家里坐坐,说他的小孙子也很喜欢画画,是个大画家呢!到了家中一看,大叔口中的“大画家”,只是个五岁的孩童,正趴在地上画画。他仔细观察着纸旁的一堆什么东西,在纸上画下一个个方不方、圆不圆、四不像的小点儿。田晴俯下身,问小男孩儿画的是什么。他不说话,在这些圆粒周围又勾勒出些线条。是一双手! 是麦粒! 田晴看得目瞪口呆,原来画还能这样画!

刚想和小男孩儿交流一下,田晴的思绪被大叔打断了。原来,小男孩儿生来聋哑,被父母遗弃,是大叔收养了他,并给他取名小麦。真是个可爱的名字! 田晴想,难怪大叔看着不算老,却有个这么大的孙子。

田晴拿出背包中的画给爷孙俩看,想问问他们问题出在哪儿。大叔哪里见过这么专业的画作,这才明白原来面前的女孩儿是个画家啊。他推托说:“俺没什么艺术品味,俺带你去向大自然问问吧! ”

三人来到麦田,麦子似波浪,在这里起伏着。麦子有将近一人高,小男孩儿向麦田里跑去,不一会儿就淹没在金黄的颜色里。大叔和田晴也一起跑进去,他们拨开面前的麦苗,麦子摩擦,沙沙作响。一阵秋风掠过,吹起一片麦浪,奏起纯朴的乐章。鸟儿飞过上空,从它们的视角来看,或许是大片的金黄色中赫然出现了两个黑黑的脑袋。那小男孩儿呢? 个子不够高,露不出来喽!

三个人从麦田里挤出来时,沾了满身的麦粒和碎屑。不用问,就看这满身的金黄,便知道他们刚从麦田里出来!

对啊,当初怎么就没想到呢? 田晴恍然大悟,这不就是她一直在寻找的艺术吗?她迅速地拿出画本,画出了此刻的这一幕:三个人满身麦粒,笑脸盈盈,身后是大片的麦田。

田晴与爷孙俩告别,回到了学校。她要把这画面画下来,用最原本的对自然的品味。几周后,田晴嘴角洋溢着自信的笑容,再次端详起自己的画来。与从前那幅截然不同,它不仅仅停留在展示自己的画技,更能让观赏者品味到那份最纯真的美好。

不出所料,田晴的毕业作品获得一等奖,还被放在展厅最显眼的地方。看画的人蜂拥而至，都被画中三个人明媚的笑容感染了。画面对麦田进行了模糊处理，仿佛让人隐隐约约地看到那麦子也在开心地笑呢！

这次旅程，给田晴的艺术生涯带来了很大的影响。她开始明白，不应追求那虚无缥缈的艺术品味，不去附庸风雅，而是去学会品味艺术最纯真的模样。千人千面，世间万物处处是艺术。不同的人不同的角度，便会品味出不一样的味道。

几年后，田晴成了乡村艺术家。不少人慕名而来，向她请教。她说：

“我带你们去品味品味大自然吧！”

指导教师：张炳秀

本文获决赛特等奖

点　评

艺术的真谛究竟是什么？这个问题可能言人人殊，但艺术肯定不是空中楼阁，不能凌空蹈虚。它只有将根深深扎入坚实的大地，才能有安身立命的支撑，才能在芬芳的泥土中汲取助力其向上的养料。作者以田野调查的方式，回到自然的原生态中追问和寻找，既为读者讲述了一个关于品味的故事，也以优美凝练的语言，描绘了一幅犹如歌手李健的歌曲那般充满诗意的乡村风景画。画中有让人沉醉的风吹麦浪，更有作者关于艺术真谛的思索以及尝试给出的明确回答。

（刘振 高校教授）

品　味

□ 山东省烟台第二中学　张高瑞

窗外，漫天飞雪下，朔风侵骨寒。

守在炉前，我手持一本你的词集，随着你的金戈铁马，似乎回到了那个横刀倚剑、战起黄沙的时代。我欣喜若狂，品味着你留下的一字一句。你的身影越来越明晰，直至站在我的面前。我深知，这一品，便是千年。

朔风狂，苍凉；战马嘶，激昂。

人人都道你的词“横绝千古”，却并非人人皆知你的夙愿是杀敌救国。终军请缨，宗悫投笔，古人勒石燕然的遗功敲打着你的心房，不久前那场龙船南渡的积懑犹在，北国百姓哀鸿遍野的惨景更令人心痛不已。彼时，你心怀壮志，宝刀欲断佞人头；血涌义节，先收关山复九州。弱冠初过，你血气方刚，率义军直捣敌营。同僚英勇就义，你携部下五十余人潜入敌军千人大营，生擒首领张安国，又长驱直下回至临安才予以斩首。消息一出，京城哗然，百姓欢呼雀跃，皇帝赞叹不已。你满怀期待，以为皇帝因此提拔你为抗金将领，抗金大业即将开始。

孰知，你的剑能刺透敌人的铁胄金甲，却穿不透朝廷里小人的心；你的刀光能照亮沙场黑夜，却照不进卑鄙群僚的世界。

任职，赋闲；任职，赋闲。你在京城四周的州府兜兜转转几个来回，像一朵绕着青山旋转的闲云，逐渐离你梦中的抗金前线越来越远。你这才意识到，皇帝只是想在杭州让“暖风熏得游人醉”罢了，只是想要几个大臣歌颂几句“一院有花春昼永，八方无事诏书稀”罢了。你拔剑四顾，心早已茫然——有谁能品味出你那抗金救国的拳拳之心呢？

既然无人来品，不如退而赋词。

或许是天意使然，盈亏有数，你戎马平生的壮志虽未实现，但豪言壮语一从你的笔下流淌出来，便熔铸出了中国文学史上独一无二的黄钟大吕。你不是活在南唐后主国破家亡的囚笼中，不是活在柳永市井街巷的歌楼里，也不是活在东坡“黄州惠州儋州”奔波的路上。李重光把自己的悲伤酿成了酒，酹洒在东流的一江春水里；柳三变把个人的郁愤谱成了歌，浅斟低唱在青楼红帐的水袖里；苏子瞻把人生的无常幻化为诗，消融在“夫物与我皆无尽也”的达观里。而你，你是南宋风雨飘摇之际的产物，是时代需要召唤的英雄，是那个“壮岁旌旗拥万夫”的武将，是那个“八百里分麾下炙”的侠客。你的词就是你的自述，是你未完待续的英雄史，是你内心流淌出来的家国天下、铁马冰河。品味你的词，就是品味中国士大夫千年来一脉相承的家国情怀，就是品味中国士大夫在你身上集大成的侠骨豪情，就是品味中国士大夫不朽的文化结晶。

你终究是没能等到横刀策马的那一天。人有三福——威福、艳福和闲福。你或许最看重威福，因为你做梦都要回到那吹角连营，但是，你真正拥有最多的反是闲福。“君莫舞，君不见，玉环飞燕皆尘土！闲愁最苦。”你绝对不会承认闲是福分，因为闲愁之时，你只得咀嚼品味着无法报国赴沙场的愁苦。你还是那么博学多识，就连讽刺当权的朝廷都要用“玉环飞燕”形容，在深藏不露的用典中又暗骂了奸臣一次。据说皇帝看完这首《摸鱼儿》之后颇为不悦。赵家皇帝虽然治国水平参差不齐，但文化品味一致很高，这次连皇帝都品味出了你心中潜藏的不满，但是……

但是，你还是赋闲在家。空有报国热情又有什么用呢？当代无人能品味出你内心那份报国的志向。有多少人为你的诗词倾倒不已，但又有谁品味出了弦中意？

于是你怨，怨“西北望长安，可怜无数山”，奸臣当权；你悲，悲“众里寻他千百度”，知音难觅；你歌，歌“男儿到死心如铁”；你嘲，嘲“恨古人不见吾狂耳”。

中天云卷地散戈，沙场茫茫血成河。你是行吟舞剑的末日侠客，把一生献给了自己的理想国。纵使弥留之际，也要北望河山。

我知道，你也是个热爱生活的普通人。我品味出了“明月别枝惊鹊，清风半夜鸣蝉”的快适，品味出了“最喜小儿无赖，溪头卧剥莲蓬”的宠爱，品味出了“鹏北海，凤朝阳。又携书剑路茫茫”的殷殷期许。

我明白，你的怨，你的恨，皆起自爱得深沉。你爱国家，你爱自然，你爱邻里街坊，你爱亲戚友人。博大的爱，成就了博大的诗词。

窗外，阳光乍现，雪霁初晴。我想，你的一生都在等着内心的大雪停下。惜哉，时运弄人，上天断绝了你报国抗金的志向，却成就了你词坛顶峰的地位，这是非成败付与谁人品味……

忽得，如闻身后有人长吟。

回首，竟是你舞剑放歌，霜鬓间，破贼的热血犹然热。

我作揖道：“稼轩兄，时人不识词中意，而我已品味出你的一腔报国热情。你，永远是我们的抗金英雄；你的词，我们会永远品味下去。”

你一愣，长笑三声，拱手而去。

我一定神，桌前的词集仍在那一页。我已明白，我们要把你的诗词完整地传承下去，让后人继续品味，一个又一个千年。

指导教师：辛丽丽

本文获决赛特等奖

点 评

文章以优美精准的文字，不仅演绎了南宋著名词人辛弃疾令人唏嘘的传奇一生，更是表达了对复杂历史的鲜明态度。《尚书》有云：“诗言志，歌永言。”作者通过品味辛弃疾的豪放诗词，穿越时空的阻隔，努力体会着生活在历史现场的辛弃疾的心酸苦楚，尝试着与相距久远的心中偶像来一场精神对话。不论是对历史典故的明晰熟稔，还是对辛弃疾诗词的自如运用，显然都彰显了作者钻研历史及文学的盎然兴趣。当然还有更重要的，那就是对民族英雄的拳拳敬仰之心。

（刘振 高校教授）

生命如画，画如生命

□ 广东广雅中学　林颖

亲爱的拉姆，今夜，我又回到了香格里拉。缺氧的混沌感裹挟呼吸，却予我以澎湃的心潮。

我又想起了你，想起你如生命般鲜活的画，和如画般永恒的生命。

…………

拉姆总会忆起童年的那个下午——高原上倾泻而下的日光，与融化在香格里拉怀抱中的雪。那天，格桑花开遍山野，她随母亲去采花。她伸展双臂，接受阳光温暖而神圣的恩典，细细嗅闻风中夹杂着的青草与牦牛气息，拥抱那阵与天性相契的微风。她充满稚气的双眼好奇地观察着故乡如画般的风景，将自身的生命融入进去。

她生在高原之上，沐浴在经幡上舒展的月光里。

小时候，母亲常常向她讲述卓玛的故事。传说中卓玛是度母的化身，能救人于十六种苦难之中。相传她身披白纱，腰挂白铃，长跪殿前，高呼："扎西德勒！以我之名，解除众生苦难！"拉姆的母亲是一位唐卡画家，常画卓玛神像。她随母亲上山采矿石，进行绘前仪式，再看着母亲细细着色装裱。望着画中如被赋予生命般的女神，拉姆常模仿着说："扎西德勒！以我之名，解除众生苦难！"说完便咯咯地笑。

拉姆就这样长大了，在时而粗粝时而圣洁的信仰的恩典中，在酥油茶和甜茶交融的味道里，在牦牛粗糙而坚硬的脊背上，她坚韧、纯净地长大了，像一幅圣洁明净的画。

长大后的拉姆褪去了昔日的张扬锐气，代之以沉默、坚韧与隐忍，一如她的无数父辈。她曾梦想做一名唐卡画家，像她母亲一样。她难以忘却画中生命的有限、感知的无限，又感叹于唐卡于有限中表达无限的神秘力量。可现如今，她嫁给了一名牧羊人，随丈夫牧羊。她曾疑惑：为何偌大的草原之上，一根绳便足以拴住羊的一生？如今这根绳似一把无情的枷锁，将她困于这方寸之地。

前半生的苦痛如一幅斑驳的画。她沉默不语，但内心希冀着奔跑、跳跃。

直到那天，拉姆一如往常上山采草药。雪落在香格里拉的大地上。那种白色，荒芜、寂寥、神圣。大雪之中，她看见两位包虫病患者正朝着度母唐卡祈福。他们双手合十，拨动冰冷念珠，低吟晦涩经文，祷告祈福真言。

拉姆凹陷的眼窝竟泛起泪光，她许久没有哭过了。她想起小时候痴痴地望向唐卡心念澄明的自己。

“扎西德勒！以我之名，解除众生苦难！”

卓玛的声音又在她的心中翻涌。她再次望向眼前饱受苦难的病人，脸上突然露出孩童般的天真、狡黠的微笑。

她要跟随内心的卓玛，活成一幅画。

拉姆全情投入到了唐卡的创作中。上午她上山采矿石做颜料，下午便回家起稿、着色、勾线、铺金描银、缝裱开光。她画雪山，画卓玛，画千千万万如她一般的人。她笔下的唐卡，如同一棵茁壮的生命蓬勃之树，向上生长，枝繁叶茂。她深切感知到她的信仰与无数藏区民众连结，感知到自己在创作一幅画的同时，也在创作自己的生命。她不息的脉搏与这片大地的心跳共振。倘若心神合一，笔起笔落，自然不失为美丽的一笔。可若画错了，那又如何呢？细细想来，她的人生不也如此吗？

这一世，画唐卡。

她的济世情怀随经幡一同在风中舒展。

她的唐卡凭借精细的工笔和蓬勃的生命力，在藏区广泛流传，留下无数美谈。城里的一位画家找到她，希望她参加汉藏文化研讨会。她从未想过离开这片土地，原以为会穷尽一生，深情凝望这座雪山，但这一次，她犹豫了。

拉姆内心被一股神秘的力量驱使。她深知草原属于自由、原始和跳脱，而城市代表着理性、规则与创新。两种文明未曾相识，只此一眼便足以产生默契。而唯有沟通，信仰才能得以深远发展，她画中的生命力量才能无限焕发，她生命的画卷才能流光溢彩，藏区人民的生命画卷也才能生生不息。

于是她去了。在城里，她与更多优秀的画家交流，向他们宣传唐卡与藏文化，又汲取了现代绘画中的突出元素。她在围合中向内搜求，又在开放中向外探索。唐卡为越来越多的人知晓。

这一辈子，她活成了一幅画，斑斓、灿烂。

生生不息。

亲爱的拉姆,你所过之处,格桑花开遍香格里拉。纳帕海日光散尽,独留一片寂静。松赞林寺的香火不绝,普达措的山影天际寥落,而你的光影如诗如画。

亲爱的拉姆,送你一朵格桑花。

指导教师:张璇

本文获决赛特等奖

点　评

文章巧妙地采用书信的方式,讲述拉姆在高原上的成长经历和对唐卡艺术的执着追求。从拉姆童年的回忆到她长大后的转变,再到她生命中的转折,拉姆的成长与内心的变与不变,都贯穿着对唐卡艺术的执着追求,艺术创作也因此被赋予了生命的厚度与意义。文章语言优美,情感充沛,叙事紧凑,“生命如画,画如生命”的主题贯穿始终,颇具感染力。

(张晓玥 高校教授)

长相知，不相疑；不相疑，长相知

□ 湖北省武汉外国语学校　罗一

秋日午后，金黄的阳光从房顶的砖瓦上斜斜地淌下来。

我和外婆坐在院子里晒太阳，阳光温暖了夹袄的每一寸缝隙。外婆一丝丝花白的头发透着光，随着微风轻轻抖动着。她眯着眼睛，看着远处曾是小树林的土坡，手上却一刻不停地剥着豆。豆荚咔嚓一声脆生生地裂开，豆子滚进外婆掌心，豆荚堆在外婆的脚边。

身后传来若有若无踩在松软泥土上的脚步声。还没等我回头，外婆探身将一旁的椅子拉到身边，几乎在同一时间，外公就坐下了。外婆脚边多了一个蓝色塑料菜篮，满掌的圆豆有了去处。豆子滚进篮中，噼啪的声音吵醒了我脚边的狗，它一翻身，继续趴着数蚂蚁去了。

我惊讶于他们配合的默契，外公外婆却只是安然地坐着，久久都没说一句话，一起看着曾是小树林的土坡。

我曾在外公喝酒喝到双颊发红时，偷偷好奇外公外婆结识的经过。然而，几顿年夜饭旁敲侧击的结果让我有些失望：没有轰轰烈烈的求爱告白，没有波澜壮阔的山盟海誓，只有那个年代惯有的父母之命，家徒四壁的外公和突逢家变的外婆，似乎跨过了相互了解，直接走进了婚姻生活，走进了这幢翻新后才勉强能住的平房。那时的屋顶，还只是茅草铺就的。

“难道当时你们没有互相怀疑能不能这样过下去？”我问出了这个在心底盘桓许久的问题。外公吐出一缕长长的烟，我在被烟熏出的喷嚏声中听见他回答：“时间长了就好了嘛。”也许是想起了什么，他站起来走到窗边，眼神飘向远方。

知道问不出什么，我转身用同样的问题问外婆。外婆是一个不识字也没念过书的人，她的回答却总比外公长很多——她不善于总结，只会向我描述当时一幕幕的场景，这极大地满足了我听故事的欲望。在这一幕幕中，我仿佛看到了那条漫长的时间线：年轻时当长途司机的外公跑运输几日不归，外婆便种地割草，喂养一家老小。她在夜里点起一盏煤油灯，为黑暗中可能回家的外公留一豆光亮。外公跑长途归来，总不忘给外婆和孩子们带那些村里不常见的稀罕物——老蛋糕、香蕉……“慢慢地，我觉得他靠谱，可能他也觉得我勤快吧。”外婆回头看了一眼站在窗边的外公，低声说完便笑起来，满脸皱纹绽成一朵羞涩的花。

我自顾自琢磨，得出的结论是：一切皆是时间的功效，漫长的时间磨平了两块有棱有角的石头，冲淡了相处的疑虑和担忧；时间让彼此一步步探知对方的性格、习惯，让依赖成为自然。或许“长相知”方能“不相疑”吧。

傍晚时分的村中很安静，大家都赶去镇上看新开放的灯会。刚知道这一消息的我们显然不想落后，忙招呼着舅舅开车，架上总不愿凑热闹的外公外婆一起逛灯会。整个镇子被各式的灯装点得明亮而灿烂，乐手在一旁敲锣打鼓，新年的气氛弥漫在镇子的街角巷落。与热烈气氛一起涌入的，是一拨又一拨的人群。虽说大家从镇子各处赶来，但三言两语间便能攀上亲戚关系，相互招呼着，人流便总是走走停停。喧闹间，我们与匆忙出门忘带手机的外公走散了，偏偏外婆也不见了踪影，大家全然没了兴致，开始四处寻找。

跑遍各处后，我寻到了一个广场，花灯散在广场四周，照亮了广场。恍惚间，我瞥见了一高一矮两个背影。他们缓慢地围着广场走着，停在了一只兔子状的、散发着白光的花灯旁。在灯光的映照下，我看见外公紧紧拉着外婆的手，俯着身子和她说话。我奔跑上前叫住他们，回头时外公如释重负，外婆倒是处变不惊。

事后问起，外公仍心有余悸：“灯会那么多人，走着走着就找不到方向了。”再问外婆，她答得坦然：“我分不清，跟着他走就好了，听他的。”她自然地回答。

我推翻了之前的结论，或者说，我补充了之前的结论。时间平等地分配给每一个人，从人的一生来看，似乎每个人都是时间的富人，但不是每一个人都在漫长时间线的末端与不相疑的人坦然并肩。最初，是外公信任地将一家老小托付给年轻的外婆，是外婆在一个又一个煤油灯照亮的夜晚相信钥匙开门的声音定会如约而至；即使到现在，人潮汹涌中，外公仍会毫不犹豫地握紧外婆的手，外婆也依然没有疑虑地跟着外公走——哪怕他早已不是那个凭一册地图开遍全国的送货司机。只有在一切故事开始时便捧出一颗真心，怀着对对方全然的信任与寄托，才能真正牵手走过人潮，走过一年又一年，“不相疑”的真心方得日日“长相知”。

外公忽然从小凳子上起身，顺着塘边垄地走了。我想开口询问，外婆拉拉我的衣服：“不用管他，你这‘哑巴’外公去玩儿牌了，晚饭他会回来弄的。”她继续剥着豆，将其精准地倒进筐内，筐身左右摇晃却一颗未撒。

待日头滚到土堆后头，外公踩着塘埂从暮色里晃回来，手上攥着瓶从杂货店买的酱油——外婆中午做饭寻不着的那一口咸香，此刻正晃荡在他皱巴巴的掌心。

指导教师：郑敏

本文获决赛特等奖

点 评

文章以家庭日常生活为背景，通过观察外公外婆的默契互动，探讨了“长相知，不相疑”这一古老而永恒的情感话题。作者细致地描写了外公外婆在无言中展现的深厚感情——平静、温暖、不浮于表面，却充满了真实与美好。文章语言质朴，画面感强，细节描绘尤为生动，情感表达细腻且温馨。

（张晓玥 高校教授）

韵

□ 江苏省徐州市第三中学　卢武睿

我于笔墨中诞生。

我是丹青相遇迸出的火花，是匠人们心血的结晶，是他们美好愿景的承载。

我是一幅画。

出世时，我便听得一声夸赞："你这画好，有神韵！"我是一幅仕女图，作者是当时无甚名气的画师，他已作数幅画，但都因缺少神韵，以致买家寥寥。他日渐潦倒，衣衫上打了补丁，屋子越换越破，最后几乎只剩四壁。但他未曾亏待过画，即便贫穷，也会咬牙买下颜料和宣纸，一次又一次地作画。

直到我出世。

他将数年的不得志化作一腔孤愤，将心中美好的期冀化作勇气，挥毫泼墨。他就像一簇烟花，向外喷洒着灼热的星火。他在无声地呐喊。

终于，他注入了情感，注入了精神，而后我诞生了，这是他唯一有神韵的作品。

我身着彩衫，眉眼含笑，正伸手扑着彩蝶，画外人就像身临其境一般，看我眼眸流转。一时间，他声名鹊起，大人物争相买画，他也确实大赚了一笔，布衣换成绸衣，陋室成了宅子，曾经潦倒的画师成了阔绰的大人物。

我却离他而去，辗转流离。刚开始，我被挂在书房，供主人日日赏玩，我笑得很开心，眉眼弯弯，彩衫惊艳。他们说，这不是画，这是美人从画里走出来了。于是乎，那买主整日都带客人来看我，一时间门庭若市，画师也名扬万里。但日子不长，他腻了似的，不怎么再将我拿出，而是有了新画，他们都是名家所作，比我更灵动，更美，更有韵味。

我于是又被转手，转手后再易主，而买主也越来越肤浅，欣赏只流于表面，夸上一句美就不了了之，再也看不到我背后的故事，甚至听不到一句类似"有神韵"的夸赞。

我看惯了太多假文人，他们装作很懂，对我评头论足，嘴上说着几句“有韵有神”，却连神在何处、为何有韵也说不出，更别提能品出我背后的故事，看到那画师的初心。

我见过驻足赞叹的市井小民，见过穿金戴银的达官显贵，见过利欲熏心的商人，也见过暗自叹息的文弱书生。他们从我的面前经过，在历史的长河里不留痕迹地穿过，只是丰富了我背后的故事罢了——那些无人在意的故事。

我的眼神暗淡，彩衫着灰，花丛已然凋零，彩蝶不再起舞。我最后几易其主，到了一位贵族手中，成了他诸多的陪葬品之一。

我的一生就止步于此了吗？

百年后，我又见天光。

数不清的人声，喧闹的人群，都从那一线天光中挤进我的脑海，我甚至听到有人激动地大喊“这是唐朝的作品”。原来他们看得见，看得见我的过去，那便也看得见我的心，我渴望倾诉的心。

我的一生几度辗转，本以为我会与无尽的黑暗融为一体，在王侯墓葬中死去，在无人知晓中死去，在散尽余韵仅剩空壳的失望中死去，但万幸，我没有。

我现在在博物馆里，展馆里有我的介绍，记录了我的一生。我像百年前那样笑着，只不过眼神更加复杂。有人来看我时，总会夸我活灵活现，余韵不尽，但我想告诉他们，韵不是浮于表面，而是在一举一动、一颦一笑，更在品不透的故事里，在冥冥之中发人深思。

不仅仅是我，古物都有神，都有背后的一段故事。也许现在你们看到的它，并不是原本的它，而是历经世事、几经辗转、最后释然抒怀的它。它们把神韵藏在眼神里，藏在故事里，等待一位有缘人开启一段故事，细细地品味。

我生于笔墨，于辗转中迷茫，也因不解于人而愤怒，但最终，我重拾旧时的心，将神韵绽放在故事里，由被惊艳后的人们细细发觉。

指导教师：朱雪峰

本文获决赛一等奖

点 评

作品构思巧妙，以一幅画为叙事主人公，陈述自己一生的经历：“我”因画家的悲愤而具备了神韵；“我”辗转流离，评画者从神韵的角度评价“我”，但评论者却说不清“神在何处”“为何有韵”。最后“我”又在博物馆中重见天日，而“我”因过往经历更具神韵了。作品从“我”有“韵”到有“神韵”，逐层深入，在叙述过程中批判了不懂装懂的假艺术爱好者，点出物质享受与艺术欣赏之间的关系，丰富了作品的内涵。作品在叙述中加入了丰富的内心独白和评论，使叙述更具文学性和深刻性。如果适当地设计一些描写，作品可能会更生动。

（尹继东 特级教师）

韵

□ 江苏省南京市大厂高级中学　李雪菲

敬爱的爷爷：

见字如晤，展信舒颜。

一年多没见，春风又吹绿了亭周的枯色。喜讯应景，我的画拿了特等奖。您听到后一定又会嘿嘿一笑说："爷爷早料到喽！"我今天看到邻居章叔在打扫亭子，他看到我后微笑道："帮亭叔照顾亭子呢，你先坐坐。"我忍俊不禁：村里人还是那么喜欢喊您亭叔。不过您也可以放心了，大家将亭子打理得很好。小时候，您总说"亭子啊，是自然的穴位"，总带着我去湖心那座亭闲坐。当初我常抱怨："亭子有什么用啊！湖、花、树明明更好看，为什么要待在亭子里？"您似乎听不见我的不满，只说："等你长大了就知道喽！"

我与亭的画卷，就此延绵不绝地展开。

高一分班时，我经历了一场纠结大战。学文？选理？周围很多同学都趋向理科殿堂，而我却踯躅不前。一日亭中闲坐，您环顾四周后神秘地对我说："你瞧，我们这亭子位于哪儿？"我不明所以："水上啊。"您拊掌一笑："对喽！你可知亭子不只能建水上，还有山腰间，平地中……临水而建，水面波光相映；建于山腰，亭则为登山者提供歇脚之地。有的亭点缀作用大，有的亭功能作用大，但都十分重要。"我望向亭外，波光闪耀，绿柳的影子在水面扭动着腰肢。是的，亭因不同地点而作用不同，建亭者也会因地制宜选址建亭。一切都是因人而异的，他人的方向不应影响我做选择。

建亭之韵让我坚定否决了"文科无用论"，我毅然决然地奔赴文科的殿堂。

您爱读各种各样的书，也总在我面前抑扬顿挫地念叨："亭者，停也。"我不以为然地挥手，作出回应："谐音梗过时了，爷爷。"

亭者，停也。后来我才知这句话的真正内涵。

学业越来越忙，睡眠时间同我的发量每况愈下。虽然您和爸爸妈妈对我的要求是健康开心便是最好，可越是这样，我越责怪自己不争气。我郁郁寡欢，在亭中来回踱步，背书。“死生亦大矣”“死生亦大矣”……简单的一句话不知被重复了多少遍，我的声音愈加烦躁，脚步迈得更加频繁。“丫头，你看！”您在旁边突然出声。我像是被突然触发的炮仗，大吼：“没看到我在背书吗？能不能别老烦我！”说完我就后悔了，我在迁怒于您。世界安静了下来，我眨巴着眼看着您：“对不……”您微笑着摇头，只说：“你停一停，坐下来，咱慢慢背。”

停一停，是啊，停一停。前行者焦急赶路时，忽视了路旁的亭子。一味闷头赶路只会适得其反，要在快节奏中找寻那份宁静的世外桃源。

中庸之道，中庸之韵，小满即圆。我坐下来，您布满皱纹的手覆上我的眼睛，轻声说：“用心去感受，你听。”“什么也没有啊？”我喃喃自语。突然，我的发丝扬起。我怔住，是风。炎热的夏风经过岸边柳林的过滤，与水融合成清凉的音乐。您渐渐放开手，引着我再一次感受亭。亭者，四面皆空。亭的空，何尝不是一种留白呢？您的言语间饱含着笑意：“别忘了，亭子可是四面皆空啊！”留白者，不拘泥于眼前一张小小的纸；留白者，将纸与山水融于一体，纸即山水，山水即在纸上。亭的胸怀，如此之大。而我，何必因一时的挫折就将自己困在一张纸中呢？张爱玲曾言：“生活是一袭华美的袍，爬满了虱子。”困难如虱子，但人生不正是历经无数道坎的旅程吗？亭之韵，留白之韵。

轻风吹拂，我感受着。

一入冬，您病倒了。原来热闹的亭子此时寂寂无人。哪怕在病床上，您都挂着笑脸，不停开导我：“你自己背的课文都忘啦？死生亦大矣，死亡是每个人都要经历的。”

史铁生说：“死亡只是个节日。”那个节日在冬至那天到来。路面被大雪覆盖，抹去了一切痕迹。

您去了另一座亭子，一座有墙的亭子，一座我无法抵达的亭子，您于亭子中安眠。

您常念欧阳修的“有亭翼然临于泉上者”。您于我，就是那座翼然水上的亭。

在关于“韵”的绘画比赛中，我画了一座亭。其实亭也是您。

最后一韵，是送别。

书不尽言，暂书至此。我还会来信。

您的孙女

5月26日

指导教师：唐萍

本文获决赛一等奖

点评

作者以自己与爷爷相处的过程为序，叙写了小时候“我”对亭子的好奇、“我”对文理的选择、“我”背书的场景、“我”感受亭子的四面皆空、爷爷的病亡等内容，并由此探究亭子的内涵：“因人而异”“中庸之道，中庸之韵，小满即圆”“亭之韵，留白之韵”及生命之韵。作者紧扣“韵”构思，并以亭为思维与情感的凝聚点，亭子与爷爷、爷爷对“我”的教诲三者相交融，而亭子、爷爷对“我”影响的背后是“我”对“韵”内涵的理解，这样使作品形神兼备。同时文章首尾呼应，“我”画的是亭子，而亭子是爷爷的象征，并突出了亭子的最后一韵，即生命之韵、情感之韵。全篇构思巧妙，内涵深刻，文风端正，但是对“韵”内涵的理解还可以更贴切一些、更深刻一些。

（尹继东 特级教师）

韵

□ 浙江省温州中学　赵欣瑜

窗外，清风拂过树梢，几分初春的生机悄然融入。风的触手探入窗中，轻拾起几个音符，将一段悠扬的旋律献给大地。

思绪在风中飘荡开去。那个初夏，虽然如火的热浪还未来到小城，但琴房中，我的掌心已沁出汗来。断断续续的旋律在指尖下响起，时而混入几个不属于乐谱的，搅动着我的心绪。连续数个小节的八度音符，随后便是一段急速的和弦，纵然是舒缓的部分，仍要双手交换位置去弹奏。《少女的祈祷》这支曲子于我而言，如同横于面前的崇山峻岭、峭壁危崖，可望而不可即。

揉了揉因弹奏八度和弦而一直尽力张开的手指后，我再次弹响了琴键。高音的八度音阶清脆悦耳，如同风过铃响，铃铛相击，声音清亮明快；低音的音阶浑厚圆润，沉着稳健。手指在无数的练习之中逐渐找到了最佳的弹奏姿势，指尖之下流淌出流畅的旋律。指尖飞舞于键盘之上，和弦迅速响起，几十个音符在几秒间倾泻而出，指法技巧逐渐熟练，通向高山的路在眼前日益清晰。我已不知是第几次迎着落日的余晖走出琴房，双手总是微微颤抖着，酸痛不已，但逐渐熟练的技法、悠扬的旋律于日落的金色光辉中陪伴着我，在眼前洒下点点璀璨。

然而，技艺固然精湛，我却对钢琴老师所言的“曲子背后的意思”颇为不解。作曲家运用华丽的和弦，追求高超的技巧并不罕见，为何一定要从乐谱中挖掘出所谓的“意思”？

我再次打开琴盖，在谱架上摆好乐谱，手指轻车熟路地放在琴键之上，高音活泼跳跃，低音柔和低沉。开始时高音八度极强，如同春日惊雷，石破天惊。第二部分低音和弦清脆，指尖迅速滑过琴键，雨打琉璃，奏响高低顿挫的乐章。而后旋律渐缓，左手在低音部分游走，低沉而柔和的音符流淌而出。复现时高音再次奏响，与浑厚的低音交织于一体，旋律渐弱，收于尾声。

一曲终了，我望向老师。她微微一笑，示意我尝试加入踏板。

脚下一踩踏板，我惊异于曲中音色的变化——高音的尖锐被绵长的音符融去，低音的沉重化为轻柔的和弦，先前二者清晰的界限被一概抹去，交织在一起。踏板的起落，似乐曲的一呼一吸，俯仰之间，手指翻飞，音符也似被注入了生命一般，活泼轻灵的八度于指尖涌出，让人感受到少女虔诚的祈祷与蓬勃的生命力；左手的低音奏出了她的低语呢喃——抑或是低落的心绪？人生失意，偶遇挫折，少女的情感强烈而深刻，舒缓的旋律中融入了几丝忧郁和悲伤；但希望与信仰再度涌现，青春的自信、生命的韧性跃然而上，她又怎甘被命运所支配？强八度再次复现，带着少女的希冀和虔诚，为终章奏响了句点。

内心却掀起了狂澜，久难平息。往日不知疲倦的练习，走出琴房时已趋昏暗的天空，在琴声中浮现。犹记得在弹奏八度音阶时，因错音过多而砸琴时的愤慨，手指几乎练出肌肉记忆的僵硬，原以为可以跟上节拍却发现速度依然太慢的失望，一帧帧画面掠过脑海，忽而发觉，在琴声中祈祷的，不仅仅有千百年前的那个少女，还有千百年后于键盘上弹奏的我。乐曲中的韵味，而今我才明了：纵然高山相阻，去路重重崎岖，但对生命的青春而言，便是相信、希冀，于迷雾中向着脚下的道路披荆斩棘而去，做生命中最意气风发、荡气回肠的一次祈祷。

窗外，夏日的树梢上早已绿叶葱郁。曲中的神韵，大抵是无法穷尽的，但人生中不懈的弹奏，也从未停息。

所幸，我的指尖曾在一排黑白琴键上，浅尝了青春的韵味。

指导教师：杨春城

本文获决赛一等奖

点　评

弹奏乐曲或是技艺与气韵结合的典范，如果说基本的技巧描摹了曲子的模样，那么对于曲中之韵的领略则无疑赋予了作品灵气和生命。作者在文中以流畅的叙事充分阐明了这一观点，结合自己的亲身经历很好地揭示了“技”与“韵”之间的辩证关系。文章结构清晰，一目了然。尤为可贵的是，作者善用比喻、排比，将原本抽象、不可捉摸的乐曲旋律形容得鲜活直观。本文文风清丽柔和，长短句结合得恰到好处，读来也就如同欣赏一段乐章，流畅自然，气韵生动。

（尹继东 特级教师）

门 道

□ 浙江省温州第二高级中学 何睿

文村就像突然从土里蹿出来一样，无声无息。那时，平安街的胡同里还卖茄子打卤，木机的嘴巴还会吐出木花。文村像是处在斑驳陆离的世界的某个角落，温柔的风常常亲吻这里。

阿牛很小的时候就去当了祖师傅的学徒。

祖师傅是文村不多的"野跑姓"（文村人对外地人的称呼），具体叫什么名字，没人知道，只知道他打的铁，刚劲、韧实。

祖师傅很有名，等文村人家小孩儿大一点儿，假如做妈的一时忙得很，就叫一声："二胖！帮我带句话，找师傅打把剪子！"这里的师傅就是祖师傅了。小孩子跑到粗石砌就的屋子，会听到"定！定！定！"的声音，会看到在一片热浪和烟云裹挟的橙红色光芒里，有一个敦实的身影正卖力地锤击红得发亮的铁块。

门口的阿牛看到有人来了，便迎上去。他五大三粗的，平日却沉默寡言。

"师父有事，要打啥？我捎给他。"

祖师傅很喜欢阿牛的个性。

阿牛却不是很满意，他被送来做学徒是家里迫不得已。临着阿牛出门，妈妈拎着他的耳朵道："阿牛！你要肚里长牙！以后你就靠自己了，学点儿门道回来！"

从那时起，阿牛就决心长大。祖师傅虽然也是个沉默寡言的人，但很喜欢这个懂事的小孩儿，从不叫阿牛掂重的，只叫他扫扫门前的灰尘。

祖师傅的技艺令阿牛赞叹：他熟练地拉着风箱，炼铁汁，浇磨具，打铁，淬火，打磨。烟云升腾，热浪翻涌，火光像是音乐，像是舞蹈，像是生命的共振，极大地撼动着少年的心。在没有什么精神生活的文村，那一天，阿牛没听到音乐，却看到了音乐。

他的心变了。

阿牛想学本事。当旁人看到祖师傅打出来的锄头如此银亮厚实、坚固耐用时，阿牛一个劲儿地死盯祖师傅淬火的时机；当旁人赞叹祖师傅的剪子如此锋利时，阿牛仔细揣摩祖师傅如何用那双粗糙黧黑的手磨出这般曲度精妙的剪刀。

阿牛想学，祖师傅知道。

一天夜里，祖师傅起夜想方便一下，听到煤炉传来轻微的声响。一开始祖师傅还不以为意，以为是老鼠之类，但是他却听到了最熟悉的淬火石的声音，他以为进贼了！他抄起板凳就往煤炉走去。只见夜色中的煤炉前闪着一缕火光，火光闪烁，照在少年专注的脸上。他着迷地打着废铁，新铁逐渐迸发出光芒，光芒也闪耀在少年乌黑的眼眸里。祖师傅眼睛不由得一酸，慢慢地退了回去。

他对阿牛的行为睁一只眼闭一只眼，却也从没认真教过阿牛自己的本事。

文村早就传言，祖师傅是从煤山来的，那里流传的制铁技术天下无双，祖师傅必有门道。阿牛听了，眼里闪着光。

他第一次恳求祖师傅："师父，求您传我打铁门道！"说完，咚的一声磕了个响头。祖师傅慌忙把他扶起，面对满脸泪光的阿牛（祖师傅一直打光棍儿，早把阿牛当亲儿子看待），祖师傅开裂的嘴唇一阵哆嗦。终于，他说："现在还不到时候，但我答应你，只要你努力干活儿，时机成熟我就传你。"

很快，阿牛可以上铁匠台了。只不过旁人都说，阿牛没学到真本事，因为他打铁的声音是"叮！叮！叮！"，而祖师傅的是"定！定！定！"。更有好事者评论："打铁声粗重，铁才厚实！阿牛打得轻了。"

阿牛听了冷言冷语，付之一笑。每天该吃吃该喝喝，观察祖师傅如何浇铁水、磨具如何能导出来不损伤外形、煤炉火候的把控、打铁打击的位置和发力方式……但他从不出声询问，因为他知道，就算问了，也得不到想要的回答。

他依旧慢慢操练自己的技术，手上的茧子破了又长，烫伤的疤痕布满双手。他相信，祖师傅传他门道的那一天终会到来。

人们都说阿牛有点儿愣。

时间一天天过去，月有盈亏，星河流转，少年子弟江湖老。

祖师傅老了。

他依旧掌管着店铺，但是只扫扫门前的灰尘，铁铺的大部分活计靠阿牛。每当阿牛打好一件铁器，他仔细检查一番，点点头，就是示意打得可以，能交付给顾客。

人们开始称道阿牛的技艺："老祖这个师父当得过！教了个好徒弟！"

阿牛却不特别开心，因为他知道，真正的本事还在师父手里攥着。岁月和生活使他懂得如何去等待，他的心现在有点儿像沉睡在泥土中的铁矿，他不急于求成，因为他知道技艺的获得与发迹一样，需要时间。

可是厄运有时来得火急火燎，像熔炉里的烈焰灼烧着阿牛的梦。祖师傅病了，病得很重。医生摇摇头，说长期的煤烟已经熏坏了他的肺，丢下一句“准备后事”。

祖师傅的脸色一天天暗淡下去，阿牛既伤心又着急，但他还是忍住不问师父何时传自己门道，怕伤了师父的心。

拖一天是一天吧，阿牛慢慢合上眼，在迷糊中，他眼前出现了一把锈迹斑斑的老铁锤。

秋天最后的一片树叶落地，祖师傅已经上气不接下气。

阿牛听着祖师傅痛苦的呜咽声，心如刀割。他知道时候已经到了，他无法再等了，他明白再等下去，梦想永远只是梦想，终不成器。

可是面对他视如生父的师父，他怎么问得出口？这位将他从泥土中挖出，不断打磨、淬火、锻造磨砺的恩师，他怎么能加剧这位老人的痛苦？

豆大的泪珠划过阿牛沾满煤灰的脸，露出黝黑如铁的健康肌肤。

这时，回光返照般，祖师傅慢慢睁开了眼睛，看到阿牛泣不成声，微微一笑：“怎么？怕师父骗你吗？我说传你肯定传，你附耳过来。”

师父慢慢张开干裂的嘴：“打铁的门道就是——热铁别摸。”

仿佛完成了使命，师父伸出手轻轻抚摸了一下阿牛的头，安详睡去了。

终于，夹杂着悲伤和释然，阿牛放声大哭了起来。眼泪是热的，师父的手是冷的。

三年后，阿牛已经是牛师傅了。

当宝贝儿子问起打铁的门道时，牛师傅微微一笑：“好好干活儿！时候到了我就传给你！”

他出神地望着炉子里发光的铁水，仿佛又听到了师傅在叮嘱：“热铁别摸。”他随即收敛心神，继续好好干活儿，手里的锤子发出“定！定！定！”的声音，一声声回荡在世界的某个角落里。

指导教师：虞琼婕

本文获决赛特等奖

点 评

本文可圈可点之处很多，不一而足，我只说两点。第一，这是一篇耐人寻味的小说。题目是“门道”，妙就妙在全文处处讲门道，但作者最终也没有明确回答门道是什么，需要读者融入其中，细细体会。值得一提的是，本文虽是小说，却运用了诗歌常见的复沓手法，反复出现“好好干活儿”的细节和“定！定！定！”的声音，画面感很强，隐喻性明显，非仔细咀嚼品味不能知。第二，本文刻画人物形象所使用的表现手法很有特色。作者没有脸谱化刻画人物，也没有刻意运用语言、动作、环境、肖像等描写手法，而是随着情节一点儿一点儿展开，人物的音容笑貌由碎片到聚合，由模糊到清晰，一点儿一点儿丰满起来，很像是油画家一层一层涂抹着油彩，左一刷子右一刷子，看似随意，实有章法，堪称文笔老到。

（李岫泉 特级教师）

门 道

□ 首都师范大学附属滨州中学　王文杰

第一次上表演课,老师给我们讲京剧《穆桂英挂帅》,先让我们试试嗓。

面对再熟悉不过的剧本和唱词,我沾沾自喜。从小我一开嗓,说不上"昆山玉碎凤凰叫,芙蓉泣露香兰笑",也足以收获学校老师同学和街坊邻居如雷般的掌声。有一副好嗓子,是与生俱来的天赋,这就是唱戏的门道。这次试演,想必我一定会惊艳所有人。

终于到我了。我迫不及待地展示自己扎实的基本功,从开唱到结束,几句背得滚瓜烂熟的词,早已成了我的肌肉记忆。平衡气息,发音咬字,腔调节拍,姿势走步,信手拈来。我自信地看向老师,老师只是点了点头,没有多说什么。课后,他把我叫到办公室,拿出一摞剧本,让我拿去读。"老师,这些唱词我不需要再读了,我都已经能背了!"老师还是没有多说什么,只是让我拿去再仔细品读。我接过剧本,回到宿舍后走马观花地看了一遍。这剧本闭着眼我都能知道下一段讲什么,我走流程般重新唱了几段,然后就把它扔在一旁再没翻开。

第二次上表演课,还是京剧《穆桂英挂帅》,又是一次试嗓。

这一次,小玉同学的试唱似乎有一种潜在的力量。这种力量越过了唱法腔调,或者说唱法腔调的每一步都为这种潜在的力量服务,在短短的几分钟内,令好几个同学潸然泪下。在她的声音中,我仿佛看到了一位久经沙场的女将军立下大功却不被国家重用,当大敌来临又被重新征用时其内心抉择的纠结与无奈。家国大义与个人恩怨纠葛交织,一切皆在她的唱词唱腔之中展现得淋漓尽致。之前我喜欢唱京剧,是因为我天生就有一副好嗓子,我只管背词唱词,展示自己的天赋,从来不关注也不体会剧本的内容。今天,我第一次感受到原来京剧具有如此大的感染力,它使我内心不禁产生了共鸣。表演结束,老师眼里闪现光芒,激动地说:"你掌握了表演的门道,你已经入门了!"我还是困惑不解:唱戏的门道究竟是什么?带着这种疑问,我敲开了老师办公室的门。

“其实你的声音条件和基本功是最好的,这是你得天独厚的优势。但你真的理解剧本吗?你真的懂每个角色吗?你的表演中少了最宝贵的东西——情感。它看似虚无缥缈,但实际上是作品的核心,是最能展示表演者功力的东西。艺术作品是人们表情达意的载体,人们用艺术作品来寄托情感,言明志向,而非展示自己的表演天赋。一味地炫技只会让作品本身失去味道,成为表演者展示自我的工具,这是错误的。真正的表演是把作品演活,是表演者让自己融入作品之中。表演的中心永远是作品而非表演者。这便是表演的门道。”

回宿舍后,我又拿出那一摞剧本,这才注意到原来上面有那么多勾勾画画,每一个字都有标注的笔记,旁批栏里写满了表演者的心得。我开始仔细阅读这个如宝典般的剧本,重新感受那些再熟悉不过的唱词,企图寻找那灵魂相通的若合一契之感。

品读剧本,剧本中的人物走出了纸张,迈进了现实。他们或跟我倾诉不得志的郁郁寡欢,或跟我言明保卫家国的雄心壮志,或跟我分享幸福的儿女情长,或跟我描述战场上的剑拔弩张。他们不再是一个个角色,而是变成了一个个具体的、有血有肉的人,仿佛是我身边的朋友,让人感觉那么亲切可感。

再品读剧本,这次是我走进了剧本,成为他们。他们的每一份情感都已内化于我,每一份经历都刻进我的记忆,成为我的一部分。我似乎在前世经历了他们的人生,面对过同样的世事变迁,也做出了同样的人生选择。于是,这份情感已经不再需要我刻意表演,而是真正地发自我的内心。没错,这就是我寻找的若合一契。

第三次上表演课,仍然是《穆桂英挂帅》,终于到了试嗓环节。

我走上台,这次抽到的是最后穆桂英挂印领兵出征的桥段。此刻,我便是那位久经沙场的女将军。国家有难,个人恩怨都是小事。保卫江山与人民,我不领兵谁领兵?我不挂帅谁挂帅?带着这一份激昂的情绪,我铿锵有力地开始了演唱。每一个字都包含着从我内心喷涌而出的情感,蕴藏着无穷的内心力量。我抛弃了之前的动作范式,只想顺着心境来,每一个动作都是随心而动,感受身体最自然、最真实的反应。这一次,我成为角色,我走进了穆桂英。

表演结束,台下掌声如雷。我还沉浸在穆桂英的情绪中不能自拔。“同学们,这才是真正的表演。表演不是把角色假演出来,而是自然流露出来,是你成为角色本人。今天她的表演非常成功,因为我在她的表演中看到的不是她自己,而是穆桂英,是不计个人恩怨只在乎国家大义的巾帼英雄。她把角色演活了!”

多年后收拾东西，我又一次翻出了当初那摞剧本，表演课的场景历历在目。再次仔细品读，我发现旁批栏中的笔记并不是一人所写，而是许多人的共创。这有一种传承之意：老师的老师留下过笔记，老师留下过笔记，老师的同门留下过笔记，我的同门留下过笔记。一代又一代的京剧人把自己对角色的感悟记录下来，让对角色的感悟更具层次。一代又一代的京剧人在传承之中丰富了角色，让角色变得更鲜活，更有血有肉。一代又一代的京剧人掌握了表演的门道，把京剧艺术推向一个又一个的高峰。

我翻到那剧本的最后一页，才发现下方有一行小字：表演的门道是成为角色，而非刻意假装角色；是流露情感，而非有意制造情感；是结合人生感悟不断丰富角色，是让角色成为有血有肉的人。若把表演当作对演员自我的展示而不走进角色去思考，终不能领悟到表演的真谛，不能成为表演大师。

指导教师：刘霞

本文获决赛特等奖

点　评

这是一篇散文精品，最值得称道的是本文的构思，大致可以从三个方面体会其精妙之处。其一，线索明晰，层次清晰。文章以学唱京剧《穆桂英挂帅》为中心事件，设置了三次试嗓的环节，呈现出“学艺问道式”三个典型场景（闻道、悟道、证道），中规中矩，可谓“精妙”。其二，复合式结构，主次分明，轻重得体，详略合宜。三个试嗓环节串联全篇，但作者没有在叙述情节上多费笔墨，而是把重心放在对“门道”的感悟上，叙议兼及，重在思辨，可谓“巧妙”。其三，本文结尾加了一个补叙，写多年后翻到剧本上的批注，将主题从表演的“门道”推及京剧人的“人格”。本来以为要结束的时候，谁知又上一层，层层叠加，愈加愈高，堪称“奇妙”。文章有此三妙，可谓精品。

（李岫泉 特级教师）

门 道

□ 山东省滕州市第一中学　李睿妮

我是一个文物鉴定专家。

我总不习惯称自己为专家，充其量只是一个历史的摆渡者，文物鉴定门道上的苦行僧——这话在我三十岁的时候说出口，任谁都会频频点头，想来这小子还有些自知之明；四十岁时说出口，能收到会心一笑；如今顶着一头华发、一脸沟壑再说出口，便会听到机械的、频率一致的掌声，看到古铜色的、青黑色的、红光满面的、丰腴的笑脸，绵延到天边的红地毯上各式各样的人搓手弯腰："教授真是谦虚，说笑了。"

怪欤，与文物的年岁比起来，自己不过是个初出茅庐的毛孩子。大学时我那须发尽白的师父便慨叹——文物鉴定这行的门道，一辈子也学不完啊。

文物鉴定的门道是什么？为鉴定金朝与徽、钦二帝有关的白釉黑纹薄纱瓷，我坐了四天四夜的火车去黑龙江。美人腰肢般柔婉的弧度、枯梅枝般的奇崛纹路，只一眼便教我潸然泪下。我记得去江南观摩一幅新出土的明朝嘉靖年间的画卷时，那流畅的墨线、氤氲的墨色，让我浑身战栗。

我将用一生追寻这个门道。

新来的助手告诉我，这次要鉴定的是某省刚挖掘出土的青铜鼎。助手是个刚毕业的大学生，当初凭一腔热血不顾家人反对报了考古系，眼睛里闪烁着异乎同龄人的韧劲与光亮。每次看到她，我便觉得身上的担子又沉重了一分——我要将文物鉴定的门道传下去。

"那可是个文物大省，我跑去工作也不是一次两次了。你要好好学，多关注文物的纹理、色泽、材料和磨损程度。文物鉴定这行的门道，一辈子也学不完啊。"话一出口，我才发觉自己不知何时已和师父越来越像。时空交错重叠，高铁外一畦畦青菜倏忽而过。

前来接站的是一位西装革履的年轻人，皮鞋擦得锃亮，背却挺不甚直；一见面，又是握手，又是嘘寒问暖。我被扰得有些烦乱，便迫不及待地问道："文物在哪儿？我们现在就可以开始。"

"教授莫急，一路舟车劳顿辛苦，咱们先吃个便饭。"不知为何，我的掌心已微微出汗。

磨蹭了几天，品尝了各种山珍海味，逛了不少历史名胜；计划中的会议活动推了又推。我终于按捺不住，愠怒地质问那个年轻人："是回归正题，还是我现在就走？"

他的脸上浮现出尴尬的神色，嗫嚅半天，想来实在没什么别的借口。他悄悄拨了一串电话号码，耳语一阵，如释重负地向我宣布：文物鉴定与移交大会将于明天上午举办，届时某某领导也将莅临指导。想来这鼎是全国考古专家共同发掘出来的，怎会有假？这大会不过是将其移交给国家博物馆的仪式吧？我来也不过是许久不见战国时期的国之重器，想占个文物鉴定专家的席位，好好一睹尊容罢了。于外行而言，吹吹打打办场仪式，会场装点得古色古香，将一尊老古董放进玻璃柜里郑重供着，暖黄灯光一打，好不热闹；于内行来说，这却是一次窥探文物门道的盛宴。既已一锤定音，我也无话可说，只专心焚香沐浴，为明日观鼎做足准备。

只是此种仪式，何须大费周章拖延？我心中隐隐不安，却未多想。

终于挨到了心心念念的时刻，我穿越长长的会场红地毯，挡过了无数鸟雀般呼啦啦飞来的话筒与镜头，迈着早已不活泛的双腿一溜烟儿逃进了主会厅。除我之外，不少国家级和省级文物鉴定专家会聚在玻璃罩里的主角周围，或戴上老花镜细细观摩，或咂着嘴微笑，颤颤巍巍地记录。我迈着肃穆而沉静的步伐，如同往常无数次向文物朝圣一样，以婴儿的恬淡与好奇，接受历史文化母亲般的抚摸。青铜器上磨损的纹理似乎诉说着无数的坎坷，沉积已久的灰尘静穆而安详，沾带的陈土——

不，这不是陈土！

我从头到脚打了一个寒战，只不过这次不是因为文物摄人心魂的美感。我马上戴上眼镜，希冀自己看花了眼。不是陈土？不是陈土！我一阵晕眩，那磨损的纹理倏然间有了金属器械加工的气息，那厚厚的灰尘也狞笑着扑面而来。"怎么看起来像新土……"助手在一旁小声嘀咕，这更加旁证了我的判断。注意到我炯炯有神的目光，她误以为自己学艺不精，立马噤若寒蝉。我也要闭上嘴吗？我在心中叩问，可嘴还未张开，一旁不知何时来了几个五大三粗的安保人员，一位满面春风的领导众星捧月般踱步而进，与几位专家一一握手，满脸堆笑着说："这文物鉴定的门道，各位老先生可比我清楚啊。""门道"这两个字，加了重音，如从牙缝里挤出来的一般——如此"门道"！我眼前越发晕眩，推说不适，连忙让助理扶我出了这金碧辉煌的主会厅。

第二天，某著名文物鉴定专家因身体不适宣布退休的消息便刊登在报纸的一方角落里。热度不大——如今谁还关心这些老古董呢？第二周，省纪委庄重的办公室内，一阵急促的电话铃声响起。第二个月，某省高级领导落马，其将被依法追究刑事责任的公告上了媒体头条。其中一条罪行赫然写道：利用职务之便盗取文物，用于行贿。

我曾是一个文物鉴定专家，现在专心做好学院中的教授。

我还是不习惯用"专家"称呼自己，现在年轻人不都不喜欢"专家"吗？在绿意盎然的大学校园里，我也多了不少和年轻人接触的机会。那年轻的女助手已能独当一面，正像我当初那样天南海北地追随文物的足迹。不过她也经常抽出时间来看我。一次，我在她的陪同下参观国家博物馆，满意地看着自己过去鉴定出来的文物被完好无损地传承给后辈——

忽然，一尊青铜鼎映入眼帘。

那是真正的青铜鼎，只一眼，眼前就浮现出战国的兵戈厮杀、诸侯烟云，在如今的海晏河清盛世之中，传递着千年历史的叹息。

"那件事之后，我便时常想到您教给我的鉴定文物的门道。"助手笑了笑，扶住我略显笨拙的身体。

"哦？那你明白什么是门道了？"我笑着接过话。

"有时候觉得自己明白了，但学的东西多了，便发觉自己还没明白。"她苦笑着抽了抽嘴角，耸了耸肩，"但是，我愿用一生去追寻这个门道。"

我顿住脚步，她的眼中又焕发出那股韧劲与光亮。我发觉自己身上的担子松了一松，一部分转到了她的肩上。

"文物鉴定的门道，一辈子也学不完啊……"

指导教师：姜春红

本文获决赛特等奖

点 评

考生小小年纪，谙熟古玩，腔调十足，遣词准确，文字质感匹配古玩包浆光气，相得益彰。古玩行真假皆有，自古已然，背后蠢蠢欲动的是欲望。瓷器、杂项、青铜、字画，作为美的载体而存，美却穿梭游走于连篇鬼话和一片冰心之间。作者巧设情境，借古玩行水深博弈的老故事，揭露当下腐败洗钱行径。深谙门道的长者、权威巨擘，守身如玉，不愿同流合污，以退为进，终究等得云破月出。门道和品格搭配才是正途，吾道不孤，人间正道是沧桑。以此扣题，贴切又毫无牵强之感。坏人做局，好人破局，好的文章谋篇布局；有悬疑，有反转，终究邪不压正。门道是一艺，一艺背后的念头，让人可入魔，也可成仙。此刻是《道德经》的时间，天道无常，常与善人。

（张锐 教师作家）

时间旅行

□ 浙江省杭州市富阳区江南中学　张禹乐

对于新员来说，相机的力量是无穷的，无神的眼看到相机立马会变得明亮，就连皲裂的手也会变得滋润。村里的人常听到新员说这么一句话："为何要与时间赛跑呢？比不上一场时间的旅行，好故事啊，是等出来的。"这是师父教会他的道理。他抬头，看着这萧瑟落木；他低头，凝视那一道澄江。他喜欢坐看天地的瞬息万变，挖掘隐藏在画面背后万物的欣喜与哀愁，感受自己想要定格美好的激情与心跳。

"师父，我们还要等到什么时候啊？浪费时间。"十一岁的新员耐不住内心的焦急，跺着脚发泄自己的不满，白净的面庞再也没有了之前的渴望。"等到主体出现。"师父简单的一句话，让新员如坐针毡。

木舟吱呀，粉墙黛瓦，流岚雾霭，缱绻柔情。他们就在桨声和叫卖声中，等待着能真正诠释江南水乡的那一个瞬间。新员百无聊赖，数过天上大雁，数过水中小舟，甚至数过地上蚂蚁。不知过了多久，"来了！"师父猛地坐起，眼睛蓦地聚焦在一叶小舟上。船夫优哉游哉地划着，嘴中吐着江南细语，柔软的水面上漾起阵阵涟漪，旁边摆着各色水果，让画面尽显活力。快门键按下，那含蓄、闲适的江南水乡留下了永远的印记。师父小心翼翼地将相机从支架上拿下来，揣在怀里，兀自享受着时间的馈赠。"员儿，快过来！"师父朝新员招招手。拖着疲惫的步伐，新员怎么也没想到，当看到那张图时，他的心脏好像停跳了一拍，呼吸变得急促起来。"哇！"他由衷感叹，"师父，我不用这么久也能拍出这么好看的照片！"不知天高地厚的少年好像在向师父宣战，而师父欣然答应。

一个人，一台相机，寻找着时间追赶不上的最美风景。新员吭哧吭哧地爬上屋顶，长舒一口气，将这"一览众山小"的景色尽收眼底。"拍点儿什么好呢？"他思量。晃着脚丫，他举着相机，来回尝试。时间一分一秒流逝，新员拍了很多——菌子、爬山虎、篓子、摇椅，应有尽有。他反复查看，充满信心，便迈着大步子向师父走去。

“你看啊，这个鱼儿，太单调了，和荷叶一起不是更有层次感吗？你看啊，这个摇椅，角度不对，压根儿没有凸显出来主体。你看啊……”新员就这么抿着嘴站着，手足无措，原本的底气被消磨殆尽。不等师父说完，新员终于问出了埋藏在心里许久的疑惑：“那摄影的门道到底是什么啊？”“一种敬畏的态度，一场时间的旅行。”新员似懂非懂，脑袋瓜一顿一顿的。

话说回来，师父每年都会办一次摄影展，在东村头蓝英家旁边。那是新员最期待的一天，不只村子里的人，城里的人也会慕名而来。今年夏天，蝉鸣不止，老树的年轮播放着最奇妙的唱片。“你好，你好……”新员望向村子口，师父忙着打招呼，还有和老友寒暄。摄影展的布置并不繁复，粗细适中的芦苇条子织成的长绳将多数照片挂住，稍大一点儿的才有幸被裱起来，热热闹闹。新员迫不及待地和小伙伴们穿梭在视觉盛宴的长廊中，讲述着照片背后的故事。“你们看，这是我和爷爷打的麦粒，金光闪闪的；唔，这是我们在南唐古镇玩儿的时候……”好像真的在进行一场时间旅行。如果等待能换来美好的永久定格，好像也不亏。

人群渐渐散去，新员再次拿起了相机。这一次，他不再是为了拍照而拍照。慢下来，就算头顶烈日，他也不觉焦躁。新员又来到鱼塘边，蹲下来将相机放低，亭亭玉立的荷花摇曳着出现在画面中。他在等，在等一阵更猛烈的风，在等顽皮鱼儿的垂青。伴随涟漪荡漾，鱼儿造访，黑色的身影让新员血脉偾张，瞳孔猛地一颤。胜利的曙光！他按下快门键，白光闪过。还没查看照片，新员就想让师父见证自己的进步。他屁颠屁颠地跑到师父跟前，心中是按捺不住的紧张和兴奋。可是照片被打开，映入眼帘的却是只剩一半的鱼尾，以及被压弯的荷花茎。抑制不住的委屈涌上心头，新员觉得功亏一篑，埋怨那条黑鱼辜负了自己的真心。“我明明抓准了时机。”新员的泪水在眼眶中打转，自己终究是发现不了摄影的门道吗？“哈哈哈哈……”师父苍老而悠长的笑声却响了起来，他脸上的沟壑被挤得更深了。他不懂摄影的艺术，却明白，摄影的门道总在自己的内心和态度里，总在时间的旅行中，总在恰当的契机里。

枫叶落地，一次又一次；白月盈缺，一轮又一轮。新员的脸上也出现了沟壑，跟师父一样。他打开尘封的盒子，早已不能用的相机窥见天光，传达着那一位时光穿梭者最真挚的祝福。新员眼睛的余光瞥到了盒子旁，歪歪扭扭稚嫩的刻字又打破了他心中的平静——摄影门道：时间旅行，态度，等待。新员心中猛地一震，两个灵魂终在某一刻产生共鸣。

指导教师：徐星

本文获决赛特等奖

点　评

《时间旅行》从摄影艺术切入“门道”这一主题，通过学习摄影的经历，新员最终懂得了等待在摄影中的重要性。作者思维活跃，富于联想，没有拘泥于摄影艺术本身，而是从摄影中的等待延展到有关时间的哲学。这篇作文告诉人们，在摄影时不要着急与时间赛跑，而应该来一场时间旅行，等待最美好瞬间的到来。尽管这篇作文对于有关时间的哲学问题仅仅触及皮毛，但作者这种大胆的跳跃式思维还是值得肯定。

（贺绍俊 评论家）

门 道

□ 山东省平邑第一中学 闫浩洋

“下棋，要讲门道。”这是师傅最爱说的一句话。

正式学习国际象棋没多久，他就发现，每一节课师傅都会提一嘴“门道”，这似乎是一个口头禅。开局有门道，布局有门道，走着有门道，吃子也有门道……门道来门道去，也搞不清楚门道究竟是个什么。他以前从没听说过这些，于是只得半懂不懂地听着、学着，上课时头上总是顶着个大大的问号。

说起来，学棋这件事也算偶然。几年前的某一天，下班回来的父亲，满脸高兴，从单位里带回来个方盘子和一堆奇形怪状的棋子。父亲支起吃饭的圆桌，把方盘子摆在吃饭的圆桌上，又把棋子整整齐齐地摆在方盘子上。那盘子黑白相间，让人看着眼花缭乱，直发晕。六七岁的他满怀好奇，凑过去瞅。父亲指着盘子对他说：“今天，咱中国就在这个小盘子上出了个女子世界冠军！来，儿子，教教你怎么玩儿国际象棋。”

这一教，让他彻底爱上了这种神奇的游戏。这和他与朋友们常玩儿的游戏完全不一样，棋盘上的每一步都会在他小小的心里掀起欣喜的波澜。进兵、跳马、移后，像一支优美的舞蹈。之后，每天放学回到家，他都求着父亲陪他下上一盘。他似乎在这方面有着不错的天赋。最开始，父亲总是摧枯拉朽般地将死他；过了一个星期，他便能勉强阻挡住父亲的攻势；再两个星期，他颇具和父亲势均力敌的势头；一个月后，他第一次赢了父亲。他还记得那时的场面：他得意地抬起头，想要看看父亲因输给儿子而沮丧的模样，不想却对上了父亲欣喜讶异的目光。

“儿子。”父亲收拾棋盘的时候突然开口。

“怎么了，爸？”

“你想不想好好地学学国际象棋？”

“想学，下象棋多有意思啊！”

没过几天，父亲就领着他到师父家里。寒暄了几句，听明来意之后，师父找出一套棋，摆在茶几上，和他下了一盘。他执白，师父执黑。这盘棋可真是惨不忍睹，他绞尽脑汁建立起的防线，被师父用一步便全部扯碎，而师父的防御却固若金汤，无法找到一点儿破绽。下到残局，黑方多一后一车一通路兵，已成胜势。他咬牙切齿地交换掉自己仅剩的一车，制造破绽白吃了师父的一个马，却抵不住皇后的狂轰滥炸，只能眼看着被将死。下完棋，师父走到他身边，拍了拍他的肩膀，对父亲说："这小子，确实有点儿门道。"

这之后，他开始每天晚上跟师父学两个小时的国际象棋。同他一起学的孩子不少，他似乎来到了一个全新的世界。师父喜欢一边实战，一边讲棋。棋不难懂，师父的话却有时让他犯迷糊。师父总是把门道挂在嘴边，却从来不说门道到底是啥，这让他迷惑得很。终于，一天晚上，他忍不住问师父："您总说下棋有门道，可门道究竟是什么？"

师父先是一愣，随后便露出了意味深长的笑容。师父拍拍他的肩膀，说："小子，记住，棋，都是人下的。"

他不是很明白，但还是懵懂地记住了这句话。

几年过去，当时一起学棋的孩子有不少因为学业放弃了下棋，而他却坚持着。他想搞懂师父的那句话是什么意思。他的棋艺越来越精进，从十级棋士，到一级棋士，再到棋协候补……最后，他成了一名职业棋手。一年，又是一年，他的水平稳定地提升着，可对于那句话，他依旧有点儿摸不着头脑。在和其他职业棋手对战的过程中，他能体会到这一点：对手会关注自己的状态，会受到一系列的干扰，也会犯蠢下出烂棋，可是电脑上的国际象棋引擎水平比人高得多。"深蓝"战胜了世界冠军卡斯帕罗夫，棋怎么会都是人下的呢？

这个问题困扰了他二十年。二十年来，他不断进步，成为中国少有的特级大师，在国际上也获得了相当不错的排名。对于师父的门道，他越来越感同身受——每个人的棋术都有着鲜明的个人特色，有着自己的门道。棋就像是一面镜子，照出一个人灵魂深处的特质。人下的棋具有美感，而引擎只会计算出最优解，走出的每一步都冰冰冷冷。这或许就是师傅所说的"下棋的门道"。可是，他总感觉有一层窗户纸没被捅破，这个理解依然只是浮于表面。门道的真正内涵到底是什么？他百思不得其解。

一次偶然的机会，本与世界冠军无缘的他获得了参加世界冠军争夺赛的资格，尽管条件十分严苛：在一年里与其他七位选手各下二十盘棋，积分最高者可以挑战前一任世界冠军。下棋其实很累，有时候完成一场比赛会虚脱到连话都说不出来，但他不愿放弃这难得的机会。他知道，中国的国际象棋有“四步走”：女团世界冠军，男团世界冠军，女单世界冠军，最后是男单世界冠军。在这之前，中国已经走完了前三步，可还从未有人踏入男子单人世界冠军的赛场。他会是第一个，他想。无论是为了国家，还是为了自己想要追求的那个答案，他都要试一试。

这一年是他人生起伏最大的一年。每一场比赛他都出现了或大或小的失误，每场比赛进入最后五盘时，他都是靠着不屈不挠坚持的毅力才将大比分惊险追平。下到最后一场之前，他的总分在所有选手中排名第三，已然无望参加冠军的角逐。坐在棋盘前的那一刻，他望了望远处世界冠军的奖杯，心想：最起码不留遗憾，赢下这一场。他如愿了。和世界顶尖棋手中村光的这场比赛，他抓住了对方的所有破绽，赢得了胜利，成为八位选手中的第二名。

离开赛场的那一刻，他想，或许这就是永别。

然而，命运总喜欢捉弄人。前任冠军突然宣布退出比赛，这意味着，这一届的世界冠军要在总分前两名的选手中产生。打算就此离开的他，就这样再一次被意外推向了最终的赛场。冥冥之中他感到自己想要的答案，就在这场比赛之中，就在棋盘上，就在自己的手下。

争夺赛的赛制与先前的比赛相同：与对手下二十盘棋，总分高者获胜。这场比赛他每一盘都使出了全力，因为对手是世界排名第二的涅波。二十盘下完，他与涅波打成平手。接下来等待着他的是加时赛，可他不确定自己是否还有毅力完成比赛。

这一天终究还是到来了。加时赛，两小时赛制，执黑。在这场比赛中，他压上了全部的筹码。二十年如一日的训练，似乎就是为了迎接这个时刻的到来。他知道，无数的人正注视着自己，他承担着大家的希冀与盼望；对手也是如此。棋至终局，对手抓住了长将的机会，意在逼和。而和棋的结果，是另外一场十分钟赛制的加时赛。自己并不适合下这样的棋，他明白。可是和局已成定势，世界冠军似乎与他无缘……

这时，师父的话语在他的脑海中响起。

“小子，棋都是人下的。”

他恍然大悟。下棋不只是下棋，而是两个人意志的斗争。对手的意志，一定会因为某一步棋而土崩瓦解，这便是下棋的门道。他知道那步棋是什么：在引擎上无疑是一步烂棋，可是却能够达到拒和的目的。他伸出手，拿起自己的车，挡在了国王的前面。

这步棋成了比赛的一个转折点。涅波显然乱了阵脚，连连出错。最后，涅波投子认负。离开赛场的时候，他不甘，颤抖的手把棋子扫落在地。自此，新一任世界冠军诞生。他终于找到了那个答案。

丁立人，新一任国际象棋世界冠军，中国国际象棋“四步走”战略完成者。他在世界冠军的赛场上，找到了自己的门道：

棋如人生——棋的对抗，便是人的对抗。

指导教师：朱繁

本文获决赛一等奖

点　评

读罢本文，我不由得联想起屈原的名句：“路漫漫其修远兮，吾将上下而求索。”这句话很契合本文的创作思路。本文围绕学棋、赛棋两个事件展开，逐层深入展示了问道、悟道的思想历程。从“不知门道为何物”，到“寻求门道而未得”，进而“得知门道而未通”，最后“对抗赛后方悟道”，经历了这四个阶段，才真正理解“棋，都是人下的”这句话朴素而深刻的含义，以“棋如人生”“棋道也是人道”作为“道”的诠释，完成了漫漫寻道的艰难历程。文章层次清晰，结构严谨，值得称道。尤其是赛棋部分一波三折的情节变化，使文章更耐读，更有吸引力，更具文学性。

（李岫泉 特级教师）

门　道

□ 山东师范大学附属中学幸福柳校区　黄采雯

记忆中有扇古朴的木门，推开便墨香四溢，晨光熹微下，爷爷身着米黄色的衫，手执毛笔，铺开熟宣，与水墨为伴。那是萦绕我整个孩提时代的墨香，直至今日，仍然在我鼻间，未曾消散。

爷爷每日清晨先在小院里走上一圈，照看他的竹子和石榴，端详片刻后便背着手踱进那扇木门。我总当他的小跟班，在院子里嬉戏。我也爱看爷爷作画，他的手很瘦，却鹰爪般有力，握着毛笔，手上的筋脉如同盘虬的根，点点墨色随他落笔在宣纸上绽放。我看不出什么门道，却乐在其中，备感悠然。

那年深秋，竹叶渐渐泛出白色时，石榴结满了整棵树，爷爷领着我一起走入那墨香，他为我准备了宣纸和毛笔："今天不看爷爷画，爷爷教你画，好不好呀？"我自然乐意，迫不及待地抓起笔来："爷爷，我要画石榴，画完咱们再摘一个去！"爷爷笑着应允。他让我先按照自己的想法作画。我绘出一个个浑圆的石榴，将整张宣纸都涂得红艳艳。"爷爷，我画好啦！"我举着自己的画给他看。他看着我的作品，笑着摸了摸我的头，夸道："好，画得不错，爷爷也画一个，好不好？"

他告诉我，这叫藤黄，那叫曙红，都是我用的鲜亮颜色。我喜爱这样的颜色。爷爷又拿出了赭色，那是泥土的颜色，厚重且呆板。"不要，我不喜欢这个颜色，这样石榴就不漂亮了。"爷爷没有说话，只是静静地画着。秋日的天变得高远且透明，阳光从窗玻璃溜进来，少了炽热与灼人，只有温厚和沉静。爷爷脸上的沟壑也清晰起来，仿佛石榴上的疤痕，眼睛闪着琥珀色的光。他行笔时而中锋，时而侧锋，时而写意，时而细描。那专注投入的神情使他整个人变得严肃、庄重，我看得出了神，心里逐渐升起一种前所未有的感受。不久，爷爷完成了画作——浑圆的石榴挂在枝头，竹叶穿插摇曳，枝干自纸角斜出，延伸至中部，底部散落几片落叶。整幅画画面淡雅却蕴含着力量。当时我只觉得美，还不懂其中的门道，便听爷爷一字一句地讲述。

爷爷青年时便有才华，做了干部，日子却过得清苦，组织上分配住房，他坚决推辞，只守着自己的小院，守着园中那棵石榴与稀疏的竹。有人说他不着门道，不知变通。别人送来的烟酒糖茶，他一概不要。在那个物资稀缺的年代，他却近乎顽固地守着竹子，看它们从稀疏长至繁茂，将时光细细地磨，终究磨出些许墨香来。家人也对他时有不满，放着好好的待遇不享，自己过得清贫，还帮人操心生计，主动拿钱给人补贴。面对这些，他只是静静地作画。看似柔软的笔在他手中生出温厚而沉劲的力量。

我发觉他所画的石榴，表皮不是只有光鲜，也有疤痕与暗沉。它们如今挂在枝头而最初长于泥土。他所画的墨竹疏朗清逸，竹枝韧中带劲。淡淡的墨香带给我安宁，也让我为之震动。画的门道就深藏在爷爷心中，一如既往，从未改变。

"爷爷画的石榴，叫作'宁方勿圆'。太圆滑站不住脚，有棱角才能稳稳立足。你看，爷爷是不是没有将纸画满呀？留有清淡余地，才不至于迷失。"清风徐来，院中的竹沙沙作响，如同平静湖面上的波纹。我挑选了一颗表面不太平整带些棕色的石榴摘下，剥开，果然粒粒饱满，甜意盈怀。

爷爷的那幅画至今仍然挂在我的书房，他却化作了泥土。那日，家中来了许多农人，他们指甲中嵌着泥垢，穿着和爷爷一样的布衫，不断揩拭泪水。按照爷爷的意思，一切都很简单。"我这辈子没走过什么歪门邪道，也算值得。"他总说。

我抬头望着那幅水墨画，一点一染、皴擦勾勒间，石榴树下还画着一个小姑娘，梳着羊角辫，抬头仰望那一树的丰硕与留白，旁边题字"抱朴守拙，勿忘来路"。

如今我也走过许多路，进过无数扇门。有的路上黄金遍地，其下却危机四伏；有的门外灯红酒绿，内里却干瘪苦涩。我最终回到那扇木门前，朝圣般推开，墨的微苦、泥土的芬芳久久不衰。

窗外阳光似琥珀，我提笔铺宣，伏案埋头。

指导教师：韩萃文

本文获决赛一等奖

点　评

"问渠那得清如许？为有源头活水来。"文学的力量源于生活。写熟悉的人、熟悉的事，才有故事可写，有话可说，才不会说外行话，才让人觉得真实、亲切、感人。本文写的是作者跟爷爷学画的经历和感悟，从中体悟门道。作者以画石榴为中心线索，写出了石榴的品色，写出了爷爷的画魂。其中“赭石”“藤黄”“侧锋”“外圆内方”等词汇，准确而生动，非个中人难以言说。大概因为作者学过绘画，所以观察更细致，体验更深刻，写起来更得心应手。试想，如果没有生活体验，写出来的东西难免东拼西凑、漏洞百出、贻笑大方，或者空洞浮泛、干瘪乏味、面目可憎，可见生活体验有多么重要。正如陆游所说：“汝果欲学诗，工夫在诗外。”

（李岫泉 特级教师）

茶花门道

□ 山东省沂水县第二中学　朱纪谌

绿叶丛中，遮掩着红粉花团，幽香缕缕。

这是茶花，爷爷最关心的孩子。很多人的庭院里一盆一盆的茶花植株整齐排列，有热烈奔放的鲜红、娇媚多姿的玫红、鲜嫩柔和的淡粉，还有清新脱俗的白。可是，它们大多少了点儿东西：有的太柔，看不见骨气；有的太刚，少了韵味。而我见过的最盛的茶花就是爷爷养的，那花颜色正，形态圆润饱满，风吹不落。

每年十月，是茶花开放的季节。这时，爷爷就会把他引以为傲的孩子一个一个地抱出来，满满当当摆一院子。花开得热闹，自然就引得行人驻足。买菜的大姨路过，夸一句："这花开得真好看哩。"接孩子回家的路过，和自己的孩子说："看，这叫茶花，快去数数有几朵。"家里养花的路过，跟爷爷说："这花长得真好，但是不能让雨淋喽，这雨一淋就不结实了。"爷爷总是坐在摇椅上，看着大家夸奖他的孩子，脸上的皱纹舒展着。院子外的人看花开得盛，看花颜色艳，却没有真正领悟茶花的门道。他们不知道，在其他月份里，爷爷在院内用心浇灌，用爱呵护。

"养花有门道，养茶花有茶花的门道，养兰花有兰花的门道。养花如养人啊！"记忆中爷爷老是这么说。随着年龄增长，我也渐渐领悟了这个门道。

爷爷和茶花的感情深。四十年了，每天都和茶花打交道，能不深吗！他起床后第一件事便是到院子里给茶花浇水，坐在院子里喝茶也不忘看看他的茶花有没有被虫子侵扰。施肥、松土、除草更是他生活的一部分。春去秋来，年年如斯。若是茶花患病或被虫子当成食物，他焦急得像个孩子。一年夏天，他像往常一样给茶花浇水，发现叶片背面密密麻麻地沾满了红色的小点，定睛一看，才发现那是虫。茶花耐寒抗冻，但最怕的就是染上虫子。爷爷进行紧急杀虫，这才将花挽救回来，不至于酿成悲剧。从那之后，爷爷意识到，养茶花不能单凭一颗爱花的心，还要有过硬的知识和技巧，掌握养茶花的技巧门道才行。已经老花眼的他，每天坐在案前研究养花书籍,形成了一套自己的育花养花体系。他说:“花的枝干强了,花瓣舒展而又不塌,花就立起来了。花立起来了,骨气就出来了。花的颜色正了,形态圆润饱满,娇媚就出来了。”从此,茶花刚柔并济,颇有风姿。

人生的门道也藏在这花丛中、绿叶下。爷爷说:“花不能只看到它的样子,更要成为内行人,看到茶花的门道。我爱茶花,爱它的颜色,爱它的样子,更爱它的热烈与潇洒。”这句话让我时常疑惑:茶花这么艳丽的颜色、这么娇媚的风姿,怎么会与热烈、潇洒诸如此类的形容词沾边呢?直到我看见了花落。

茶花也称断头花,花落与樱花不同。樱花会一瓣一瓣地飘落,在风中打着旋儿,持续一周左右。这固然凄美,却有些拖泥带水——与枝头绿叶依依不舍,儿女之情多了几分,显得造作。茶花与之相反,掉落就几秒钟的时间——整朵花一头砸进泥里,没有犹豫,只是对枝头绿叶挥了挥手,潇洒地说上一句“来年再见”。茶花要开就一整簇地开,要落就一整朵地落。多么潇洒自如的花啊!

茶花的香浸润心灵,花开花落潇洒自如,是吾生追求的一种境界。挫折磨难不过是人生的点缀,不妨以潇洒积极的心态笑对人生,挥一挥衣袖不带走一片云彩。我们赏花,不能只看其热闹;养花,也不能仅限于掌握技巧,更要从中把握人生的门道。就像爷爷说的,养花如养人,养人如养花。

指导教师:崔永春

本文获决赛一等奖

点　评

古人评价诗文有“平字见奇,常字见险,陈字见新,朴字见色”之说。这个观点同样适用于中学生作文。平平常常的素材,在作者笔下活起来,妙起来,这是小作家们该用心的地方。本文就是一个好例子。首先,从素材选择角度看,这是一篇选材贴近生活的美文,写的是爷爷养茶花的故事。在看似平淡的生活中挖掘主题,蕴藉精神,读来可亲,回味感人。作为中学生作文,“内容的生活化”是值得提倡的。从创作方法角度看,作者采用了主副双线套叠结构:主线写爷爷爱花、养花,“养花如养人,养人如养花”,体现了门道的双重含义,凸显了人格力量;副线写茶花,重在花开有品、花落有格,从而将人的精神与花的品格完美地结合在一起。文章有厚度,有深度,在现场作文的条件下完成这种构思,实属难能可贵。

(李岫泉 特级教师)

门 道

□ 山东省烟台第二中学　张馨心

“哎——大花饽饽来喽——”随着一声苍老有劲儿的吆喝声，厨房的后门应声大开，在弥漫的谷物香气与腾腾的白雾之中，一个强壮的小伙子高举着今天寿宴主食中当之无愧的主角，一个看样子有他两个头大的大花饽饽，来到了今天的老寿星——爷爷的面前。精美的花饽饽主体是寿桃形状，桃儿尖端漾着粉嫩嫩的红，正面浮雕了一个朱红的繁体“寿”字，仙鹤、寿星、梅花鹿绕着寿桃飞翔，看似腾空而起，实则用面做的桥紧密相连，热气氤氲，色彩鲜明，成了一幅动态的图画。爷爷率先大喊一声：“好！”大家便都纷纷大笑起来，拍手鼓掌。

在大家的交口称赞中，制作大花饽饽的一把手——我的三爷爷咧开嘴，笑呵呵地缓步上前：“嘿嘿，大家都尝尝俺的手艺！”颇有几分庖丁解牛的踌躇满志。

我的三爷爷是个做了一辈子大花饽饽的手艺人。他年轻的时候到荣成闯荡，在那里学到了一位面点大师的独门绝技，并娶了他的女儿。回到蓬莱夫妻俩靠着给乡里人做各种节庆时的大花饽饽为生。我小时候第一次回乡下老家，就见识了三爷爷做的大花饽饽。

爷爷兄弟仨是这家连着那家的近邻，于是那天下午，爷爷便领着我到三爷爷家串门。三爷爷一如他惯常的那样，嘿嘿笑着，给我看他们做的满桌、满架子的五彩缤纷的大花饽饽：有横放着占满了一整层架子的东海南山，有每一片鱼鳞都散发着金光的大鲤鱼，甚至还有蓬莱特色的八仙过海、袖珍的小蓬莱阁。每一件都是百姓的艺术品，散发着面香。轻手轻脚地走到阳台，我看见三奶奶沐浴在阳光下，戴着老花镜，正静静地剪弄着手中的一小块面团儿。最后，她拈起两粒花椒籽，把它们一边一个轻轻摁在面团儿上，抬头才发现我来。她慈祥地笑着，把手中的小东西递给我——竟然是一只活灵活现的小麻雀。

我从此忘不了这把面团儿转化成“活物”的艺术，在爷爷家住的那两个月，天天跑到三爷爷家学艺。他们一直带着我,任由我观看每一个步骤。当时我应该已有七八岁,记事尚清。这些回忆如褪色的录像带,一旦播放,他们的一招一式、颦笑言语便重现在眼前。

三爷爷说:“乖乖,你只看见俺的大花饽饽好看,但这背后啊,全是这一行的门道。干什么都有一套门道,我摸了几十年的面,终于是摸索出一点儿门道来喽。”

三爷爷还说,正宗的大花饽饽,也只有世代的农民才能做得出来。因为只有干过农活儿的双手,才能吃得住制作过程中繁重的体力劳动,才能摸清谷物的属性,顺从它的自然天性。我当年只是懵懂地点点头,如今才明白这句话的真谛。三爷爷做大花饽饽,是从磨面开始的。他精心磨出珍贵的白面,摊开大手拣出混杂的麸皮,和成面团儿,放到倒扣的大缸里发酵。大缸是三奶奶的陪嫁。也许里面居住着荣成独特的菌种,从而酝酿出了父亲留给女儿的最正宗的荣成回忆。为了保证大花饽饽香甜和松软,三爷爷会在和面时加入鸡蛋、牛奶,甚至白酒,然后将面团儿拎起来,反复摔打、捶打,再用力推揉,使之融成均匀和谐的一体。他揉面时,光着精瘦的脊背,每一寸肌肉都用力地鼓起,后背沁出一层细汗。三奶奶说,三爷爷在揉面的时候是最聚精会神的。他的皮肤透出健康的红光,就像丰沃的厚土;他的肢体卖力地活动着,就像在扭一场酣畅淋漓的大秧歌。多年之后,我学到《庖丁解牛》中的“合乎《桑林》之舞,乃中《经首》之会”,不由得想起当年的这个场景。

如果说揉面是体力活儿,那么制作过程就是精工细活儿与脑力劳动的结合。制作前要先想好成品的大体轮廓,但也不必过分紧张。初中时,我想象《穆斯林的葬礼》中的韩子奇,在寂静的深夜里,对着一盏寒灯,坐在水凳上,一丝不苟地磨着玉石。沙沙沙,沙沙沙,玉是冰凉坚硬的,人的心也是冷峻的。大花饽饽则不同,面是易塑的,哪块儿不满意,揪下来重做就是了。面团儿与人的手掌紧密结合,都是温热柔软的。你引导着它走向心中的造型,就像创造一个小生命。面团儿的染色剂都是纯天然的果蔬汁,这里来一点儿南瓜黄,那里来一点儿菠菜绿,把四时鲜蔬的色彩运于掌上,好像皴擦点染成一幅画——是民间的风俗画,是喜庆的节日画。最后,要给面团儿均匀地涂上猪油,既防止饽饽开裂,也是给饽饽提色。相比花生油,猪油能形成一层酥香的薄膜,油亮亮的,呈蜡质状。当一个热气腾腾的大花饽饽摆上桌时,我们可以透过“形而下”的器物,看到那“形而上”的门道。

世上流光如白驹过隙,我回到烟台市里,爷爷也被姑姑接到蓬莱市区居住,只有三爷爷依旧坚守在农村,数十年如一日地制作、售卖他的大花饽饽。时隔多年,再次返乡是为了庆祝爷爷的八十大寿,我再次见到了三爷爷和他的大花饽饽。

三爷爷当年稀疏的黑发已经变白，但是精湛的手艺依旧如前。掰开大寿桃，里面是一个个粉雕玉琢的小寿桃，这引起一阵欢声笑语。回忆如潮水般涌入，我看向三爷爷，恍然明白所谓花饽饽的门道，是用心去体验二十四节气的变化轮转，用手去抚过每一颗饱满的麦粒，从口耳相传的农家经验和反复的锤炼实践中体悟得来的。“操千曲而后晓声，观千剑而后识器。”这些劳动者、手工业者、农民艺术家，把平凡的劳动转变为活色生香的艺术，便是在这个纷繁复杂的世界中生活的门道。

指导教师：屈小会

本文获决赛一等奖

点　评

作者以大花饽饽为载体，写出老一辈人的手艺门道，遣词精准、生动、传神。大花饽饽色香味俱全，面团儿制作来龙去脉娓娓道来，流年往事、民俗画卷徐徐展开。谈大花饽饽，又不仅仅是食材那么简单，作者赐予了制作过程美感和光影，“揉面时，光着精瘦的脊背，每一寸肌肉都用力地鼓起，后背沁出一层细汗”，这种句子宛如《舌尖上的中国》的影像效果，说的是舌尖，是大花饽饽，却是美的传承。光影摇曳，门道讲透，热气腾腾的大花饽饽迎面端上来，这样的文字配得上这片古老大地真实淳朴的生活。

（张锐 教师作家）

门　道

□ 浙江省杭州高级中学贡院校区　王书冉

李制作攥着完全拿不出手的初稿，眉头轻蹙。一众实习生手心渗出细汗。

“用这么冷僻的和弦，底轨的音效又铺得这么满，听众不会觉得吵吗？”李制作抬眼与初稿的作者对视。

“如果删去底层的音效，起承转合的连接就会显得突兀，很不顺畅。而且，这个和弦和专辑的概念很相切。”

“你必须删到背景音清爽为止，这是门道，懂吗？”

李制作得到了一个很轻蔑的目光，一个桀骜不驯的青年给死板老学究典型的不屑一眼。李制作脸上显露出一丝诧异，这个愣住了的男人，思绪飞回二十年以前。

“你这曲子不大改根本没救。这是门道，你懂吗？”

墙壁破旧未粉刷，地板也未换为木质，也是在这间屋子，那个胡子拉碴的胖子把李最满意的一稿径直摔在他脸上，毫不留情地驳斥了这个倔强的青年，并冲他大吼着：“悟不出门道就赶紧滚，别再从事音乐制作行业了！”

当时，李是脸上挂不住情绪的人。他夺门而出的愤怒一定是真的，回到十六人一室的老旧宿舍，痛心的啜泣亦是真的。回首自己出生在连吃早饭都需徒步走到镇子上的小破村，到冒着挨棍子的风险去镇上用玉米换钱买 Beyond 的专辑，一个音符一个音符啃下整首吉他谱子，再到背着一把吉他就敢来北京闯荡，到了这里却只能挨批，李气不过，又只能砸床。他向谁倾诉呢？不可能是公司里行色匆匆的工作人员，更不可能是同自己争抢制作人席位的竞争对手。

他在窗缝里艰难摸索一番，掏出一本 1992 年的日历，每一天背面的空白处挤满了北漂的心路。他用只剩四厘米的铅笔，写下今日的憋屈：

他们不认可我的音乐，就是因为我还没阐释清楚我想表达的核心理念。

他凭什么连阐释的机会都不给？还说什么门道，都是老一辈顽固坚守自己陈规旧矩的好听借口罢了。门道是用来破的。老东西懂什么潮流？

通过电脑合成器，李又欣赏了一遍自己的大作，简直挑不出任何毛病。自信的笑容重新在脸上铺展开，他绕过讨厌的胖子，直接把作品递交给了最终审考官。

李的作品落选了。

用胖子的话说，终审的考官一点开他的前奏就连忙摘下耳机，手上不停做着"pass"（淘汰）的动作，眉头紧缩，让工作人员赶紧换到了下一首。讲到这里时，本来欲冷嘲热讽的小眼睛，忽地看到李皱巴巴的脸上希望与生气的幻灭，胖子想起来了——这个农村孩子要是再落选一次，就真得卷铺盖回农村种地去了。但凡他在门道上听话些，也不至于让自己那些与众不同甚至光怪陆离的点子，全湮没在喧嚣中。

胖子推了一把李快散架的矮小身体，长舒一口气。他像摆弄模型一般轻易地转过李的身体，用很重的语调又说了一遍："门道，懂吗？门道！"

这句话让本已心如死灰的李一下子怒火中烧："什么门道？就非得按你们那一套编曲？这样华语乐坛全是这样的歌，我看怎么进步！"他近乎是跳起来大喊。

"搞音乐还轮不到你教我。你以为门道是什么？在你之前，做音乐的人成千上万，就摸出这一条门道来？我让你调整结构，当然不是让歌曲格式都趋同。当听众还没准备好的时候，你什么铺垫都不做，直接起高调，只会让人局促不安。把B13段调到建桥的位置，凸显情感的最后一次递进，不仅结构完整，表达也到位。你怎么就是不听呢？"

"这样和其他任意一首起承转合的歌曲有什么区别？我的艺术自有听众，不消您操心。"李蔑视地撇撇嘴。

"是，你的原作是有韵味，但表达太隐晦了，不和门道啊。唉，你自己悟吧。"

胖子没敲醒他。在最终的评定考核中，李以倒数第二的"优异成绩"离开了实习公司。

李终是学聪明了。或许是迫于生计，在第二家唱片公司，他开始慢慢琢磨这个所谓的"门道"。

不过是讲求和谐、递进，只需把自己的歌往固定结构里套不就行了吗？他心想。再次打开自己的初稿，李将其调整成了当下最流行的结构，还忍痛割爱删去了电子合成器尖锐的音效。它变得平淡无奇，沦为一首与其他歌曲雷同的口水歌。李自己都有些听不下去了。对啊，这就是追求了所谓“门道”的成果。

该怎么办？不知所措的李将两版音乐都发给了那个戴眼镜的小老头儿。小老头儿是他的实习带教老师，可是李从未主动找他沟通过，这还是第一次。

约莫一个钟头过去，李被叫去了录歌厅。小老头儿笑吟吟地看着李，如同看自己的孩子一般。

“过来，孩子。”李静静坐到了一件灰色旧衬衫的边上。

“我想，你应该是还没悟出来音乐制作的门道！你以为这样改就是符合大众审美的作品了吗？那就错了。你的门道啊，你的写歌的小规律啊，不是你创作的桎梏，你要把它融到创作里去，而不是为了符合规矩就改变你表达的核心。听起来很难对吧？我知道。只能凭你自己的悟性了，孩子！”

李似懂非懂地点点头，道谢后就离开了。其实，李很快就把小老头儿说的话忘却了，他还是迷茫地采样、合成、调整，慢慢发表了几首作品，却在乐坛的激烈竞争中石沉大海，无人问津。

直到改变李命运的那一天。在写双簧管的和弦时，他用了一个浅浅的小调。这时他忽然想起，这与《海湾》在描绘怪诞鱼群时采用的音调，以及《莎乐美》表现叙利亚青年荒诞爱意时的小调都很类似，然而它们都通过减弱来导出后面华丽的大调。之前，李习惯用渐强来突出效果，而从来没有想过减弱反而能与后面大调形成对比，更完美地展现小调的孤僻——不愧是智慧的前人的结晶，真是很有用的规律。心满意足的李反而愣了神，难道这就是人们所称的门道吗？原来二者是这样融合，这样灵活运用的吗？李完成了整首歌的编排。在确定整体效果不错的情况下，他再一次把作品发给了小老头儿。

这一次，他终于得到了肯定的答复：“需要打磨，但还说得过去。”

于是，在众多音乐工作者，包括小老头儿的帮助下，李的初稿又经过了数不清的打磨、润色，终于被一位小歌手演绎并发行了。这首歌虽然不温不火，但实现了盈利，这是以前从未达到过的高度。

李咧开嘴，脸上绽放出一个笑容。他在工位上摸爬滚打了这么多年，终于有了一个笑，纯粹发自内心。

命运是很神奇的东西。时隔两年，在一次晚会上，一位大火的一线歌手的翻唱让李的作品一炮而红。一瞬间，大江南北，每家每户，几乎都开始放他的歌。每次路过百货商店或餐饮店，李总能听到这首歌。他恍惚觉得人生圆满了。然而，李没有止步于此。他继续坚持着自己的创作，虽然也有瓶颈期，专辑销量时好时坏，但他在门道的钻研上越发精妙，留下来不少脍炙人口的代表作，成了第一家实习公司的音乐总监。

思绪飞回。

李认为自己的成功很大程度上得益于机缘巧合，但这并未实质性地影响他的音乐创作。因为他知道，创作的灵魂在于内行人只可意会的门道，只要将这些规律与作品相融，就能诞生出既符合专业审美标准，又契合大众口味的歌曲。

“多去悟悟门道吧，年轻人。”李制作瞥了一眼那个背影很像自己的实习生，摇了摇头。

这又怎么不是时间的回环、生活的门道呢？

指导教师：高利

本文获决赛一等奖

点 评

从桀骜不驯的年轻人身上看到自己过去的身影，勾出往事。这篇作文里，不是简单的对立，也非空洞苍白的说教，年轻时的自己思维极端，孤芳自赏，不想随波逐流写口水歌，但在前辈的圆融和智慧面前，锋芒毕露的性情被驯服，反观自身不足，终于有所突破。文章情节转折不生硬，很有层次感。回忆和现实切换，门道永远不变。

（张锐 教师作家）